新媒体编辑胜任力模型构建与应用研究

周 畅 ◎ 编著

广东高等教育出版社
Guangdong Higher Education Press

·广州·

内容简介

本书来源为博士学位论文，其研究目的为探讨编辑领域胜任力和新媒体编辑的胜任力。本书以胜任力、工作分析、新媒介素养等相关理论为研究基础，结合我国目前出版产业发展形势和新媒体编辑工作现状，通过问卷调查收集原始数据加以分析，运用定性与定量相结合的方法进行新媒体编辑胜任力模型的构建，并对其进行验证。本书还结合当前出版企业新媒体编辑人力资源管理实践，在人才招聘与选拔、绩效管理、业务培训、职业生涯规划和组织人才盘点等方面进行实际应用研究，为后续研究提供坚实的理论基础和模型基础。

图书在版编目（CIP）数据

新媒体编辑胜任力模型构建与应用研究/周畅编著.—广州：广东高等教育出版社，2021.12

ISBN 978-7-5361-7098-8

Ⅰ.①新… Ⅱ.①周… Ⅲ.①编辑工作-研究-中国 Ⅳ.①G232

中国版本图书馆 CIP 数据核字（2021）第 174323 号

新媒体编辑胜任力模型构建与应用研究

出版发行	广东高等教育出版社
	地　址：广州市天河区林和西横路
	邮编：510500　　营销电话：（020）87553335
	网址：http://www.gdgjs.com.cn
印　　刷	广州小明数码快印有限公司
开　　本	787 毫米×1 092 毫米　1/16
印　　张	14.25
字　　数	264 千
版　　次	2021 年 12 月第 1 版
印　　次	2021 年 12 月第 1 次印刷
定　　价	55.00 元

如发现印装质量问题，请直接与印刷厂联系调换。

序 一

周畅同志的博士论文《新媒体编辑胜任力模型构建与应用研究》即将付梓出版，无论作为他大学时期的老师还是现在高等教育的同行，都由衷地为他高兴，亦欣然同意为他的大作写一小序。

或许是因为他大学毕业即进入广东出版界，有20多年从事出版企业管理工作的经历，也或许是他对出版市场的高度关注，对编辑工作流程极为熟悉等方面的原因，促使他在攻读武汉大学图书发行学博士研究生时，将"新媒体编辑胜任力模型构建与应用研究"确定为毕业论文的选题。这是一个既需要系统的出版理论知识作基础，又需要丰富的编辑出版实践经验作条件的研究，周畅同志将二者有机结合，提出了新媒体编辑、数字出版编辑、网络编辑三种胜任力模型；并提出了基于胜任力模型的新媒体编辑招聘与甄选方式，构建了基于胜任力模型更加侧重于能力评价、过程评价、长期评价、定性评价的绩效管理体系、培训体系、职业生涯规划管理体系，以及新媒体编辑组织人才盘点等方面的内容。

胜任力在新型人力资源开发与管理工作中具有重要的理论价值和方法论意义。20世纪70年代至今，国外学术界一直对它保持着持续的热情，研究多集中在胜任力理论、模型建构、应用与实践等领域，成果颇丰。近年来，它也引起了国内研究者的关注，成为业界特别是人力资源领域重要的管理理论。周畅同志通过前期研究，发现相比于其他行业，出版领域对胜任力的研究不多，对新媒体编辑胜任力的研究更是少之又少。因此，他有意将胜任力理论、模型等引入出版行业，针对新媒体编辑胜任力模型构建与应用研究做了新的尝试，用定性和定量的方法提炼出新媒体编辑胜任特征素质。同时，针对目前胜任力模型在出版企业人力资源管理中应用的空白，提出了解决问题的思路、建设性的意见和可供出版管理者具体操作、借鉴、实施的方法。

周畅同志工作认真、研究踏实、为人诚恳。为了完成本论文，他做了大

规模的问卷调查，选取的样本来自北京、辽宁、天津、上海、江苏、浙江、广东、湖北、湖南、四川、重庆、陕西、云南、福建、河南、安徽等十多个地区500多名新媒体编辑，企业类型涵盖国有出版企业、私营出版机构、上市传媒集团和新兴互联网企业，在样本数量、代表性和全面性上与过去的研究相比均有较大提升。这种研究态度与工作方法与他一贯的言行是一致的，与他对人对事的顽强毅力、追求完美的性格是分不开的。

记得约一年前，我在线上课，提问环节中得知他也在在线旁听。事后我征求他对课程的意见，他全面而诚恳地对课程进行了评价，其中说道："现在的学生是Z世代，他们的思维更活跃，喜欢多媒体的教学资源，如果有一些引入的互动话题或者暖场游戏可能更能调动气氛。"他还提到一些关于编辑策划B站上的优秀的视频资料，比如《但是，还有书籍》《盯书机》等，建议"拿来观看、讨论"。同时他也表达了"盼望有机会来武汉当面请教"，因为"转型当老师有两年多时间，从学出版到做出版再到教出版，有很多感触和想法跟您交流"。这段话我一直留存在微信里，时常提醒自己长江后浪推前浪，也深感作为副教授的周畅思维活跃、肯动脑筋，一定深受当代大学生的喜欢，前途光明。

在本书的最后一部分，周畅同志分析了本文的不足以及研究展望，比如，"对新媒体编辑胜任力模型在出版企业新媒体编辑人力资源管理具体领域中的应用还需要提升"，"对新媒体编辑胜任力和组织文化的相关性"还需要深入研究等，理智、冷静、清晰地反映了他"与时间赛跑的勇气和毅力"。

无论作为他曾经的老师还是现在的高等教育同行，衷心地祝福他！

吴 平
2021年8月27日于武汉

作者系武汉大学副校长，武大编辑出版专业教授、博士生导师。全国高等学校教学研究会常务理事。教育部第三届高等学校文化素质教育指导委员会委员。中国高等教育学会大学素质教育研究分会理事。中国图书评论学会理事。

序 二

接到周畅的书稿和写序的邀请，我感到十分欣喜，也想起他当年求学的往事。2013年夏天的一个晚上，他致电我表示想重回母校攻读博士学位。尽管欢迎鼓励，但只以为是他的酒后之言，没想到他为之奋斗两年并真的成功考回。读博士学位那几年，他克服主客观种种困难，频繁穿梭于穗汉之间，为工作、家庭和学习奔波忙碌。作为不惑之年回炉再造的"高龄"学生，他显然格外珍惜这次机会。

周畅在传统出版业从事业务和管理工作多年，颇有建树，其对很多行业问题有自己的见解和思考。这本《新媒体编辑胜任力模型构建与应用研究》既是他在博士生研究和学习期间辛勤耕耘、努力探索的最终答卷，也是他多年来对行业人才问题集中思考和理论探寻的结晶。编辑是出版行业的核心人力资源，在科技迅速发展的互联网时代，编辑工作的内涵和外延都发生了深刻变化。与20年前相比，国内外出版企业似已越来越难吸引并留住高质量人才。越来越多的编辑出版学专业学生跨专业就业——这固然是当今高等教育面临的普遍问题，但是作为20世纪90年代后期编辑出版学专业优秀的科班毕业生，还是情不自禁地走上了"上下求索"之路。新时代的新媒体编辑究竟需要具备哪些新的能力和素质？如何衡量、提升其业务能力和水平？如何以此为基础，科学有效地进行编辑管理并为行业发展提供源源不断的发展动力？周畅敏锐地抓住了出版业人力资源管理的痛点，开始自己的研究，并取得了丰硕的成果。

本书的理论框架基于国内外关于胜任力研究的最新成果。胜任力一直是企业管理领域和经管学界关注的热点。最近几十年，国内外学者对胜任力理论、模型建构、应用与实践方面进行了充分探讨，并取得了大量优秀成果。但是，关于我国编辑胜任力尤其是我国新媒体编辑胜任力的研究并不多见。显然，作者有自己的小野心，即尝试将国内外先进的人力资源管理理论结合

国内新媒体编辑工作实践，来构建我国新媒体编辑胜任力特征模型；如此，既可为后续研究提供前导研究基础和理论模型，也可为出版企业管理工作者提供发现、评估、拔擢优秀人才的抓手。

本书大致分为3个部分，即模型构建、模型分析和模型应用。作者首先主要从胜任力模型理论、工作分析理论以及新媒介素养理论3方面构建模型的理论基础。其中，胜任力模型理论、工作分析理论是构建新媒体编辑胜任力模型的核心理论；新媒介素养理论是构建新媒体编辑胜任力模型的关联理论。通过定性与定量相结合的研究方法，最终构建的新媒体编辑胜任力模型由3个维度18个胜任力特征组成。3个维度具体为人格特质与职业素质、专业能力、新媒介素养。其次在模型分析这部分，作者通过对大量行业数据的解读，勾勒出我国新媒体编辑的整体形象；对不同的新媒体编辑进行基于人口统计学因素的拓展研究，找出不同类型新媒体编辑胜任力特征的要素差异，探寻这些因素对胜任力特征的影响关系。其中一个比较有意思的结论是：在人格特质与职业素质维度上，女性编辑的平均值均高于男性编辑的平均值；女性编辑在坚持、抗压性、自控、灵活性和成就感上明显强于男性编辑。在专业能力维度上，女性编辑平均值也均高于男性编辑；其在思维创造力、制作与推广、广泛涉猎和领导力上明显强于男性编辑。这与出版行业优秀职业女性非常多这一现象是吻合的；也从侧面解释了何以国内外普遍认为出版行业是一个"对女性友好的行业"；同时，亦为打破目前编辑出版行业中的女性就业性别歧视提供了有力论据。

最后，本书的一大特色是理论联系实践，针对源于实践的真问题应用理论工具和理论分析。作者将新媒体编辑胜任力模型应用于招聘与甄选、员工培训、绩效管理、职业生涯规划、组织人才盘点等关键环节，以期解决新媒体编辑人员难选拔、难培养、难考核、难管理这些困扰出版企业许久的问题。本书还为出版企业人力资源管理提供了一些实用工具，如新媒体编辑"胜任力-测评工具矩阵"、新媒体编辑绩效管理体系、新媒体编辑培训需求分析模型、新媒体编辑培训体系框架、新媒体编辑职业生涯管理路线图、数字出版编辑职业发展通道、新媒体编辑人才盘点路线图、新媒体编辑人才盘点九宫格等。

中年转型，实属不易。博士毕业后毅然辞去出版社副总编辑的工作，来到广东财经大学任教是需要极大决心和坚定情怀的。所幸他找到了真正喜欢并适合自己发展的道路。念念不忘、必有回响，希望周畅终能为搭建我国出版学界和业界交流融合的桥梁贡献自己独特的力量；也祝福他在今后教学研究的道路上越走越顺，取得更多成果！

是为序。

徐丽芳
2021 年 8 月 30 日于武汉珞珈山

作者系武汉大学信息管理学院教授、博士生导师，武汉大学数字出版研究所所长。武汉大学"70 后"学者学术团队带头人、全国新闻出版行业领军人才。

序 三

推进出版企业新媒体建设的力作

　　5G技术商用、物联网大数据及互联网技术的飞速发展，从根本上改变了大众读者的阅读习惯，由此带来出版业的出版形式、传播方式和内容载体也发生了颠覆性的变革。毫无疑问，新媒体的浪潮，已经呼啸而至，传统出版业面临着前所未有的挑战，同时也面临着前所未有的机遇。在新媒体浪潮的冲击之下，传统出版企业中的编辑，不仅要继续专注于高质量图书内容的出版，还要克服互联网思维和能力等方面的先天不足，了解互联网运营，关注网络技术发展，熟悉社交网络；要积极更新出版理念，把握数字出版最新发展动态，了解专业数据库的特点，熟悉各项新技术在数字出版领域的应用；还要掌控阅读形态的变化，如碎片化、社群化、移动阅读等，以优质的内容引领用户进行高质量阅读；等等。这一切都催生着传统图书编辑向着新媒体编辑的方向转型升级，都呼唤着一大批能够胜任岗位要求的新媒体编辑。

　　一方面，出版企业顺应网络发展趋势，拥抱新媒体浪潮，加快新媒体建设，实现转型升级、融合发展，早已成为行业共识；另一方面，出版企业新媒体建设和新媒体编辑的现状，却又是令人沮丧的。目前的出版企业，在思想上高度重视新媒体建设，也普遍设立了新媒体部门，实现了新媒体部门、人员和业务的相对独立。然而，大多数出版企业的纸质图书生产和数字内容生产，却依然是"两张皮"，各吹各的号，各拉各的调。图书编辑仍然以码洋、销量这样的传统方式生产着纸质出版物；新媒体编辑则对存量内容资源进行数字化加工，通过电子化转档、结构化拆分、多重标引处理，经由扫描、识别、校验、拆分、标识、关联等工序，将其转化为可资重复利用的电子出版物。

　　宏观上，大多数出版企业还远没有形成两者统一生产、统一开发的内在机制，距离"一个内容、多种创意，一个创意、多次开发，一次开发、多种产品，一种产品、多个形态，一次销售、多条渠道，一次投入、多次产出、一次产出、多次增值"的理想状态，则更为遥远；微观上，虽然同在一家出版企业，图书编辑与新媒体编辑却几乎没有互动合作的意愿。更为神奇的现象则是，如果把两者的岗位对调，这种缺乏互动合作的现象依然会顽固地再次出现。

"两张皮"现象的主要恶果，就是新媒体部门以及新媒体编辑在出版企业中的地位越来越无足轻重，越来越边缘化，出版企业的新媒体建设则几乎陷入停滞状态。为什么？是因为传统出版企业先天就缺乏转型升级的基因吗？难道中国出版业过去能由"铅与火"转型升级到"光与电"，这一次却注定要错过"数与网"吗？我的看法，则恰恰相反。我一贯认为，传统出版企业绝不会错过"数与网"，而且完全可以通过不断加强新媒体建设，实现"光与电"向"数与网"的转型升级。

但是，传统出版企业要迈出这一步，关键还是在人。只要传统出版企业涌现出一批能够胜任岗位要求的新媒体编辑，就有实现转型升级、融合发展的可能。那么，在传统出版企业的转型升级过程中，新媒体编辑应该具备什么样的能力和素质？出版企业怎样才能找到称职的、合格的、胜任岗位要求的新媒体编辑？

直到我读完周畅教授的这部《新媒体编辑胜任力模型构建与应用研究》，以上这些一直困扰着我的问题，才有了一个比较全面的答案。

当前出版企业关于新媒体编辑的评价体系，一般都是基于"智力因素"的人才测评体系，这个体系注重的是学校考试分数、智力测验等级；"胜任力"，则是一个基于"职业胜任需求"的人才测评体系。"胜任力"理论由美国学者于1973年提出，但其准确定义至今还没有完全统一。周畅教授则有着自己的理解："胜任力"反映的是个体通过不同方式表现出来的知识、技能、个性与内驱力，其本质是驱动个体产生优秀工作绩效的各种个性特征的集合。通过"胜任力"，可以直接判断出个体能否胜任某项工作。而通过本书中周畅教授建立的新媒体编辑胜任力模型，出版企业也可以直接判断出某位员工是否胜任新媒体编辑工作。

具体来讲，第一个维度是"人格特质与职业素质"，包括了"坚持""抗压性""成就感""注重细节""自控""灵活性""诚实可靠""积极倾听""主动学习"等9项胜任力特征;第二个维度是"专业能力",包括了"口头理解""思维创造力""书面表达""制作与推广""广泛涉猎""领导力"等6项胜任力特征;第三个维度是"新媒介素养",包括了"新媒体的技术手段""新媒体质量把控能力""新媒体内容加工制作能力"等3项胜任力特征。

我之所以在这里不厌其烦地一一列出书中新媒体编辑胜任力模型的3个胜任力维度和18项胜任力特征,是因为多年从事出版企业经营管理的实际经验告诉我,可以运用这个模型来指导、加强、助力出版企业的新媒体建设工作。在目前的管理实践中,出版企业的新媒体编辑虽然多由图书编辑转岗而来,但其实与图书编辑有着极大的差异。在当前形势下,出版企业中的新媒体编辑很难做出大的业绩,也很难发挥大的作用,自身和部门的地位岌岌可危,常常面临被裁撤的风险。新媒体编辑难选拔、难培养、难考核、难管理,更是出版企业公认的难题。

如果能够运用新媒体编辑胜任力模型来尝试破解以上这些难题,应该是一种有益的探索。从这个意义上讲,《新媒体编辑胜任力模型构建与应用研究》是一本推进出版企业新媒体建设的力作。这本《新媒体编辑胜任力模型构建与应用研究》,是广东财经大学周畅教授在其博士论文的基础上修订、增删而成的。虽然是一本严肃的学术著作,但书中的研究却也不乏有趣之处。比如周畅教授研究发现,无论是专科毕业,还是本科、硕士甚至博士毕业,学历的高低都不会对新媒体编辑胜任力特征造成影响,因此他们的胜任力特征没有明显差异。这是全书之中唯一一个让我感到困惑的结论,似乎也与我在工作实践中的感觉相异。只好改日再向周畅教授当面请教了。

当年我与本书的作者周畅教授同是珞珈少年,是武汉大学1993级的校友,我一直尊称他为"畅兄"。作为同级兄弟,我俩虽然所学专业不同,但就业轨迹却惊人地相似,都是一毕业就进入出版业工作。略有不同的是,他在走上出版社领导岗位之后,却在不惑之年下定决心,勇敢地走出生活的舒适区,为了心中的梦想,重回珞珈山深造,进而返回象牙塔执掌教鞭,任教至今。其实,这也是一条我在几年前就颇为心动的别样人生路。只是我的勇气没有他大,踌躇良久,终于没敢迈出那一步。所以,近年来,每当我在慨叹"长恨此身非我有,何时忘却营收码洋"的时候,总能在微信朋友圈里看

到他诲人终不倦，桃李满天下；还能看到他寒假暑假，竹杖芒鞋轻胜马，一蓑烟雨任平生。

辛丑年夏末秋初，他寄来这部作品，嘱我以出版业内人士的身份作序。考虑到自己对于出版企业新媒体建设、新媒体编辑素无研究，我本拟婉拒。然而仔细一想，却是不妥。不妥之处就在于，我曾欠过畅兄等广东省出版界武大同门一个大大的人情。

2019年的"南国书香节"，在主办方的安排下，我以一个名不见经传的作者身份，得以全程免费享受前赴广州、河源、惠州等地宣传新书的隆重待遇。其间，包括畅兄在内的、相识不相识的广东省出版界武大同门更是多次盛情接见，让我内心感激莫名，常思有以报焉。如今，畅兄邀我作序，不正符合我"秀才人情纸半张"的交往习惯吗？不正是我报答万一的大好机会吗？

虽然，我并不确定这篇类似读后感的小文，能否被这本书作为序言。但是，这的的确确是一个珞珈少年在认真拜读了另一个珞珈少年的作品之后，宛如当年两人东湖之滨对坐畅谈一样，都是从我心底里面流淌出来的文字。

章雪峰
辛丑年白露于武汉墨水湖滨

本文作者系文史作家、出版人、编审，著有《中国出版家·章锡琛》《隋唐韬略》《唐诗现场》《一个节气一首诗》《藏在节日里的古诗词》《名画中的隋唐史》等多部畅销书，现任湖北科技出版社社长。

前 言

在信息时代、知识时代背景下，出版企业面临转型升级的巨大挑战，企业间的竞争实质上是人才的竞争。编辑人员是出版企业的立社之本，编辑这个古老的职业被赋予新的时代要求和内涵。新媒体编辑需要怎样的职业素质和能力，其是否能够在相应的岗位上创造出较高的绩效，以往基于智力因素的人才测评体系明显无法满足现代出版企业的需要，因此以职业胜任需求出发的胜任力理论应运而生并得到蓬勃发展。胜任力是研究新型人力资源开发与管理的重要理论与方法，它为人力资源管理实践提供了全新的视角和有效的工具。相比于其他行业领域，国内编辑领域胜任力理论研究较少，对新媒体编辑胜任力的研究更是极度缺乏。笔者将国外先进人力资源管理理论结合国内新媒体编辑工作实践，创造性地构建我国新媒体编辑胜任力特征模型，为后续研究提供了坚实的理论基础和模型基础。

胜任力一直是业界热点研究课题。最近几十年，国外学者对胜任力理论、模型建构、应用与实践方面进行了充分的探讨，取得大量优秀成果。但是关于我国编辑胜任力尤其是我国新媒体编辑胜任力的研究却少之又少。出版业是文化产业和信息产业的重要组成部分，肩负着文明传承和文化导向的社会责任。人力资源是出版业生存发展的最宝贵、最基本、最具决定意义的资源。我国编辑出版人才战略已纳入国家新闻出版业转型升级全面规划。新媒体编辑是整个出版工作的重要环节之一，也是出版业人力资源的新兴力量，其编辑能力和素质的提升直接影响出版业转型升级发展。因此构建适合时代发展的我国新媒体编辑胜任力模型，并使之在出版企业编辑人力资源管理实践中发挥效用，成为一项迫切的研究课题。

研究发现媒体编辑胜任力模型由3个维度18个胜任力特征组成。3个维度具体为人格特质与职业素质、专业能力和新媒介素养。其中人格特质与职业素质包含9个胜任力特征要素，即坚持、抗压性、成就感、注重细节、自

控、灵活性、诚实可靠、积极倾听、主动学习。专业能力包含6个胜任特征要素，即口头理解、思维创造力、书面表达、制作与推广、广泛涉猎、领导力。新媒介素养包含3个胜任力特征要素，即新媒体的技术手段、新媒体质量把控能力、新媒体内容加工制作能力。

基于胜任力的人力资源管理体系能够以能力发展为核心，将组织愿景、价值观念、企业文化、经营战略等现代化管理理念，真正有效地转化为每一位员工的行为习惯。新媒体编辑胜任力模型在人员招聘与甄选、员工培训、绩效管理、职业生涯规划、组织人才盘点等方面可以起到巨大作用。新媒体编辑胜任力模型可以贯穿于出版企业新媒体编辑人力资源管理活动中的每一个环节。它为出版企业新媒体编辑职前教育与测评、人才选拔与培养、职业规划与设计、岗位考核与激励、组织人才盘点等各方面提供了有力的依据和技术工具，成为现代新媒体编辑管理的新基点。

在吸收借鉴已有成果的基础上，本书试图实现一些创新，具体的创新之处主要包括以下三点：

第一，相对于其他行业领域，我国目前编辑领域胜任力研究较少，聚焦新媒体编辑胜任力的研究更是凤毛麟角。而且大部分研究大都从岗位要求、从业素质、职业能力等方面阐述从事新媒体编辑所需要的能力和素质，多数基于自身实际工作和管理经验泛泛而谈，缺乏全面系统的人力资源管理理论支撑。本研究将胜任力模型、工作分析等人力资源管理理论引入新媒体编辑个体能力研究，对后续新媒体编辑胜任力研究提供了一定的框架基础和研究思路，具有较好的借鉴价值。

第二，本研究综合运用定性和定量的方法对新媒体编辑胜任特征素质进行了提炼，创新性地构建了我国新媒体编辑胜任力模型，填补了目前国内研究的空白。通过大规模问卷调查选取的样本来自北京、辽宁、天津、上海、江苏、浙江、广东、湖北、湖南、四川、重庆、陕西、云南、福建、河南、安徽等十几个地区500多名新媒体编辑，企业类型涵盖国有出版企业、私营出版机构、上市传媒集团和新兴互联网企业，在样本数量、代表性和全面性上比起过往同类研究有较大提升。利用问卷调查的结果对性别、年龄、学历、职称、职位、工作年限等变量进行了分析，并分别建立了不同工作岗位的新媒体编辑胜任力子模型。

第三，针对目前胜任力模型在出版企业人力资源管理中的应用空白，本书从新媒体编辑胜任力模型在人员选聘、人员培训、绩效考核、职业生涯规划、企业人才盘点等的实际使用入手，提出有建设性的意见和可实操的工作手段。这些工具和方法可以在新媒体编辑人力资源管理的日常实践中直接予以应用，具有较强的指导性。

周　畅

2021 年 6 月

目 录

第一章 绪 论 ……………………………………………………………………… 1
 第一节 研究背景及意义 ………………………………………………………… 1
 第二节 研究综述 ………………………………………………………………… 5
 第三节 研究内容及方法 ………………………………………………………… 29

第二章 理论基础与研究框架 …………………………………………………… 37
 第一节 理论基础 ………………………………………………………………… 37
 第二节 本书研究框架 …………………………………………………………… 60

第三章 新媒体编辑胜任力特征要素的确定 …………………………………… 63
 第一节 新媒介素养视角下的新媒体编辑胜任力特征 ………………………… 63
 第二节 O∗NET工作分析导出的胜任力特征 ………………………………… 66
 第三节 基于网络招聘信息的数据补充 ………………………………………… 74
 第四节 新媒体编辑胜任力特征要素的最终确立 ……………………………… 79

第四章 新媒体编辑胜任力模型的构建与验证 ………………………………… 85
 第一节 新媒体编辑胜任力模型的预试 ………………………………………… 85
 第二节 新媒体编辑胜任力模型的建立 ………………………………………… 96
 第三节 新媒体编辑胜任力模型的验证 ……………………………………… 100

第五章 新媒体编辑胜任力模型的分析与讨论 ……………………………… 103
 第一节 问卷样本数据基本情况 ……………………………………………… 103
 第二节 新媒体编辑与传统编辑胜任力差异 ………………………………… 106
 第三节 不同工作类别的新媒体编辑胜任力差异 …………………………… 107
 第四节 新媒体编辑胜任力与人口统计学变量的相关性分析 ……………… 110

第六章 新媒体编辑胜任力模型的应用 ……………………………………… 118
 第一节 基于胜任力模型的人力资源管理体系 ……………………………… 118
 第二节 基于胜任力模型的新媒体编辑招聘与甄选 ………………………… 120
 第三节 基于胜任力模型的新媒体编辑绩效管理 …………………………… 129

　　第四节　基于胜任力模型的新媒体编辑业务培训 …………… 135
　　第五节　基于胜任力模型的新媒体编辑职业生涯规划 ………… 143
　　第六节　基于胜任力模型的新媒体编辑组织人才盘点 ………… 148
　　第七节　新媒体编辑胜任力模型在人力资源管理应用中应
　　　　　　注意的问题 ……………………………………………… 156

第七章　总结与讨论 ……………………………………………………… 159
　　第一节　本书主要结论 …………………………………………… 159
　　第二节　本书创新之处 …………………………………………… 161
　　第三节　本书的不足 ……………………………………………… 162
　　第四节　研究展望 ………………………………………………… 163

附　录 ……………………………………………………………………… 165
　　附录一　新媒体编辑胜任特征测评问卷（预试版） …………… 165
　　附录二　新媒体编辑胜任特征测评正式问卷 …………………… 169
　　附录三　表目次 …………………………………………………… 173
　　附录四　图目次 …………………………………………………… 176

参考文献 …………………………………………………………………… 177

后　记 ……………………………………………………………………… 206

第一章 绪 论

第一节 研究背景及意义

胜任力研究一直是业界热点研究课题。近几十年,国外学者对胜任力理论、模型建构、应用与实践等方面进行了充分的探讨,取得了大量优秀成果。但是关于我国编辑胜任力尤其是我国新媒体编辑胜任力的研究却少之又少。出版业是文化产业和信息产业的重要组成部分,肩负着文明传承和文化导向的社会责任。人力资源是出版业生存发展的最宝贵、最基本、最具决定意义的资源。我国编辑出版人才战略已纳入国家新闻出版业转型升级全面规划。新媒体编辑处于整个出版工作的重要环节,也是出版业人力资源的关键力量,其编辑能力和素质的提升直接影响出版业转型升级发展。因此构建适合时代发展的我国新媒体编辑胜任力模型,并使之在出版企业编辑人力资源管理实践中发挥效用,成为一项迫切的研究课题。

一、研究背景

21世纪以来,我国出版事业得到快速发展,出版资源高度汇集,出版机构、从业人员众多。截至2019年年底,全国共有出版社585家(包括副牌社24家),其中中央级出版社219家(包括副牌社13家),地方出版社366家(包括副牌社11家),出版业直接就业人员超过500万人①,而这当中大多数是以网络编辑为代表的新媒体编辑。编辑处于整个出版工作的中心环节,也是出版业人力资源的核心力量,编辑能力和素质的提升直接影响出版业的改革发展。

1. 新时期编辑工作内涵和要求发生深刻转变

改革开放以来,我国出版行业发展迅猛,图书品种总数逐年增多,图书

---

① 数据来源于《2018年全国新闻出版业基本情况》,国家新闻出版广电总局发布。

市场的小众化、多元化趋势日益明显，根据2010—2016年全国新闻出版业基本情况报告来看，我国已经成为名副其实的图书出版大国。

2018年中国数字阅读大会发布的《2017年度中国数字阅读白皮书》显示，中国数字阅读市场规模达152亿元，数字阅读用户接近4亿人。艾瑞咨询发布的《2018年中国在线知识付费市场研究报告》则显示，2017年中国知识付费产业规模约49亿元，同比增长近3倍，未来市场潜力巨大①。但我国传统书报刊数字化收入占比却持续下降，根据业内最新数据，2017年互联网期刊、电子图书、数字报纸总收入为82.7亿元，在数字出版总收入中所占比例仅为1.17%，相较于2016年的1.54%和2015年的1.77%来说，继续处于下降阶段。

信息技术的高速发展让出版业进入一个崭新的时代，出版业态发生了根本性变化，转型升级成为新时代出版企业的必然选择。近年来，"互联网+"已上升到国家战略，国家新闻出版广电总局、财政部联合印发《关于推动传统出版和新兴出版融合发展的指导意见》（新广发〔2015〕30号），深刻阐释了出版业跨界融合发展的新起点。推进"互联网+"出版转型不仅是履行国家政策的战略目标，更是顺应时代发展的需要。面对不断变化的新形势，我国出版企业纷纷探索转型升级新思路和新办法。从宏观层面看，国有大型出版企业转型升级、融合发展持续推进，各上市出版公司在影视游戏、在线教育、数字出版、会展培训等新业务领域的布局步伐加快。在多方因素推动下，目前不少出版集团把数字化战略作为首要的发展目标来抓，或斥资收购网络游戏公司，或兼并重组在线教育公司，或自筹资金搭建内容资源库、题库、在线听书、在线阅读等各种数字出版平台。从微观层面看，各中小型出版社和地方社通过一系列的改革措施推进精品战略，在营销和渠道建设方面不断创新，还有为数不多的专业类出版社或自筹资金或申请巨额政府资助金进行数字化建设。实体书店改造升级稳步推进，重视阅读体验的提升，致力于从内容提供商拓展至内容服务商。国有出版企业具有资源、资金及管理优势，民营图书类企业具有市场活力。出版企业加速融合新媒体，图书从加工制作向创意智造提升，拓展网络文学、少儿教育、影视互动、游戏衍生抢占内容创意核心。

传媒技术进步促进了信息传播，使之在内容、形态和格局上都发生了深刻变化，随之带来出版业巨大的变革。这些变革主要表现在传播主体的多元化；传播内容融入更多核心价值；传播渠道更加多样化；阅读需求更加个性

---

① 艾瑞网. 2018年中国在线知识付费市场研究报告［EB/OL］. www. http://report. iresearch. cn/report_ pdf. aspx?id =3191.

化;等等。新媒体出版的优势在于可以充分利用各种新媒体传播渠道,发挥新媒体强大的编辑能力,音频、视频、动画、AR、VR等多种形式呈现出版物内容,极大提升了传统出版物的扩散力和表现力。

新媒体数字化、交互性、实时性的特点,使得传统的编读关系和出版流程发生深刻转变。在新媒体时代,编读之间的互动成为重要的传播内容,编者生产、整合、重组、传播内容,同时搭建与读者互动的平台,让读者也成为内容生产者,再对用户生产内容进行分析、遴选和传播。在新媒体到来之前,传统出版业的出版流程可以归纳为组(约)稿、改稿、审读编辑校对、排版、印刷、营销宣传、销售、回款等。传统编辑阶段每个环节步骤环环相扣,紧张有序,出版企业一般不会省略该流程的中间环节,并且各个环节往往分开进行,各司其职。新媒体融入后流程被大大简化,一些出版物不再以纸质形式印刷而是直接以网络或电子出版物形式进入市场。原先单一链条式的出版流程变成单元化,前后环节不再那么有逻辑性,作者、编者、售卖者和读者可以相互组织工作,不存在缺少一方即不可为的现象。

编辑作为出版行业核心从业人员之一,其工作内涵和职能角色随着出版模式的变化而改变。编辑工作内涵更加丰富,要求编辑掌握更多的工作技能。传统编辑大部分是以纸质稿件的编辑加工为主,工作内容比较单一。在融合出版浪潮下,编辑需要跟进整个出版流程,还要配合产品后期的宣传销售工作。出版产品的受众日益复杂化,需要编辑具备收集和分析信息的能力。因此现今编辑的职能应该是将策划编辑、文字编辑、数字编辑和营销编辑的相关职能融为一体的,是多层次、复合型的能力要求。融合出版产业需要的是综合型编辑人员,不仅拥有传统出版的专业技能,还能充分调动企业内外部各种资源,将看似分散的互不关联的出版资源巧妙地糅合在一起,在资源整合中实现增值和升值。同时在信息过剩的时代,编辑的角色不再是纯粹的、替他人做嫁衣的文字工作者,而是信息的过滤者、筛选者和推送者,还扮演着知识内容服务商的角色。

2. 新媒体编辑人才需求增势明显

随着出版产业结构的调整,新业态的兴起,出版业人才招聘呈现出新趋势,这在一定程度上映射出出版业发展方向和发展侧重点。在新媒体形态急剧崛起的时代,出版产业遭遇前所未有的转型与变局,媒介形态的革新与聚变对出版传媒人才能力结构提出新的要求。数字出版和网络出版的普及已呈现出势不可当的趋势,这一趋势已推动国有出版企业、民营文化公司向融合出版转型。由于大量传统出版机构数字部门进一步拓展壮大,更多新技术、资金、资源、政策扶持投入其中,其他民营、合资出版机构也不断加大数字出版技术的投入力度，新岗位快速增加。自媒体在最近一两年快速崛起，特别是微信公众号、知识付费、短视频等新创媒介及创业公司的迅猛发展，使得对新媒体编辑人才的需求呈现井喷之势。

除了原生互联网企业外，转型中的传统媒体和传播行业的人才增量几乎全部向新媒体岗位急速倾斜，人才需求岗位全部新媒体化。随着移动互联网的发展，新媒体人才需求进一步膨胀。在 2018 年出版传媒行业招聘关键词频统计表（见图 1-1）上，新媒体、互联网词频统计分列第一、第二名，这归因于传统媒体与新媒体向互联网逻辑的大汇流。"互联网+"新媒体位于用人序列第一梯队，人才需求旺盛。

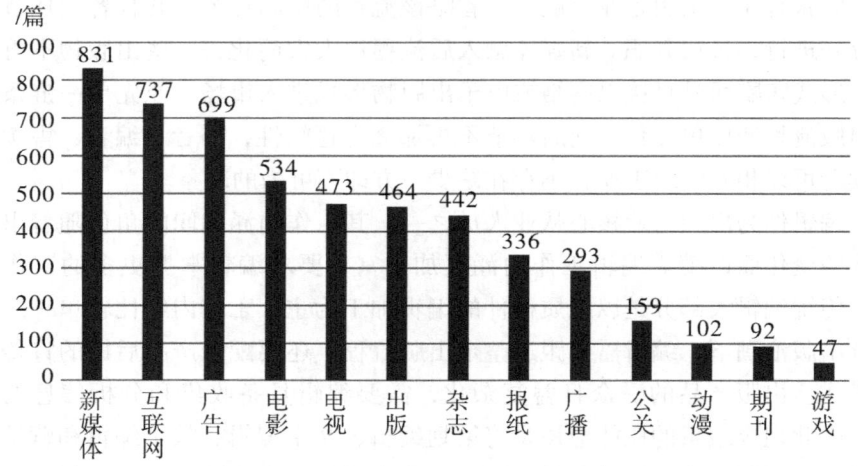

图 1-1　2018 年出版传媒行业招聘关键词频统计表①

中国年轻一代对互联网依赖越来越大，正是这种无处不在的互联网应用，让互联网和移动互联网这两类新媒体能够有非常大的发展空间。随着人们对新媒体的消费越来越多，新媒体市场将从资源扩张变成价值扩大，给用户带来更有价值的内容，同时又会有更多的消费者将钱花在新媒体上面。因此，整个行业的发展是非常有前景的。也正是因为这种前景，有很多不同规模和实力的企业进入该行业，人才的紧缺也由之而生。曾有业内专家预测，未来 3~5 年，中国新媒体人才和媒体融合人才的缺口将在 60 万~80 万人之多。②

---

①　搜狐网.2018 年传媒业需要什么样的人才？[EB/OL].http://www.sohu.com/a/224519145_375507.

②　张长卫.IT 运维人才需求提升　新媒体招聘打"有趣"牌[N].中国出版传媒商报，2018-07-17（18）.

二、研究意义

通过实证研究来构建及应用我国新媒体编辑胜任力模型,具有一定的理论和实际意义。

(1)理论意义。在信息时代、知识时代背景下,出版企业面临转型升级的巨大挑战,企业间的竞争实质上是人才的竞争。编辑人员是出版企业的立社之本,编辑这个古老的职业被赋予新的时代要求和内涵。新媒体编辑需要怎样的职业素质和能力,其是否能够在相应的岗位上创造出较高的绩效,以往基于智力因素的人才测评体系、基于岗位的人才招聘与选拔体系、基于利润的绩效考核体系、基于职位的职业生涯规划明显无法满足现代出版企业的需要,因此以职业胜任需求出发的胜任力理论应运而生并得到蓬勃发展,它为人力资源管理实践提供了全新的视角和有效的工具。相比于其他行业领域,国内编辑领域胜任力理论研究较少,对新媒体编辑胜任力的研究更是缺乏。因此,本书将国外先进人力资源管理理论结合国内新媒体编辑工作实践,创造性地构建我国新媒体编辑胜任力特征模型,为后续研究提供了坚实的理论基础和模型基础。

(2)现实意义。我国新媒体编辑的人力资源管理由于缺少相应的理论支撑和实际应用工具而成为目前困扰我国出版企业的一大难题。新媒体编辑胜任力模型可以贯穿于出版企业新媒体编辑人力资源管理活动中的每一个环节。它为出版企业新媒体编辑职前教育与测评、人才选拔与培养、职业规划与设计、岗位考核与激励、组织人才盘点等各方面提供了有力的依据和技术工具,成为现代新媒体编辑管理的新基点。

第二节 研究综述

目前,我国对胜任力理论的研究方兴未艾,也涌现不少研究成果。最近几年,出版学界和业界也逐渐开始重视并探讨编辑领域胜任力和新媒体编辑的胜任力。对相关研究成果进行综述,可以深入了解本书的研究主题,拓展研究思路,借鉴相关研究方法。

一、关于新媒体编辑的研究

构建新媒体编辑胜任力模型,首先要厘清两个基本概念"新媒体"和

"新媒体编辑"。什么是新媒体，新媒体编辑究竟该怎样区分，这些问题都必须有清晰明确的界定。但关于"新媒体的定义""新媒体的内涵和外延"，无论是学术界还是业界都存在着种种争论。国内外学者从不同学科不同研究视角出发，对新媒体提出了自己不同的理解。

新媒体（new media）概念是1967年由美国哥伦比亚广播公司（Columbia Broadcasting System, CBS）技术研究所所长戈尔德马克（P. Goldmark）率先提出的。他在一份关于开发电子录像制品（electronic video recording）商品计划中第一次提出"新媒体"一词。1969年，美国传播政策总统特委会主席E. 罗斯托（E. Rostow）在提交尼克松总统的报告（著名的"罗斯托报告"）中更是多处使用"新媒体"概念。① 由此"新媒体"一词风行美国并很快传遍欧洲，不久成为一个全球化的新名词。早期联合国教科文组织对新媒体所下的定义为"以数字技术为基础，以网络为载体进行信息传播的媒介"。② 美国《连线》杂志对新媒体做出过定义"所有人对所有人的传播"。③ 赛佛林等认为，那些从信源就开始剥离信息冗余处于向确定的信宿收敛的中间媒介，借助数字化的语言能力，将不确定的自信息按信宿的需求迅速转化为主观内容，并寓于各种形式的传播方式和业务服务中，称为新媒体。④ 克劳思贝（Vin Crosbie）定义新媒体为"能对大众同时提供个性化的内容媒体，是传播者和接受者融会成对等的交流者，而无数的交流者相互间可以同时进行个性化交流的媒体"。⑤

随着新媒体产业的飞速发展，近年来我国越来越多的学者开始关注新媒体的现状和趋势、发展和创新，出现了一批有代表性的观点和成果。廖祥忠认为新媒体是通过数字化交互性的固定或移动多媒体终端向用户提供信息和服务的传播形态。⑥ 景东、苏宝华提出新媒体定义为：所有人向大众实时交互地传递个性化数字复合信息的传播介质。⑦ 邢长敏将新媒体定义为：一个相对的概念，是对出现于传统媒体之后的各类电子媒体和网络媒体的统称，主要是指在传统媒体的基础上结合当前先进的科学技术，实时地、交互地承

---

① 蒋宏，徐剑. 新媒体导论［M］. 上海：上海交通大学出版社，2006.
② 邢长敏. 论新媒体定义的重构［J］. 新闻爱好者，2009（10）：8.
③ 马晓萌. 从市场需求论新媒体编辑应具备的基本素养［J］. 西部广播电视，2017（11）：161－162.
④ 赛佛林. 传播学的起源、方法和应用［M］. 北京：华夏出版社，2000（8）：14.
⑤ 郑治. 新媒体是什么［EB/OL］. http://blog.sina.com.cn/s/blog_591eeecd0100085r.html.
⑥ 廖祥忠. 何为新媒体？［J］. 现代传播，2008（5）：121－125.
⑦ 景东，苏宝华. 新媒体定义新论［J］. 新闻界，2008（3）：59.

载和传递各种个性化、多媒化复合信息的中介。① 熊澄宇也认为新媒体是一个相对的概念，新是相对于旧而言的。他进一步指出今天的新媒体主要指：在计算机信息处理技术的基础上产生和影响的媒体形态，包括在线的网络媒体和离线的其他数字媒体形式。② 展江指出："新媒体是20世纪90年代后产生的，基于IT技术和互联网的，具有互动特点的新的信息传播模式。"③ 邵庆海认为新媒体可以定义为：基于数字技术产生的，具有高度互动性非线性传播特质，能够传输多元复合信息的大众传播介质。主要包括网络媒体、手机媒体和数字广播电视媒体。④ 余静宜认为新媒体有广义和狭义两种说法。狭义的新媒体是指与广播、电视、报刊等传统媒体相对，包括网络、手机和数字电视；广义的新媒体是利用数字和网络科技的新型和新兴传播工具所构成的一种媒体形态。⑤ 国内《管理学大辞典》对新媒体做如下描述：新媒体是建立在数字的、计算机的和网络的信息和通信技术的基础之上的各种媒体形式。相对于传统的旧媒体（报刊、广播、电视），"新媒体"的"新"最根本体现在技术上，也同时体现在形式上，有些新媒体是崭新的，比如互联网；有些是在旧媒体的基础上引进新技术后，新旧结合的媒体形式，比如电子报纸。新媒体，尤其是互联网的出现，一方面拉近了各国的距离，促使世界变和平了；另一方面也使得公众对社会公共事务参与度更高，公共事务更加透明化，从而促进民主建设。⑥ 彭兰综合分析提出新媒体的定义可以表述为：基于数字技术、网络技术及其他现代信息技术或通信技术，具有互动性、融合性的媒介形态和平台。在现阶段，新媒体主要包括网络媒体、手机媒体及其两者融合形成的移动互联网，以及其他具有互动性的数字媒体形式。⑦

除了学界的积极探索，新媒体业界不少有识之士也对新媒体做出了相当深入的探讨和研究。上海文广新闻传媒集团前总裁黎瑞刚提出：所谓新媒体是一个相对的概念，是对于我们平时见到的报刊、广播、电视等传统媒体以后发展起来的新的媒体形态，最常见的就是数字媒体。科技日报社前副社长汤东宁认为："新媒体主要是指以网络为主体的传播平台。"上海东方宽频总

---

① 邢长敏. 论新媒体定义的重构［J］. 新闻爱好者, 2009（8）: 8.
② 熊澄宇. 3G与新媒体发展［J］. 新闻前哨, 2009（9）: 15-16.
③ 展江, 王锦东. "后圈地时代"的新媒体路标 兼论与风险投资共谋发展［J］. 广告人, 2008（3）.
④ 邵庆海. 新媒体定义剖析［J］. 中国广播, 2011（3）: 66.
⑤ 余静宜. 新媒体对出版业的影响［J］. 新媒体研究, 2017（17）: 79.
⑥ 陆雄文. 管理学大辞典［M］. 上海: 上海辞书出版社, 2013.
⑦ 彭兰. "新媒体"概念界定的三条线索［J］. 新闻与传播研究, 2016（3）: 125.

经理张大钟对新媒体的定义是:"利用数字技术、网络技术,通过互联网、宽带局域网、无线通信网、卫星等渠道,以及电脑、手机、数字电视等终端,向用户提供信息和娱乐服务的传播形态。"① 阳光卫视执行主席兼集团行政总裁吴征对新媒体提出的定义为:一种既超越了电视媒体的广度,又超越了印刷媒体的深度的媒体,而且由于其高度的互动性、个人性和感知方式的多样性,它具备了从前任何媒体都不曾具备的力度。② 国务院发展研究中心岳颂东提出:"新媒体是采用当代最新科技手段,将信息传播给受众的载体,从而对受众产生预期效应的介质。"③ 我国新传媒产业联盟秘书长王斌认为:"新媒体是以数字信息技术为基础,以互动传播为特点、具有创新形态的媒体。"④ 中国互联网实验室(chinalabs.com)对新媒体的定义为:"基于计算机技术、通信技术、数字广播等技术,通过互联网、无线通信网、数字广播电视网和卫星等渠道,以电脑、电视、手机、个人数字助理(PDA)、视频音乐播放器(MP4)等设备为终端的媒体,能够实现个性化、互动化、细分化的传播方式,部分新媒体在传播属性上能够实现精准投放、点对点的传播,如新媒体博客、电子杂志等。"⑤

虽然很多专家、学者、研究人员对新媒体概念的内涵和外延存在争议,各执一词,但还是达成一些共识。大家对"新媒体"的概念特征概括为四个方面:一是"数字化"。计算机技术实现了信息的数字化存储、加工、呈现和传播,而数字化信息的传播介质就是新媒体。二是"融合性"。数字化带来的一个延伸性特征就是媒介的融合性,而这种媒介形态的融合还表现在大众传播、人际传播、群体传播、组织传播的媒介融合方面。新媒体的融合还体现在手段的融合。三是"互动性"。计算机与通信的结合是信息化的基础,这使得媒介信息传播成为双向的,因此互动性成为区分传统媒体和新媒体的主要特征之一。四是"网络化"。网络化是推动新媒体普及与发展的重要因素,网络化也成为新媒体的基本特征。

我们还需要在不同的情境中理解新媒体的含义。在传播介质层面,新媒体更突出的是它的载体特性。在传播形式和手段层面,新媒体强调的是新的

---

① 廖祥忠. 何为新媒体?[J]. 现代传播, 2008(5):121-125.
② 邵庆海. 新媒体定义剖析[J]. 中国广播, 2011(3):64.
③ 岳颂东. 新媒体产业的8个特点[EB/OL]. http://finance.sina.com.cn/hy/20080519/17024884944.shtml.
④ 许振洲. 新媒体的勃兴与传统媒体的迷失[J]. 新闻爱好者, 2011(6):42-43.
⑤ 互联网实验室. 中国新媒体发展研究报告(2006—2007)[EB/OL]. www.chinalabs.com, 2006.

技术手段和工具。在传播机构层面,新媒体是指基于新媒体渠道、平台提供信息服务的传播机构,特别是大众传播机构。在编辑出版领域的新媒体,更多的是指新媒体出版环境和从事出版传播与其他信息服务的机构。

新媒体编辑是随着新媒体的勃兴而出现的。目前学界对新媒体编辑的界定尚无统一和权威的说法。在术语在线输入"新媒体编辑"或"新媒体 编辑"都无法得到明确的定义。近年来,我国媒体格局发生前所未有的变化,新媒体从业人员也快速增长,业界也出现了一些关于什么是新媒体编辑的不同表达。

许诺认为新媒体编辑是新媒体运营者,注重以受众为中心、降低受众信息成本,为受众信息消费提供便利,鼓励受众互动并参与信息生产与传播。[①] 李芹燕进一步提出新媒体编辑是通过文字、语音、视频直接与读者形成互动的传播内容制定者和审定者。新媒体编辑更加注重自我表达。[②] 周昊指出新媒体编辑是以网络编辑为主的一种新型新闻编辑,通过网络技术平台来实现新闻信息的传递和共享。新媒体编辑的主要职能主要经历4个阶段,分别为"复制阶段""编辑阶段""组织阶段"和"解读阶段"。[③] 杨文琴提出新媒体编辑承担着对信息内容的筛选与整理、确立表现这些内容的形式两大重要任务,作为网络信息传播"把关人"职责,是各种社交媒体的管理者,网络舆情的监管者。[④] 陆高峰认为新媒体编辑和传统媒体编辑一样,是承担着新闻宣传和舆论领导等政治、社会职能的特殊专业人员。[⑤] 吴延丽提出新媒体编辑工作具体包含:负责微博、微信或网站等软文的编辑和行业资讯的搜集整理;协助其他部门完成渠道管理,宣传企业品牌形象;根据热点话题和行业趋势动态进行选题、撰稿、编辑。[⑥]

可以看出,目前国内学界尚未对新媒体编辑的内涵和外延有统一的定性结论,新媒体编辑无论在业务范围、技术手段、编辑内容、产品形态、营销传播方式上都和传统编辑存在极大差异。同时新媒体编辑的外延范围也很广泛,涉及广播电视、报纸杂志、新闻出版等多个泛传播行业领域,每个具体行业新媒体编辑的工作内容和业务范围都有极大不同,本书需聚焦特定范围

---

① 许诺. 新媒体环境下"编读关系"的维护和话语选择 [J]. 青年记者, 2017 (8): 37.
② 李芹燕. 新媒体语境下"编读关系"的变化与重构 [J]. 编辑学刊, 2018 (4): 98 – 101.
③ 周昊. 探析新媒体编辑与传统纸媒编辑的工作差异 [J]. 新闻研究导刊, 2017 (11): 189.
④ 杨文琴. 新媒体编辑创新机制研究 [J]. 中国银川市委党校学报, 2014 (9): 68 – 70.
⑤ 陆高峰. 新媒体编辑职业道德的失范与防范 [J]. 中国出版, 2011 (2): 28 – 31.
⑥ 吴延丽. 新媒体编辑应具备的能力探析 [J]. 新闻研究导刊, 2018 (2): 145.

内的新媒体编辑群体来探讨其胜任力模型的构建。综合国内出版企业的业务实践，结合前文提到新媒体"数字化""融合性""互动性""网络化"四个典型特征，本书认为新媒体编辑是出版行业和企业内利用数字技术和网络手段，对音频、视频、数字出版物、网络出版物等跨界融媒体产品进行加工制作、营销运维、客户服务等一系列业务工作的复合型编辑。按照工作内容和岗位职责，新媒体编辑主要分为网络编辑、数字出版编辑、电子音像编辑和新媒体运维编辑四类。

二、国内外关于胜任力的研究

自1973年美国心理学家麦克利兰（McClelland）首次提出胜任力概念以来，国外学术界掀起了对胜任力研究的热潮，学者们从不同的角度对胜任力进行了大量的研究，包括对胜任力概念的深化拓展、胜任力建模、胜任力与工作绩效关系的研究、胜任力研究方法等。国内胜任力研究基本遵循和国外胜任力研究大致相同的发展脉络，先后经历"胜任力是什么以及如何构建"和"胜任力在不同行业职业是什么及如何构建"两个阶段。

1. 国外胜任力研究现状

本书对1990—2017年国外ISI Web of Science数据库主题词为"Competence""Competency"的文献进行了统计。统计结果如图1-2、图1-3、表1-1、表1-2所示。

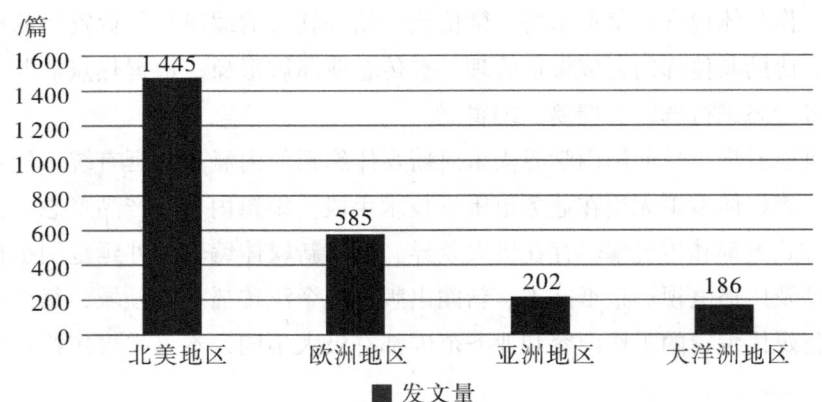

图1-2 国外胜任力研究地区分布图

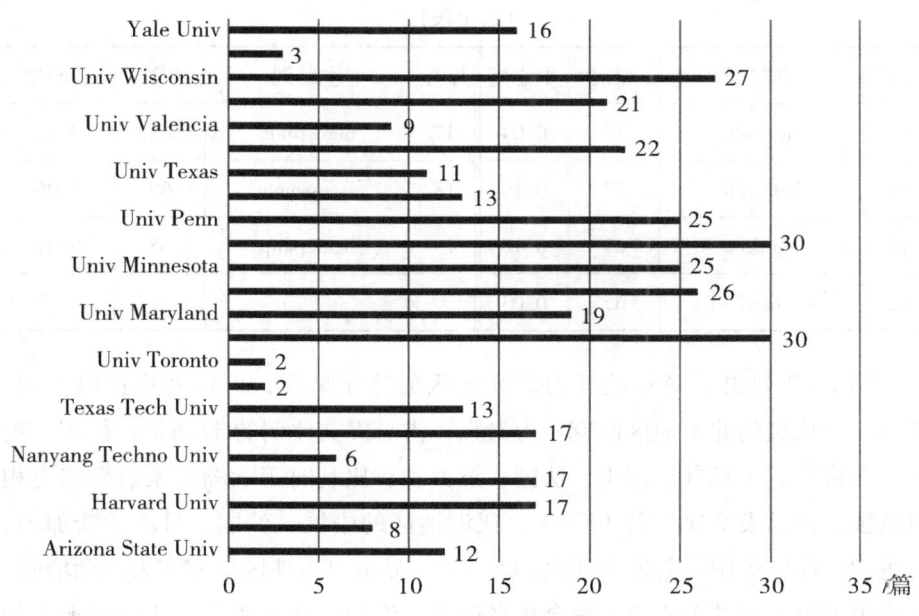

图1-3 国外胜任力研究机构分布图

表1-1 国外胜任力分布学科基本信息表

序号	1	2	3	4	5	6
学科	心理	教育	护理	金融	管理	公共部门
频次	734	628	421	372	81	200
中心度	0.45	0.39	0.07	0.16	0.24	0.18
占比	27.8%	23.8%	16%	14.1%	10.7%	7.6%

表1-2 国外胜任力研究热点信息表

序号	主题词	频次	中心度	序号	主题词	频次	中心度
1	competency	360	0.26	7	competence	98	0.09
2	education	311	0.09	8	student	97	0.07
3	performance	205	0.22	9	care	92	0.11
4	model	186	0.22	10	perspective	90	0.09
5	skill	122	0.21	11	management	89	0.07
6	knowledge	121	0.04	12	nurse	77	0.04

（续上表）

序号	主题词	频次	中心度	序号	主题词	频次	中心度
13	program	75	0.04	17	perception	65	0.12
14	behavior	72	0.19	18	assessment	65	0.06
15	children	65	0.16	19	leadership	65	0.07
16	curriculum	65	0.03				

图1-2列出了国外胜任力研究地区的分布情况，可以看出：以美国、加拿大为代表的北美地区研究实力最强，占总发文比例的37.6%；德国、英国、西班牙、土耳其、瑞士、法国、意大利、比利时等欧洲国家研究实力相对较强，占总发文比例的14.8%；亚洲地区的中国、韩国、日本、新加坡、以色列、印度等国占总发文比例的5.4%，显示出该地区研究实力逐渐增强，其中中国发文量共124篇，综合排名第八，说明胜任力研究在我国出现蓬勃发展的态势。

图1-3列出了国外胜任力研究机构的布局情况。据统计，在前26名学术机构中，有22个均来自美国，总占比为88.7%，这从侧面显示出美国在胜任力研究领域的领军地位。

表1-1列出了国外胜任力研究前六大研究学科的分布。主要分布在心理、教育、护理、金融、管理和公共关系学科中。中心度是指研究的聚焦能力，一般中心度不低于0.1都具有极高的聚焦能力。表中除了护理（nursing）之外，其余学科都具有极高的研究聚焦力。

表1-2为国外胜任力研究中的热点及频次。可以看出目前国外胜任力研究的主要热点集中在competency（胜任特征）、education（教育）、performance（绩效）、model（模型）、skill（技能）、knowledge（知识）等方面。

由图1-2、图1-3、表1-1、表1-2我们可以得出：北美及欧洲地区在胜任力研究领域处于绝对领先地位，胜任力研究的学科领域集中在心理、教育、金融、管理等学科。近几十年，国外学者对胜任力理论、模型建构、应用与实践方面进行了充分的探讨，取得了大量优秀成果。

Spencer L M、Spencer S M于1993年开创性地编制了胜任力辞典之后，Herbert（1999）对英国和爱尔兰的总经理职业生涯进行了7年的跟踪实证性研究，通过因子分析得出包括战略眼光、分析与判断、计划与组织等12大胜任力因子的胜任力模型。① Alldredge 和 Nilan（2000）在3M公司构建了包括基础领导胜任力（道德与诚信、智力、成熟与判断力）、核心领导胜任力（客户导向、培养人员、鼓舞他人、健康交易）和愿景领导胜任力（全球化视角、愿景与战略、培育创新、建立联盟、组织敏捷）三个维度，12个因子的行政级别全球胜任力模型。② Olesen Carrie 等（2007）在对微软公司未来商务战略和成功迎接未来挑战所需组织属性分析和研究的基础上，运用行为事件访谈法，建立了包括基准胜任力、鉴别胜任力和未来导向胜任力三个维度的微软领导胜任力模型。③

Crady R L 和 Selvarajan T T（2006）将胜任力概括地分为员工胜任力和组织胜任力。员工胜任力是个体所拥有的，包括知识、技能、经验和个性等。组织胜任力属于组织，根植于流程和结构中，即使个体离开，组织依然可以拥有它。由于组织胜任力根植于个体员工胜任力基础之上，因此识别员工胜任力对组织获得竞争优势尤为重要。④

Koeppen K、Hartig J、Klieme E 和 Leutner D（2009）认为胜任力最基本的元素为特定情境，与智力相比较，胜任力反映的是为满足在特定领域学习和行为的认知需求的个人潜质，因此胜任力与"真实生活"更加息息相关。⑤

Bbdullah A H、Musa R 和 Ali J（2011）对马来西亚人力资源管理从业人员胜任力的胜任力模型进行构建，发现在模型中具有显著性胜任力域为关系建立与流程驱动、个人信誉与贡献、资源及人才管理、员工关系及组织承诺；共计有14个显著胜任力要素：流程管理、灵活性、信息搜寻、积极主动、工作自豪感、自发行为、变革能力、领导力、组织发展、职业规划、接班人计划、人力绩效提升、纪律性及职业安全健康。⑥

---

① 巩键，国内外的胜任力研究综述［J］. 新西部，2012（2-3）：74.
② ALLDREDGE M E, NILAN K J. 3M's leadership competency model: an internally developed solution［J］. Human Resource Management, 2000（39）：133-145.
③ CARRIE O, DAVID W, IRIS L. Career models and culture change at microsoft［J］. Organization Development Journal, 2007（25）：31-36.
④ CRADY R, SELVARAJAN T T. Alternative framework for competitive advantage［J］. Business Horizons, 2006（49）：235-245.
⑤ KOEPPEN K, HARTIG J, KLIEME E, etal. Current issues in competence modeling and assessment［J］. Journal of Psychology, 2009, 216：61-73.
⑥ BBDULLAH A H, MUSA R, ALI J. Development of human resource practitioner competency model［J］. International Journal of Business and Management, 2011（11）：240-255.

Tutu A 和 Constantin T（2012）以 200 名罗马尼亚雇员为样本做了两个相关研究，一是胜任力匹配指数预测工作业绩的模型；二是两个持久性因素长期目标追寻（long term purposes pursuing，LTPP）与当前目标追寻（current purposes pursuing，CPP）对工作业绩的影响。研究表明胜任力匹配指数对工作业绩只有极低的预测力，而两个持久性因素 LTPP、CPP 对绩效却有极高的预测力。研究发现胜任力与绩效不是线性相关关系，即使员工在技能知识上符合工作的要求，也并不能保证其成为未来的高绩效者。工作胜任力具有预测力，但工作胜任力与工作要求的匹配程度却没有预测力，因此他们指出在工作中要注重实际胜任力和胜任力的发展，而并非一味强调胜任力与工作要求的匹配度。①

Piercy N、Craven D 和 Lane N（2012）对销售主管的控制胜任力和组织成员行为如何影响销售人员绩效进行研究，对销售主管控制胜任力进行了构建。他们的研究在控制水平和绩效之间引入了一个中介变量，即销售主管控制胜任力，此中介变量的作用得到了实验结果的验证。研究发现控制策略的实施对销售绩效具有影响力，如果销售主管表现出高水平的控制胜任力，这个影响力的显著性就更加突出。这个研究结果佐证了这样的观点：虽然管理控制活动类型和水平会影响销售人员的绩效，但不能仅仅关注销售主管在控制方面做了什么，更要关注他们在实施这些行为时表现得如何。②

综上所述，国外胜任力研究不再仅仅围绕特定职位构建胜任力模型，而是越来越重视对胜任力与绩效关系的研究，利用完整的绩效数据与胜任力数据进行相关和回归分析，从而可以更加精确地确定和导出组织中某个岗位的胜任力要素。此外研究还逐渐转移到企业的微观层面，将胜任力管理体系与组织内部管理职能相结合，用于提升竞争优势、创新能力和工作绩效。

2. 我国胜任力研究现状

本书对 1990—2016 年国内 CNKI 数据库中主题词为"胜任力""胜任力模型"的文献进行了统计，统计结果如图 1-4、图 1-5、表 1-3 所示。

---

① TUTU A，CONSTANTIN T. Understanding Job performance through persistence and job competency [J]. Procedia-Social and Behavioral Sciences，2012（33）：612–616.

② PIERCY N，CRAVEN D，LANE N. Sales manager behavior-based control and salesperson performance [J]. Journal of Marketing Theory and Practice，2012（20）：7–22.

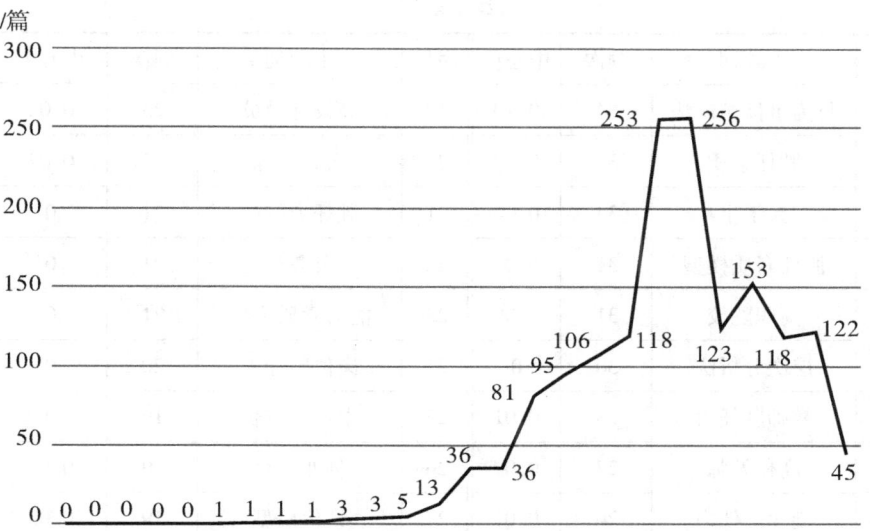

图1-4 国内胜任力文献发表时间分布图

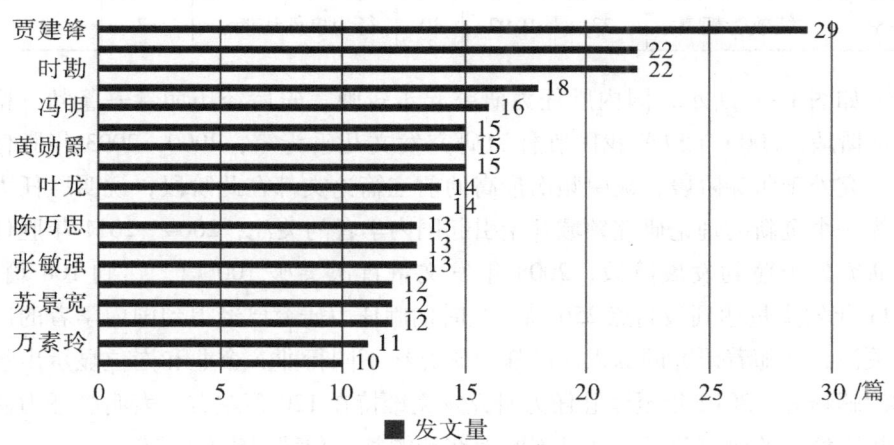

图1-5 国内胜任力研究高产作者信息图

表1-3 国内胜任力研究热点基本信息表

序号	主题词	频次	中心度	序号	主题词	频次	中心度
1	胜任力	579	0.49	4	胜任特征模型	119	0.18
2	胜任特征	294	0.32	5	人力资源管理	83	0.24
3	胜任力模型	284	0.35	6	素质模型	69	0.12

（续上表）

序号	主题词	频次	中心度	序号	主题词	频次	中心度
7	行为事件访谈法	54	0.10	19	高校辅导员	23	0.02
8	胜任素质	35	0.02	20	人力资源	23	0.02
9	大学生	34	0.04	21	胜任力特征	21	0
10	胜任素质模型	31	0.01	22	公务员	21	0
11	高职院校	31	0.09	23	能力素质模型	21	0
12	层次分析法	30	0	24	岗位胜任力	20	0
13	教师胜任力	28	0.01	25	中小学校长	19	0
14	高校教师	27	0.09	26	创业教育	19	0.01
15	创业胜任力	26	0.03	27	评价模型	19	0.03
16	工作绩效	24	0	28	冰山模型	18	0.08
17	辅导员	23	0.02	29	研究型大学	18	0.05
18	绩效管理	23	0.02	30	行为事件访谈法	17	0

如图1-4所示，国内胜任力研究起步较晚，先后经历萌芽—蓬勃—稳定的阶段。2000年以前我国胜任力研究发文几乎为零；2000—2003年胜任力研究处于萌芽阶段，被引频次最高的前三篇论文都在此阶段，说明胜任力作为一个全新的理论研究领域开始引起国内学者的关注；2004—2011年胜任力研究处于蓬勃发展阶段，2008年发文量首次突破100篇，达到108篇，2011年发文量达到最高点256篇。此时期胜任力研究已经得到国内学者的广泛关注，并随着研究的深入，胜任力研究在不同行业、企业和岗位显示出强大的解释力。2012年至今胜任力研究发文维持在120篇左右，表明胜任力研究趋于稳定的研究范式，并且不断地在新的领域和部门进行尝试。

从表1-3可以看出，我国目前胜任力研究的热点主要集中在"胜任力""胜任特征""胜任力模型""胜任特征模型""人力资源管理"等方面，对教育界胜任力的研究相对比较集中。

国内胜任力研究基本遵循和国外胜任力研究大致相同的发展脉络，先后经历"胜任力是什么以及如何构建"和"胜任力在不同行业职业是什么及如何构建"两个阶段。第一阶段是1990—2005年，主要集中在胜任力和胜任力模型内涵及其构建、胜任力与绩效的关系、胜任力培训与预测等方面，还停留在"胜任力是什么及如何获得"的阶段。第二阶段是2006年至今，胜任力理论发展成熟之后逐渐在各个领域发挥作用，侧重点在于"不同领域胜任力是什么及如何培养"的问题。近年来涌现出情绪胜任力、创业胜任力、团队胜任力、文化胜任力、逆境胜任力等研究领域，说明我国胜任力研究领域不断向多元化发展。胜任力概念自 20 世纪 90 年代传入我国后，其研究热点主要集中在"胜任力"和"胜任力模型"概念上。王重鸣（2000）认为胜任力是指导致高管理绩效的知识、技能、能力和价值观、个性、动机等特征。① 仲理峰、时勘（2002）认为胜任力是能把某职位中表现优异者和表现平平者区别开来的个体潜在的、较为持久的行为特征。这些特征可以是认知的、意识的、态度的、感知的、动力的或倾向性的等。② 章凯（2004）本着系统性、相关性和可操作性的原则把胜任力界定为在特定工作岗位、组织环境和文化氛围中绩优者所具备的可以客观衡量的个体特征及由此产生的可预测的、指向绩效的行为特征。③ 关于胜任力模型的研究，国内学者主要以"一般胜任力模型"为主要理论基础形成岗位的胜任力模型，通过问卷或行为事件法分析员工行为、评估员工的素质是否符合岗位的内在要求。徐芳（2003）运用行为事件法和问卷法得出研发人员胜任力包括影响力、概念性思维、成就导向、分析性思维、主动性、自信心、人际理解、注重次序和质量、信息搜寻、专业知识和客户服务导向。④ 刘学方（2006）通过文献回顾、访谈以及对 200 多家完成继承的家族企业中高层管理人员问卷调查的方法，通过探索性和验证性因子分析在国内外首次建立了家族企业接班人胜任力模型。家族企业接班人胜任力包括组织承诺、诚信正直、决策判断、学习沟通、自知开拓、关系管理、科学管理和专业战略 8 个因子。⑤

胜任力与绩效的关系亦是我国胜任力理论研究的另一大热点。金杨华（2004）研究管理胜任特征与绩效的关系，得出问题解决能力对任务绩效有积极作用，而诚信责任更多影响关系绩效。⑥ 林忠、王慧（2008）分析了财政干部胜任力应具备"政策推演、综合思维、组织建构、制度建设、业务素养和领导授控"等胜任特征，并一一分析了各胜任特征对任务关系绩效的预

---

① 王重鸣，陈民科. 管理胜任力特征分析：结构方程模型检验［J］. 心理科学，2002（5）：12－23.
② 仲理峰，时勘. 家族企业高层管理胜任特征模型［J］. 心理学报，2004（1）：200－210.
③ 章凯，肖莹. 胜任特征分析与人力资源管理［J］. 江淮论坛，2004（2）：65－69.
④ 徐芳. 研发团队胜任力模型的构建及其对团队绩效的影响［J］. 管理现代化，2003（4）.
⑤ 刘学方，王重鸣，唐宁玉，等. 家族企业接班人胜任力建模：一个实证研究［J］. 管理世界，2006（5）：211－223.
⑥ 金杨华，陈卫旗，王重鸣. 管理胜任特征与工作绩效关系研究［J］. 心理科学，2004（6）：24－29.

测作用。① 杨雪莹（2009）从胜任力这一概念出发，结合当前公务员测评系统存在的问题，提出了基于胜任力的公务员绩效测评系统的设计方案。将胜任力这一概念引入公务员测评系统的研究中，建议借鉴经验、发挥自身特点，建立完善的公务员绩效测评系统。② 周红云（2010）以高新技术企业为案例，探讨基于绩效和胜任力的员工价值评估的作用、具体的评估流程及差异化的激励策略。③ 刘晓英（2011）运用胜任力和绩效管理的有关理论，对构建基于胜任力的企业高管绩效评价体系做了初步探讨，将胜任力特征导入业绩评价指标体系中，解决了传统业绩评价指标只关注财务指标的缺陷，对新经济形势下我国企业高管进行绩效的综合评价起到一定的指导作用。④ 潘娜（2014）发现目前研究存有对胜任力概念认知偏差、对胜任力研究过程缺少对象控制、对胜任力模型缺失校验等误区，重点剖析了中国公务员胜任力研究中高绩效者的选择、问卷设计、研究对象回应及研究成果应用等方面的困境，提出了加深理论概念理解、扩大理论界与实践界的合作以及精深研究实操方法等应对策略。⑤

此外，胜任力研究在我国特有的一些职业群体与部门得到广泛的推广和实践。目前，胜任力在公务员、党政领导干部、企业中高级管理者、教师、高校及中小学校长、乡镇干部、医生与护士等部门和行业中运用，彰显出较强的实证解释力。

三、我国编辑领域胜任力研究

相较于我国其他行业和领域的胜任力研究的火热现状，我国出版领域的胜任力研究显得相对滞后。

1. 我国编辑胜任力研究概况

本书对 1990—2016 年国内 CNKI 数据库中主题词为"编辑胜任力"、篇名包含"编辑胜任"的文献进行了统计分析，如图 1-6、表 1-4 所示。

---

① 林忠，王慧. 财政干部胜任力与绩效关系的实证研究 [J]. 财政研究，2008（3）.
② 杨雪莹. 基于胜任力的公务员绩效测评系统研究 [J]. 法制与社会，2009（7）.
③ 周红云. 基于绩效和胜任力的员工价值评估与激励：以 K 公司为例 [J]. 中国人力资源开发，2010（10）.
④ 刘晓英. 基于胜任力的企业高层管理人员绩效评价体系研究 [J]. 企业经济，2011（1）.
⑤ 潘娜，易丽丽. 中国公务员胜任力研究的误区、困境及对策 [J]. 首都经济贸易大学学报，2014（9）.

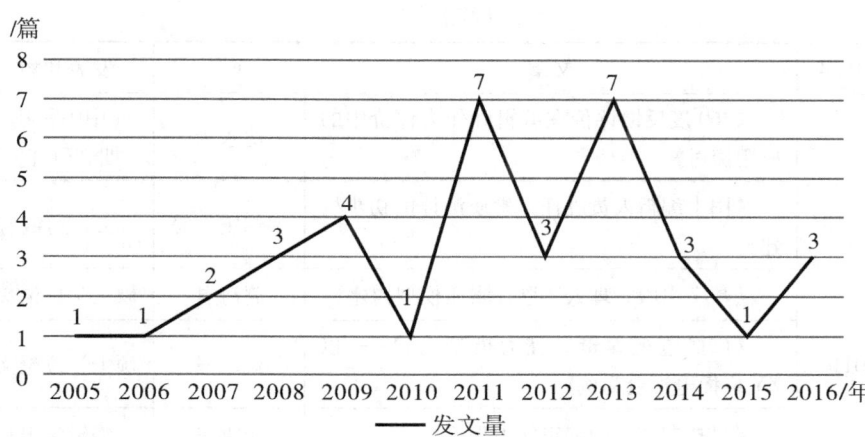

图1-6 我国近年来编辑胜任力研究论文数量

表1-4 我国近年来编辑胜任力研究发文情况

年份/年	文章	作者	发表刊物
2005	《浅析现代编辑的胜任力特征结构》	赵旻	《科技编辑研究》
2006	《图书编辑胜任模型的评价研究》	吴红岩 等	《人类工效学》
2007	《出版社编辑人员胜任力模型建构研究》	罗立新	硕士学位论文
2007	《期刊编辑胜任力与人力资源研究》	李军	《编辑之友》
2008	《市场经济下科技期刊编辑的胜任力分析》	周少霞、林秀群、陈海林	《科技情报开发与经济》
2008	《图书编辑胜任特征模型构建》	张欣	硕士学位论文
2008	《图书编辑职业能力的胜任力评价模型》	徐维东、陈达凯	《科技与出版》
2009	《学术期刊编辑胜任力提升的制约因素及对策：人力资源视角》	许志敏	《重庆工商大学学报》
2009	《出版社编辑胜任特征模型及其影响因素研究》	李淑敏	博士学位论文
2009	《略论编辑的胜任力》	周立钢、李士峰	《中国电子商务》
2009	《科技期刊编辑人员胜任力的构成要素研究》	陈斌	《中国科技期刊研究》
2010	《出版社编辑人员胜任力模型的构建与应用》	罗立新	《科技与出版》

(续上表)

年份/年	文章	作者	发表刊物
2011	《360度反馈评价在编辑胜任力评价中的应用探讨》	沈永为	《中国科技期刊研究》
	《图书编辑人员胜任力素质测评的初步构建》	邬锦雯 等	《心理学探新》
	《数字出版管理人才胜任素质模型构建》	赵海君	硕士学位论文
	《广播电视编辑胜任力模型构建——以XY广播电视台为例》	江岑	硕士学位论文
	《科技期刊学的编辑能力理论》	于洪飞	《编辑学报》
	《转制后出版企业领导胜任力的八种要素》	曾少雄	《中国编辑》
	《新形势下高校科技期刊编辑胜任素质研究》	李建忠	《西南民族大学学报》
2012	《策划编辑胜任力结构维度探索性分析》	黄倩	《出版发行研究》
	《基于胜任力理论的"网络编辑"专业人才培养方案制定》	丁梅、韩二伟	《商业文化》
	《科技期刊编辑胜任力模型》	王健东	《时代报告（学术版）》
2013	《教育编辑胜任力模型的构建与验证》	林众 等	《心理与行为研究》
	《胜任力视角下的学术期刊素质提升策略》	梁艳珍	《湖北文理学院学报》
	《出版产业化中的编辑胜任力》	张丽娟、毕海滨、王安琳	《出版参考》
	《图书策划编辑胜任力研究》	刘忠波、王丽静	《职业时空》
	《基于胜任力：高教研究期刊编辑组织提升的新视角》	王丽恩	《煤炭高等教育》
	《胜任力模型——以某市级电视台编辑岗位为例》	佘晓琳	《南方电视学刊》
	《浅谈出版社策划编辑的培养策略》	张鹏	《新闻世界》

（续上表）

年份/年	文章	作者	发表刊物
2014	《试论编辑胜任力及其养成》	李芳	《出版发行研究》
	《吉林出版集团图书编辑职业规划方案设计》	时磊章	硕士学位论文
	《浅谈出版社策划编辑应具备的素质》	哈森	《内蒙古教育》
2015	《高校学报编辑胜任特征模型的初步构建》	江波、罗雯瑶、刘景芝	《中国科技期刊研究》
2016	《以"胜任力"模型为基础的原创童书编辑成长模式》	赵朝峰、陈苗苗	《出版广角》
	《基于胜任力素质模型的陕西人民教育出版社人力资源优化研究》	李鑫	硕士学位论文
	《河南电子音像出版社编辑人员胜任力研究》	宋扬	硕士学位论文

可以看出，虽然胜任力理论研究在我国其他行业及领域开展得方兴未艾、风生水起，但我国编辑领域的胜任力研究则显得起步较晚、门庭冷落。国内学者主要通过定性分析编辑工作的性质、意义、内涵等来研究编辑所应具备的素质和能力。2005年左右，赵旻在《科技编辑研究》上发表《浅析现代编辑的胜任力特征结构》一文，拉开了我国编辑出版领域胜任力理论与应用深入研究的序幕。他首先使用胜任特征理论从理论上分析了现代编辑应具有的胜任力特征结构，认为编辑的胜任特征结构可分为道德高标和良好的专业素质两大类，而后者又可细化为想象能力、记忆能力、鉴别能力、语言表达能力、交际能力和创新能力六个部分。① 2006年，吴红岩、李文东、谢义忠、时勘等首先运用结构化工作分析问卷和行为事件访谈法探讨了图书编辑的胜任特征模型，首次运用O*NET（职业信息网络系统）问卷进行工作分析，通过对效标群体的分析得到图书编辑的胜任特征包括编辑策划、关注客户需求、市场意识、成就动机和问题敏感。② 他们将胜任特征模型理论和国内管理学领域对胜任特征模型研究的经验引入图书编辑胜任特征模型研究

---

① 赵旻. 浅析现代编辑的胜任力特征结构 [J]. 科技编辑研究, 2005 (4).
② 吴红岩, 李文东, 谢义忠, 等. 图书编辑胜任特征模型的评价研究 [J]. 人类工效学, 2006 (1): 17-19.

中，从而弥补了仅从理论研究编辑胜任力特征的空泛和不足，但由于样本数量有限，研究深度受到限制，因此未能对建立起的模型进行预测效度的验证和跟踪。不过此研究引起了更多学者对编辑胜任力模型研究的关注，提供了可借鉴的研究方法和工具。

2007年，罗立新在其硕士学位论文《出版社编辑人员胜任力模型建构研究》中继续深化和发展问卷法和行为事件访谈法的运用，将编辑人员的胜任力特征归纳为创新能力、客户导向、关注细节、思维能力、成就导向、坚韧性和主动性七项胜任特征，并且对每一个胜任特征赋予了不同的权重，但在研究过程中并未对所提出的胜任特征进行有效验证，因此模型的构建存在着一定的理论缺陷。① 李军在《期刊编辑胜任力与人力资源研究》一文中提出期刊编辑的胜任力包括基准性胜任力和鉴别性胜任力，并且将期刊编辑胜任力与选人用人机制、培训与开发和工作激励等联系起来。② 于是，我国编辑领域的胜任力研究出现了两个主要分支——图书编辑胜任力研究与期刊编辑胜任力研究。

在图书编辑胜任力理论研究领域，一些学者相继结合工作实际和国外理论最新发展，建设性地提出了自己的研究成果。张欣（2008）构建了由学科教学敏感性、客户服务、成就动机、问题敏感性、研发与策划、信息加工、市场洞察力、创造性工作、现代化编辑手段、二次研发能力等10项胜任特征组成的图书编辑胜任特征模型。③ 徐维东、陈达凯（2008）利用胜任力模型分析图书编辑职业能力内涵，认为图书编辑职业能力是包含知识、技能和经验，价值观、态度与习惯，人际交往方式与思维方式，内驱力，人格特质五个层面的复合内涵。④ 李淑敏（2009）对出版社编辑胜任特征及其影响因素做了更为细致的研究，建立了出版社编辑胜任特征模型并首次编制完成了编辑胜任特征模型详版和简版，该模型包括责任感、进取心、自我控制、沟通能力、建立维系关系、问题敏感性、客户服务、市场意识、学科敏感性、选题策划、创新11项胜任特征。探讨了关键胜任特征族及其构成因子的关系，并对构建的模型进行了有效验证；结合组织文化理论研究了组织文化对胜任特征模型的影响。⑤ 李淑敏的研究在模型的建立基础、验证及相关因素

---

① 罗立新. 出版社编辑人员胜任力模型构建研究 [D]. 广州：暨南大学，2008.
② 李军. 期刊编辑胜任力与人力资源研究 [J]. 编辑之友，2007（4）：59–60.
③ 张欣. 图书编辑胜任特征模型构建 [D]. 北京：首都经济贸易大学，2008.
④ 徐维东，陈达凯. 图书编辑职业能力的胜任力评价模型 [J]. 科技与出版，2008（11）：67–69.
⑤ 李淑敏. 出版社编辑胜任特征模型的构建及其影响因素分析 [D]. 北京：中国科学院研究生院，2009.

分析上都有效地弥补了以前研究的不足，取得我国编辑胜任力理论研究的阶段性成果。周立钢、李士峰（2009）认为编辑应该具备高尚的个性特征、敏锐的感受力、较高的理论水平和市场意识。[①] 邬锦雯（2011）等通过实证研究提出图书编辑胜任力可归为3个因子：专业素质、职业精神、人格特质。[②] 黄倩（2012）总结出策划编辑的胜任力特征包括两大维度8个要素，两大维度即编辑素质与策划技能，其中编辑素质包含政策法律意识、创新意识、信息吸收意识和质量意识4个要素，策划技能包含市场营销技能、项目统筹技能、资源整合技能和沟通协调技能。[③] 林众等（2013）通过对全国7个教育出版社300多名编辑问卷测试，构建了教育编辑胜任力模型，教育编辑胜任力主要由工作取向、自我取向、人际取向3方面8个因子构成。工作取向包括以市场为导向的选题策划、职业认知、自觉的编辑行为3个二阶因子；自我取向包括工作的主动性与责任感、自我效能感、反思性3个二阶因子；人际取向包括灵活性与敏感性、人际交往与合作2个二阶因子。[④] 刘忠波（2013）通过文献分析法提出策划编辑胜任特征包括意识、知识、能力、特质4个维度16个因素。[⑤] 李芳（2014）认为编辑胜任力构成要素是个开放的指标体系，包含特质、价值观、情感、意识、知识、能力6个维度，每个维度下细分为若干指标，其核心要素有两点：一是心理层面的职业自觉性，二是行为层面的职业执行力。[⑥] 赵朝峰、陈苗苗（2016）对童书编辑的胜任力进行探讨，认为童书编辑胜任力模型包括两个维度：原创素质维度和原创技能维度。原创素质维度包含原创激情与创造力、风险承受力、社会经验与人际能力；原创技能维度包含寻找选题机会能力、资源整合能力、市场洞察与营销能力。[⑦] 李鑫（2016）通过对陕西人民教育出版社的实证研究，提出出版社编辑人员胜任力模型由领导能力、管理能力、专业素质、思维能力、个人特质、态度与品质6个要素构成。[⑧] 宋扬（2016）以河南电子音像出版社

---

① 周立钢，李士峰. 略论编辑的胜任力 [J]. 中国电子商务，2009（7）：60-61.
② 邬锦雯，马绍奇，张敏强，等. 图书编辑胜任力素质测评的初步构建 [J]. 心理学探新，2011（31-6）：544-548.
③ 黄倩. 策划编辑胜任力结构维度探索性分析 [J]. 出版发行研究，2012（7）：44-46.
④ 林众，张丽娟，王安琳，等. 教育编辑胜任力模型的构建与验证 [J]. 心理与行为研究，2013（11-4）：529-534.
⑤ 刘忠波，王丽静. 图书策划编辑胜任力研究 [J]. 职业时空，2013（10）：98-100.
⑥ 李芳. 试论图书胜任力及其养成 [J]. 出版发行研究，2014（11）：72-74.
⑦ 赵朝峰，陈苗苗. 以"胜任力"模型为基础的原创童书编辑成长模式 [J]. 出版广角，2016（4）：14-16.
⑧ 李鑫. 基于胜任力素质模型的陕西人民教育出版社人力资源优化研究 [D]. 西安：陕西师范大学，2016.

为例进行研究，得出由职业精神、专业素养、人格特质3个维度13个因子构成的编辑人员胜任力模型。[①] 此外我国台湾学者应力志、陈森胜、郑如玲、潘美秋（2010）结合文献分析、深度访谈和问卷调查构建了图书出版业文字编辑的四大素质：专业能力、人际能力、管理能力和人格特质，[②] 具体情况如表1-5所示。

表1-5 我国图书编辑胜任力研究成果

年份/年	作者	胜任力特征
2005	赵旻	道德高标和专业素质（想象能力、记忆能力、鉴别能力、语言表达能力、交际能力、创新能力）
2006	吴红岩、李文东、谢义忠、时勘	编辑策划、关注客户需求、市场意识、成就动机和问题敏感
2007	罗立新	创新能力、客户导向、关注细节、思维能力、成就导向、坚韧性和主动性
2008	张欣	学科教学敏感性、客户服务、成就动机、问题敏感性、研发与策划、信息加工、市场洞察力、创造性工作、现代化编辑手段、二次研发能力
2008	徐维东、陈达凯	知识、技能和经验；价值观、态度与习惯；人际交往方式与思维方式；内驱力；人格特质
2009	李淑敏、周立钢、李士峰	责任感、进取心、自我控制、沟通能力、建立维系关系、问题敏感性、客户服务、市场意识、学科敏感性、选题策划、创新 高尚的个性特征、敏锐的感受力、较高的理论水平和市场意识
2010	应力志、陈森胜、郑如玲、潘美秋	专业能力、人际能力、管理能力和人格特质
2011	邬锦雯	专业素质、职业精神、人格特质
2012	黄倩	编辑素质（政策法律意识、创新意识、信息吸收意识和质量意识）、策划技能（市场营销技能、项目统筹技能、资源整合技能和沟通协调技能）

---

① 宋扬. 河南电子音像出版社编辑人员胜任力研究［D］. 西安：西安理工大学，2016.
② 应力志，陈森胜，郑如玲，等. 台湾图书出版业文字编辑专业职能之研究［J］. 台湾图书管理季刊，2010（1）.

(续上表)

年份/年	作者	胜任力特征
2013	林众、张丽娟、王安琳、毕海滨	工作取向（以市场为导向的选题策划、职业认知、自觉的编辑行为）、自我取向（工作的主动性与责任感、自我效能感、反思性）、人际取向（灵活性与敏感性、人际交往与合作）
2014	李芳	特质、价值观、情感、意识、知识、能力
2016	赵朝峰、陈苗苗、李鑫、宋扬	原创素质维度（创激情与创造力、风险承受力、社会经验与人际能力）原创技能维度（寻找选题机会能力、资源整合能力、市场洞察与营销能力） 领导能力、管理能力、专业素质、思维能力、个人特质、态度与品质 专业能力、人际能力、管理能力和人格特质

另一些学者则对期刊编辑胜任力模型进行了深入的研究。陈斌（2009）归纳科技期刊编辑胜任力由基准胜任力和鉴别胜任力构成，基准胜任力包括编辑学知识和熟练运用能力、所负责学科领域自然科学知识和熟练运用能力、外语知识、现代信息技术和知识、创新思维能力和策划能力6种要素；鉴别胜任力包括行为动机、自我工作认知、个性心理特征3种要素。[①] 于洪飞（2011）把科技期刊编辑胜任力分为显性能力和隐性能力，显性能力包含专业知识水平、编辑知识容量、编辑职业资质3个方面，隐性能力包含基础层次编辑能力、职业层次编辑能力和事业层次编辑能力3个方面。[②] 李建忠（2011）提出新形势下高校科技期刊编辑的胜任素质应包括正确的思想政治观念和高尚的职业道德品质、精深而广博的科技专业知识与深厚的人文素质、扎实的编辑出版知识与技能、现代信息网络技术知识与熟练的计算机操作技能、其他综合知识与能力5个方面。[③] 王健东（2012）编制出科技期刊编辑胜任力模型，得出了知识、技能和特质三个胜任维度：知识包括的胜任力因子有专业知识、政策法规知识、相关业务知识和编辑职业资质；技能的胜任力因子有信息检索能力、组稿能力、稿件鉴审能力、编辑加工能力、协

---

① 陈斌. 科技期刊编辑人员胜任力构成要素研究［J］. 中国科技期刊研究，2009（20-6）：1160-1163.
② 于洪飞. 科技期刊学的编辑能力理论［J］. 编辑学报，2011（6）：194-197.
③ 李建忠. 新形势下高校科技期刊编辑胜任素质研究［J］. 西南民族大学学报，2011（57-6）：995-998.

调沟通能力、出版公关能力和期刊管理能力；特质的胜任力因子有科学精神、创新精神、团队合作精神、职业道德、责任心和工作态度。① 梁艳珍（2013）认为学术期刊编辑的胜任力包含5方面内容：认知能力、设计能力、传播能力、组织能力和交流能力。② 江波等（2015）经过研究分析，初步建立了高校学报编辑胜任特征模型，由专业能力、自我发展和职业精神3个维度，信息加工、沟通协调、建立关系、责任心、公正正直、学习发展和成就导向7项要素构成，③ 如表1-6所示。

表1-6 我国期刊编辑胜任力研究成果

年份/年	作者	胜任力特征
2007	李军	基准性胜任力和鉴别性胜任力
2009	陈斌	基准胜任力（编辑学知识和熟练运用能力、所负责学科领域自然科学知识和熟练运用能力、外语知识、现代信息技术和知识、创新思维能力和策划能力），鉴别胜任力（行为动机、自我工作认知、个性心理特征）
2011	于洪飞、李建忠	显性能力（专业知识水平、编辑知识容量、编辑职业资质），隐性能力（基础层次编辑能力、职业层次编辑能力和事业层次编辑能力）正确的思想政治观念和高尚的职业道德品质、精深而广博的科技专业知识与深厚的人文素质、扎实的编辑出版知识与技能、现代信息网络技术知识与熟练的计算机操作技能、其他综合知识与能力
2012	王健东	知识胜任力（专业知识、政策法规知识、相关业务知识和编辑职业资质）；技能胜任力（信息检索能力、组稿能力、稿件鉴审能力、编辑加工能力、协调沟通能力、出版公关能力和期刊管理能力）；特质胜任力（科学精神、创新精神、团队合作精神、职业道德、责任心和工作态度）
2013	梁艳珍	认知能力、设计能力、传播能力、组织能力和交流能力
2015	江波、罗雯瑶、刘景芝	专业能力、自我发展和职业精神3个维度，信息加工、沟通协调、建立关系、责任心、公正正直、学习发展和成就导向7项要素

---

① 王健东. 科技期刊编辑人才培养开发模式 [J]. 中国期刊年鉴, 2013.

② 梁艳珍. 胜任力视角下的学术期刊编辑素质提升策略 [J]. 湖北文理学院学报, 2013 (34-3): 86-88.

③ 江波, 罗雯瑶, 刘景芝. 高校学报编辑胜任特征模型的初步构建 [J]. 中国科技期刊研究, 2015 (26-7): 733-738.

除此之外，有关学者以不同的视角对广播电视编辑、出版企业领导人员、数字出版管理人员、网络编辑、出版社发行人员的胜任力模型进行了实证研究和探讨。江岑（2011）以某广播电视台为例研究广播电视编辑的胜任力，得出由成就特征、认知特征、自我发展特征3个一阶因子13个二阶因子组成的胜任特征模型。① 赵海君研究数字出版管理人员胜任力素质，提出数字出版管理人才的胜任素质模型由6个通用素质（创新、市场导向、以人为本、诚信、团队合作、经验开放性）和4个专业素质（帮助与服务、认知、管理、目标与行动）构成。② 曾少雄（2011）认为应以知识技能、行为能力和个人特质3个维度构建出版企业领导胜任力，具体由政治力、决策力、创新力、整合力、示范力、应变力、文化力和人格力8种要素组成。③

2. 我国新媒体编辑胜任力研究

总的来说，我国新媒体编辑胜任力的研究尚待开发，未见成体系的梳理和挖掘。大家一般从"媒介素养""职业素质""工作能力""专业技能"等角度对新媒体编辑工作进行研究，虽然没有直接的指导意义，但还是有一些可以借鉴的地方。

何文光、刘李杰提出新媒体编辑需要具备驾驭网络语言的能力、复合运用新知识的能力、整合不同媒介资源的能力、运用新媒体技术的能力、数据挖掘和处理的能力、开展互动与营销的能力。④ 暴爱国指出新媒体编辑需要具备的基本素养包括政治理论素养、新闻职业素养、专业知识素养、媒介知识素养、创新能力素养。⑤ 马晓萌认为新媒体编辑应具备的基本素养有扎实的采编功底、极强的政治素养，朴素的大众素养和良好的IT素养。⑥ 吴延丽提出新媒体编辑应具备的能力有新闻敏感、文字功底和整合能力以及创新能力。⑦ 杨江科杰、熊志华认为新媒体编辑要具有跨文化传播能力、快速准确的编辑能力、管理协作的能力、及时反应的能力和运用科技的能力。⑧ 余敬

---

① 江岑. 广播电视编辑胜任力模型建构：以XY广播电视台为例［D］. 扬州：扬州大学，2011.
② 赵海君. 数字出版管理人才胜任素质模型构建［D］. 北京：北京印刷学院，2011.
③ 曾少雄. 转制后出版企业领导胜任力的八种要素［J］. 中国编辑，2011（6）：13-15.
④ 何文光，刘李杰. 试说新媒体编辑记者的能力要素［J］. 军事记者，2016（12）：43-44.
⑤ 暴爱国. 新媒体编辑应具备的基本素养初探［J］. 科技传播，2017（11）：1-2.
⑥ 马晓萌. 从市场需求论新媒体编辑应具备的基本素养［J］. 西部广播电视，2017（11）：161-162.
⑦ 吴延丽. 新媒体编辑应具备的能力探析［J］. 新闻研究导刊，2018（2）：145.
⑧ 杨江科杰，熊志华. 关于新媒体编辑的创新机制研究［J］. 新闻传播，2017（12）：55-56.

春指出数字编辑必备的六项能力包含把关能力、数字出版引领能力、资源整合能力、产品设计能力、服务创新能力和数字营销能力。① 韩微微提出高素质网络编辑要具备策划专题、资源整合和经营能力。② 张笑认为新时代的网络编辑要从抵御信息风险的能力、整合信息传播检索数据的能力、挖掘受众需求的能力、选题策划和全媒体推广能力四个方面进行能力构建。③ 庞建华提到网络编辑的职业素养应包含高度的责任意识、全新的编辑理念、强烈的创新意识、专业的文字能力和广阔的知识视野。④

需要特别注意的是，大家一致认为新媒介素养是新媒体编辑所必须具备的基本职业素养。新媒体编辑作为信息传播过程的把关人，占据非常关键的地位，其新媒介素养会对信息的挑选、传播、接受有着直接的影响，并对信息传播成效及公信力带来巨大影响。⑤ 因此，本书在确定新媒体编辑胜任力要素时将新媒介素养作为重要构成要素加以考虑。

综合我国编辑领域和新媒体编辑领域胜任力研究的情况，笔者认为虽然近年来涌现出不少优秀成果，但与国内外先进领域比较，在研究方法、深度、广度等方面都有待提高。

第一，在研究方法方面，国内学者多数采取定性研究方法，通过资料综合和文献分析简单得出胜任力特征要素，存在定义不清、概念模糊、内涵和外延相互重合矛盾的情况。在通过定量方法研究时，胜任特征信息采集阶段对行为事件访谈法、问卷调查法等某些技术环节缺乏细致的把控，在模型检验阶段还缺乏更为精确的验证方法和可操作性工具。因此，如何能够充分利用现有研究成果与定性定量方法有机结合，探索一套更为科学、便捷的胜任特征模型开发途径，更快速有效地收集胜任特征数据，更精准提高模型构建效率和验证预测是摆在我国学者目前亟待解决的主要问题。

第二，在研究深度方面，目前我国编辑领域胜任力研究大多数还停留在胜任特征模型建构和胜任特征要素分析上，缺少对胜任特征因子影响因素的研究，国内一些学者虽然用实证研究的方法探讨了一些影响因素，但更多的探讨个体层面的因素，很少涉及影响胜任特征的环境因素。部分学者对胜任特征模型的组织文化等影响因素的探讨研究仍处于起步阶段。对于编辑胜任

---

① 余敬春. 数字资源知识服务转型期数字编辑必备的六项能力 [N]. 中国出版传媒商报，2018-05-18 (7).
② 韩微微. 谈高素质网络编辑具备的能力分析 [J]. 劳动保障世界，2013 (12)：90-91.
③ 张笑. Web 3.0 时代网络编辑的能力构建 [J]. 青年记者，2014 (12)：85-86.
④ 庞建华. 浅谈新媒介环境下网络编辑的素养 [J]. 科技与创新，2015 (15)：24-25.
⑤ 宣丽. 浅析媒介融合视域下传统媒体人的新媒介素养 [J]. 试听研究，2015 (11)：79.

力模型怎样切实有效地指导出版企业进行相关编辑人力资源管理和规划、怎样影响和提升编辑专业培养和职业教育，国内学者尚未提出清晰的路径和手段。因此以编辑胜任力模型为出发点，由个体到组织、由微观到宏观，将编辑专业学科建设、人才培养、职业规划、出版企业编辑人力资源管理等多个环节有机结合在一起，构建出一套系统合理的编辑人员胜任特征测评与实操工具，将有助于出版业在转型升级中解决相关的人力资源结构问题。

第三，在研究广度方面，我国大多数学者视野主要聚焦在图书编辑和期刊编辑领域，而随着时代的发展和科技的进步，编辑的分工和种类有了深刻的变化，出现策划编辑、营销编辑、新媒体编辑等崭新编辑岗位，国内缺乏对不同岗位编辑胜任力模型的探究。同时，由于受研究成本等因素制约，许多实证研究中的研究对象仅是个体出版社或某个区域某种类型的出版单位的编辑，样本数量的缺陷对于从整体和全面之角度进行深入分析带来了极大的局限，使现有研究结论的适用性还有待进一步的验证。此外，对于不同地区、不同性别、不同学历、不同职称、不同职级、不同年龄阶段、不同收入水平等因素如何影响编辑胜任力模型的构成亦缺乏深度的调查和研究。

第三节 研究内容及方法

作为一项科学研究，应该明确具体的研究问题及研究内容，然后据此提出可行的研究方法。

一、研究内容

本书核心研究主题是构建我国新媒体编辑的胜任力模型以及新媒体编辑胜任力模型在我国出版企业实际人力资源管理中的相关应用。围绕这一研究问题，本书首先厘清我国新媒体和新媒体编辑的内涵和外延，探究胜任力模型的维度、包含因子和功能。其次，廓清我国新媒体编辑胜任力模型建构的研究思路，以新媒介素养理论、工作分析理论和胜任力模型理论为基础，以 O∗NET 工作分析系统为分析工具，筛选出新媒体编辑胜任力特征要素，并据此形成我国新媒体编辑胜任力辞典。再次，以我国新媒体编辑胜任力辞典为基石，初步制定出"新媒体编辑胜任力模型（预试版）"并进行预试，在预试的基础上进行修改并形成正式版新媒体编辑胜任力调查问卷，根据正式版的调查问卷的结果进行验证分析，确定"新媒体编辑胜任力模型"，并运用科学严谨的数据分析方法对模型进行验证。最后，将实证结果进行比对，分析我国新媒体编辑胜任力的现状，并结合我国出版企业新媒体人力资源管理的实践特点，分五个方面提出有针对性的应用建议和实操手段。

本书中我国新媒体编辑胜任力模型构建与应用研究的主要内容如下。

第一章：从我国出版产业进入转型升级快速发展新阶段、新媒体出版赋予编辑工作更多内涵和更高要求、新媒体编辑人才需求呈现井喷态势为背景出发，确立本研究的必要性及重要意义。在系统梳理国内外新媒体研究、新媒体编辑研究、胜任力研究以及我国编辑胜任力研究等相关研究成果基础上，通过分析与述评的方式确立本研究的关键问题，并提出相应的研究问题、研究内容，借鉴相关研究方法。

第二章：较为系统地分析本研究所涉及的主要相关理论：胜任力模型代理、工作分析理论以及新媒介素养等相关理论。针对第一章所提研究问题，设计并形成整体分析框架。以上理论基础及分析框架为后续正式研究做铺垫。

第三章：以国际先进的 O*NET 工作分析法为框架，利用文献检索法对过往学者的研究所得，结合高端访谈和网络信息数据挖掘法，从业务实践层面补充完善可能被忽视的重要胜任特征要素。具体先从美国职业信息系统中导出新媒体编辑相关胜任力特征要素，配合出版企业现实招聘信息的关键词提取，通过专家访谈和小组讨论确定最后的新媒体胜任力特征要素的构成，形成新媒体编辑胜任力辞典，为下一步建模打下基础。

第四章：在新媒体编辑胜任力特征要素提炼出之后，基于已经编制出的胜任力辞典，由业界专家小组对辞典进行修正，初步制定出"新媒体编辑胜任力模型"并进行预试，检验预试调查问卷的信度和效度并对其做出相应的调整。随后进行正式的问卷调查，进行结果分析，最终建立新媒体编辑胜任力模型并对其进行验证。构建了由包括3个维度18个二阶因子组成的新媒体编辑胜任力模型，分别是人格特质与职业素质：坚持、抗压性、成就感、注重细节、自控、灵活性、诚实可靠、积极倾听、主动学习；专业能力：口头理解、思维创造力、书面表达、制作与推广、广泛涉猎、领导力；新媒介素养：新媒体的技术手段、新媒体内容把控能力、新媒体内容制作加工能力。

第五章：通过对新媒体编辑胜任力模型数据的分析，大致勾勒出我国新媒体编辑的整体形象；对不同新媒体编辑人口统计学因素的关系进行拓展研究，找出不同类型新媒体编辑胜任力特征要素的差异，探寻人口统计学因素对胜任力特征的影响关系，从而为新媒体编辑胜任力模型在出版企业人力资源管理中的应用提供指导和理论依据。

第六章：新媒体编辑人员难选拔、难培养、难考核、难管理是困扰出版企业许久的问题，因此如何对新媒体编辑进行有效的人力资源规划和管理，是摆在每一个出版企业面前的难题。基于胜任力的人力资源管理体系能够以能力发展为核心，将组织愿景、价值观念、企业文化、经营战略等现代化管理理念，真正有效地转化为每一位员工的行为习惯。本章将具体研究新媒体编辑胜任力模型在人员招聘与甄选、员工培训、绩效管理、职业生涯规划、组织人才盘点等方面的应用。根据出版企业的实际情况，结合笔者多年的从业经历和管理经验，提出相应的解决思路和办法，为新媒体编辑人力资源管理实践提供具体操作性强的工具框架。

第七章：对全书进行总结，指出文章的创新之处和不足之处，对今后我国新媒体编辑胜任力的研究提出展望。

二、研究方法

（一）构建胜任力模型的研究方法

总结国内外有关研究，建立胜任力模型的研究方法主要有三种类型：定性研究方法、定量研究方法和定性研究与定量研究相结合的方法。

1. 定性研究方法

定性研究方法主要有行为事件访谈法、专家访谈法、评价中心法、职位分析法、演绎法和外部标杆法等。

（1）行为事件访谈法。

行为事件访谈法（behavioral event interview，BEI）结合关键事件法和主题统觉测验两种方法，以美国心理学家 McClelland（1973）商务模型构建方法为基础、经 Spencer（1993）等发展而形成，被认为是经典有效的胜任力研究方法之一。[1] 行为事件访谈法要求被访谈者列出几件在其工作中发生的最成功事件与最失败事件，对事件的描述要尽量详尽，包括事件的时间、地点、人员、设计范围、事件的起因、经过和结果、产生的影响，以及自己当时的想法，属于开放式行为探察技术。应用行为事件访谈法建立胜任力模型的主要步骤包括：①确定相关基准；②选择效际样本——通过绩优组和普通组的界定与对比；③获取胜任力资料——确定绩优组和普通组人员能力的因素；④数据分析——通过数据分析，建立胜任力模型；⑤模型验证——重新选择两组样本进行重测。

---

[1] SPENCER L M, SPENCER S M. Competence at work：models for superior performance [M]. New York：John Wiley&Sons, 1993.

行为事件访谈法是目前建立胜任力模型当中应用最广泛、最有效的方法，具有良好的信度和效度。它具有三个突出的特点：第一，在描述出行为的结果同时，说明了产生行为的动机、个性特征、认知、态度等潜在方面的特征，有效地解释了胜任力与行为的驱动关系；第二，可以准确翔实地反映被访谈者处理具体工作任务与问题的过程，对于如何实现和获得高绩效具有指引作用；第三，访谈中提及的具体时间对于企业的招聘、培训有较强的参照作用。

（2）专家访谈法。

专家访谈法包括一对一访谈法与专家小组访谈法。专家小组访谈法又称焦点团体访谈（focus group interview，FGI），是指通过召集对目标岗位有充分了解和深刻认识的专家来收集对岗位核心胜任力看法和意见的过程。① 参与访谈的专家小组一般由以下人员构成：高层管理者、工作绩优者、胜任力分析专家、直接上级、同事、客户等。采取专家小组访谈法通常的程序是：①收集胜任力项目。可采用文献研究法、深度访谈法和开放式问卷等方法写出与工作绩效密切相关的胜任力项目；②成立专家小组，对收集到的胜任力项目进行反复评定与反馈；③把专家小组评定后的项目编制成评价量表，对研究对象进行测量，在此基础上对结果进行统计分析，得出相应胜任力模型。

总的来说，专家访谈法对行为事件访谈法而言，在企业投入的人力、物力、财力方面要节省很多，但如单纯使用这一方法，将受制于其样本数量，其效度和信度比行为事件访谈法要低较多。

（3）评价中心法。

评价中心法也称情景判断测验法，是测评一群人中个体在多种情景事件中所表现出的行为特征的操作程序，其突出特征就是使用情景演练观察测评对象的特定行为。② 因为胜任力与工作职位紧密关联，能区分工作绩效的综合能力，其评价和测量离不开实际的工作情景。运用评价中心法的通常步骤是：①假定一个社会实际工作场景，提供几个在该条件下可能产生的行为，让被试者对这些列举的行为进行判断与评价；②选择恰当的评价技术，根据选择进行评分；③根据评分结果，进行分析和汇总以筛选出素质项目，建立初步的胜任力模型。

采取评价中心法构建胜任力模型同样需要企业花费大量的财力和物力，

---

① 曹鹏飞，王尧. 胜任特征模型构建方法综述［J］. 社会心理科学，2012（27）：24-26.
② 贾建锋，赵希男，温馨. 胜任特征模型构建的方法研究与设想［J］. 管理评论，2009（11）：66-73.

但由于能够在模拟的情境中收集比较真实的具体行为，其效度和准确度也相应较高，因此这种方法能够很好地预测员工的未来绩效，在人力资源管理的决策中也更为有效。

（4）职位分析法。

职位分析法主要通过分析绩效和职位所需能力来确定胜任力模型。① 相关实证研究表明，虽然我们可以通过行为事件访谈、专家小组访谈、评价中心等方法建立胜任力模型，但一些胜任力维度与绩效不一定呈正相关关系，因此采用职位分析法可以带来直接的效益。应用职位分析法主要采取的步骤是：①找出可能影响到工作、职位、团队或专业变化的外在因素；②确定绩效标准，根据绩效标准确定与之相关的工作要求；③将这些工作要求分类，设计成一系列工作胜任力；④确定工作角色发展，形成胜任力模型。

（5）演绎法。

演绎法是从企业的使命、愿景出发再到战略，最后落实到员工行为层面，逐渐演绎推导形成胜任力模型。② 通过演绎法构建胜任力模型首先要明确企业的战略目标，然后根据战略目标分解到部门，确定相应部门要实现的业绩，最后将各部门业务目标分解到各个岗位，得出员工需要怎样的任务，需要具备什么样的能力素质，最终自然形成胜任力模型。一般而言，演绎法与行为事件访谈法相比确定性稍差一些，但牵引性更强，更能反映企业的意愿和战略导向。

（6）外部标杆法。

外部标杆法是指通过借鉴标杆企业的优秀员工胜任力来构建具有前瞻性的胜任力模型的过程。③ 通过外部标杆法构建胜任力模型，不仅可以考察企业内部员工，也可以选择一些企业外部的高绩效个体，这些外部个体的选择既可以是同行业的，也可以是行业外的。其选择的关键在于标杆企业与本企业之间要有相似的市场环境、组织形态、战略规划和组织产出。

2. 定量研究方法

胜任力模型的定量研究方法主要是指问卷调查法。问卷调查法是通过书面形式，以严格设计的心理测量项目或问题，向研究对象收集研究资料和数据的一种方法。它主要采用量表方式进行定量化的测定，也可以运用提问方式让受试者自由地做出书面回答。问卷调查法最大的特点是能够快速收集所

---

① 黎光明，牛端，向祖强. 教师胜任特征模型的构建：基于 BEI 与 O∗NET 的整合［J］. 教育测量与评价，2014（5）：8－12.

② 何霖俐. 胜任特征模型构建方法研究综述［J］. 科教新报，2011（8）：141.

③ 徐万里. 企业高管团队胜任力与效能研究［M］. 北京：光明日报出版社，2013.

需资料，获得大量数据。其缺点是：前期的问卷编制和设计需要投入大量精力，问卷设计的好坏直接影响到胜任力模型构建的成果和应用；另外还需要相关测量和统计知识与丰富行业经验的专业人员来分析问卷，进行验证。

3. 定性研究与定量研究相结合

定性研究和定量研究的各种方法均有各自的优点和缺点，定性研究方法侧重研究胜任特质和行为，定量研究方法可以对足够大的样本数据进行分析，从而得到可靠的胜任力要素。在使用时也可以将几种方法综合起来使用，目的是提升胜任力模型的信度和效度。

另一些研究则选择利用层次分析法来进行胜任力建模。层次分析法（the analytic hierarchy process，AHP），在20世纪70年代中期由美国运筹学家托马斯·塞蒂（Satty T L）正式提出。① 它是一种定性和定量相结合的、系统化、层次化的分析方法。由于它在处理复杂的决策问题上的实用性和有效性，很快在世界范围得到重视。它的应用已遍及经济计划和管理、能源政策和分配、行为科学、军事指挥、运输、农业、教育、人才、医疗和环境等领域。层次分析法的基本思路与人对一个复杂的决策问题的思维、判断过程大体上是一样的。其最大优点就是简单明了。层次分析法不仅适用于存在不确定性和主观信息的情况，还允许以合乎逻辑的方式运用经验、洞察力和直觉。

（二）检验胜任力模型的研究方法

胜任力模型的构建是在探索未知领域时使用，而胜任力模型的检验适用于确保探索得到的胜任力模型的准确性和有效性，通用的胜任力模型检验方法有访谈法、测验法和问卷法三种。

1. 访谈法

访谈法：在胜任力模型验证过程中的访谈法与模型构建时的访谈法基本相似。在行为事件访谈中采用结构化问卷进行访谈并形成记录，对访谈的结果进行质化分析以验证模型构建的正确与否。然而在效际的选取上需要重新选取（绩优组与普通组），应与模型构建时选用的效际样本区分开来，以分析构建的胜任力要素是否能够将重新选取的效际样本予以区分。

2. 测验法

测验法：用于区别不同个体在胜任力模型关键因素上的差异性及预测效度。本方法有两种应用模式：第一种是需要另行选择一组样本，针对已构建的胜任力模型通过评价中心技术、公文筐测验等方法来评价其差异性。第二

---

① 董晓睿. 层次分析法的运用研究［J］. 数码世界，2017（6）：48–49.

种是以胜任力模型为基准进行选拔，对选拔的结果进行跟踪观察，以实际结果来检测胜任力模型的预测能力，但此方法耗时较多。

3. 问卷法

问卷法即通过大样本量的调查对确定胜任力模型构成因素的效度进行检验。设计一份问卷，内容由胜任力指标和所属行为项组成，这些内容没有固定的顺序，请回答者对其中所列指标的重要性进行评价。对评价的结果进行数理统计，以探测问卷结构性是否合理，再次对胜任力模型的构成因素进行检验。一般采取以下方式进行数理统计。

（1）探索性因子分析。

早期胜任力模型检验，以探索性因子分析法为主。这种方法是在假设前提的基础上，检验得到的结构模型与初始框架的匹配程度。采用探索性因子分析进行胜任力问题探讨的一个明显优点是可以获得大量的调查数据，从而提高研究的代表性意义，且研究一般能够比较精确地识别出高绩效者经常表现出来的行为，所构建的胜任力模型效度和信度较高。但它也存在明显的局限性，如在提取多少个因子、怎样解释公共因子的含义等方面存在一定的随意性，并且对高阶因子的分析不能与一阶因子的分析同时进行。①

（2）验证因子分析。

探索性因子分析的主要目的在于找到影响测量题项的因子个数以及各个因子和各个测量题项之间的相关情况；而验证因子分析的主要目的在于检验事先定义好的因子模型拟合实际数据的能力。采用验证性因子分析的优点在于：①可以对多个因变量进行协调处理；②允许自变量和因变量在相应范围内的测量误差；③允许潜在变量的存在，可以测量包括潜变量在内的各指标的信度和效度；④允许一个观察指标分属不同的潜变量。②

（3）交叉证实法。

交叉证实法就是在胜任力模型构建与发展的过程中通过探索性因子分析与验证性因子分析实施交叉证实，即在一个样本中先用探索性因子分析找出变量的因子结构，建立模型；再在另一个样本中用验证性因子分析去验证和修改模型，这样可以保证量表所测特质的准确性、稳定性和可靠性。③

总体来说，以上构建胜任力模型的方法各有优劣，具体比较如表1-7所示。

---

① 吴明隆. SPSS 统计应用实务 [M]. 北京：中国铁道出版社，2001：45-51.
② 凌文辁，方俐洛. 心理与行为测量 [M]. 北京：机械工业出版社，2003：287-295.
③ TAYLOR F W. The principles of scientific management and shop management [M]. Loncon: Rotledge/Thoemes Press, 1993.

表1-7 构建胜任力模型的方法比较

构建方法	对主试的要求	资源投入量	样本数量	操作难度	准确度	关键特点
行为事件访谈法	非常高	大	较大且不易获得	复杂	高	对访谈者要求非常高
专家访谈法	一般	较小	一般	容易	不高	不够全面
评价中心法	较高	较大	一般	中等	较高	专业技术要求非常高
职位分析法	较高	较小	较小	中等	一般	主观性较强、适应性不强
演绎法	较高	小	小	容易	较低	快捷但准确性差
外部标杆法	一般	小	小	容易	较低	投入小,准确性差
问卷调查法	一般	较小	大	中等	较高	耗时耗力、对编制检验人员专业性要求非常高

综上所述,本书在构建新媒体编辑胜任力模型时先利用行为事件访谈法、专家访谈法、评价中心法等进行定性研究,在此基础上形成量表和问卷,再用问卷调查法进行量化分析,通过交叉证实法进行模型检验,得出最终模型。

第二章　理论基础与研究框架

在人力资源管理领域，胜任力模型是相对成熟的概念。围绕这个概念，国内外也产生了较多的相关理论。因此，胜任力模型是本研究重要的理论基础和前提。另外，对新媒体编辑胜任力模型的深入分析是基于新媒介素养理论以及工作分析理论，由此对这些相关理论进行逐一整理和回顾，以期对后续主体部分的研究问题有所把握。

第一节　理论基础

本书主要从胜任力模型理论、工作分析理论以及新媒介素养理论3个方面构建理论基础。其中，胜任力模型理论、工作分析理论是新媒体编辑胜任力模型的核心理论；新媒介素养理论是新媒体编辑胜任力模型关联的理论。

一、胜任力模型理论

胜任力来自拉丁语"competency"，意思是"适当的"。"competency"在中文中的意思是"称职""胜任""能力"。我国各种译著较为一致地翻译为"胜任力"，但也有学者将其翻译为"才能""素质"。胜任力概念最早由美国著名心理学家McClelland于1973年提出，他指出传统的智力测验、性向测验和学校的学术测验以及等级分数，不能准确预测复杂工作和高层次职位的工作绩效或生活中的成功，并且对于社会中的弱势群体存在不公平性。因此他主张从实际角度出发，依据第一手资料，直接发掘那些真正能够决定工作绩效的个人条件和行为特征。这种与个体工作绩效或生活中的重要成果直接相似或相联系的知识、技能、能力、特质或动机就称为胜任力。①

---

① MCCLELLAND D C. Testing for competence rather than for intelligence [J]. American Psychologist, 1973, 28: 1-14.

1. 胜任力的定义

胜任力理论在差异心理学、工业与组织心理学、组织行为与人力资源管理等诸多领域得以发展，取得了丰硕的研究成果。关于胜任力的定义至今尚未完全统一，不同的学者从不同的角度和侧重点对胜任力的内涵进行划分，主要分为特征观、行为观和综合观。第一种是特征观，这种观点的持有者认为胜任力是个体的潜在特征，只要能将绩效优异者和绩效一般者区分开来的任何个体特征都可以界定为胜任力。①

第二种观点是以英国学者 Woodruff C 为代表的行为观，他们认为应该用外显的行为来评价胜任力，而这些行为是特定情境下对知识、技能、动机等具体运用，并与优秀绩效有因果关系。②

第三种观点是综合观，也有的学者认为任何一种界定都是不完全的，需要把两方面的定义结合起来共同考虑。胜任力不能简单地归结为单一维度定义，而应是几个方面的综合体，对胜任力内涵的界定应该是两种观点的结合。

将以上各种胜任力定义观点归纳，如表 2 - 1 所示。

表 2 - 1　胜任力定义整理表

类型	代表人物	时间/年	定义
特征观	McClelland D C	1973	胜任力是与工作绩效或生活中其他重要成果直接相似或相联系的知识、技能、能力、特质或动机③
	Guglielmino P J	1979	胜任力包含三方面：1. 概念胜任力——包括决策、思考、创新、分析能力；2. 人际胜任力——包括领导、沟通、谈判、分析、态度等；3. 技能胜任力包括计划个人使用、自我时间管理能力④
	Mclagan P A	1980	胜任力是指足以完成主要工作结果的一系列知识、技能和能力⑤

---

① BOYATZIS R E. The competent manager: a model for effective performance [M]. New York: John Wiley&Sons, 1982: 78 - 86.

② WOODRFF C. Competent by any other name [J]. Personel Management, 1991, 23: 30 - 33.

③ MCCLELLAND D C. Testing for competence rather than for intelligence [J]. American Psychologist, 1973, 28: 1 - 14.

④ GUGLIELMINO P J. Developing the top-level executive for the 1980's and beyond [J]. Training and Development Journal, 1979, 33 (4): 12 - 14.

⑤ MCLAGEN P A. Competency model [J]. Training and Development Journal, 1980 (12).

（续上表）

类型	代表人物	时间/年	定义
特征观	George Klemp	1980	能产生高绩效的潜在个人特征①
	Boyatzis	1982	胜任力是指个人所具有的内在的、稳定的特征，它可以是动机、特质、技能、自我印象、社会角色或此人所能够运用的某项具体知识②
	Boyatzis	1996	胜任力是指影响个人在工作上表现出更高工作绩效及成果的基本关键特征③
	Spencer	1993	胜任力是个人潜在的特征，包括与出色或有效工作绩效相关的知识、技能、自我概念、特征和动机五个层面④
	Derouen 和 Kleiner	1994	胜任力包括技能、人际和概念三类⑤
	Raelin	1996	胜任力要素包括：管理工作；管理人；技术领导；创新/变革；客户关系；道德规范；沟通；团队导向；系统整合；财务管理能力；额外努力；危机处理；实践导向；质量承诺⑥
	Blancero, Boroski 和 Dyer	1996	胜任力包括知识、技能、能力及其他借以达成未来行为目标的因素，分为八大类：管理胜任力；商业胜任力；技能胜任力；人际胜任力；认知/想象胜任力；影响风格胜任力；组织胜任力；个人胜任力⑦

---

① DUBIOS D D, ROTHWELL W J. Competency-based human resource management [M]. Mountain View. CA: Davies-Black Publishing, 2004: 297.

② BOYATZIS R E. The competent manager: a model for effective performance [M]. New York: John Wiley&Sons, 1982: 78-86.

③ YEUNG A K. Competencies for HR professionals: an interview with richard E boyatzis [J]. Human Resource Management, 1996, 35 (1): 119-132.

④ SPENCER L M., SPENCER S. M. Competence at work: models for superior performance [M]. New York: John Wiley&Sons, 1993.

⑤ DEROUEN C, KLEINER B H. New developments in employee training [J]. Work Study, 1994, 43 (2): 13-16.

⑥ RAELIN J A. From generic to organic competences [J]. Human Resource Planning, 1996, 18 (3): 24-33.

⑦ BLANCERO D, BOROSKI J, DYER L. Key competencies for a transformed human resource organization: Results of a field study [J]. Human Resource Management, 1996, 35 (3): 383-403.

（续上表）

类型	代表人物	时间/年	定义
特征观	Mirabile	1997	胜任力是指与高绩效相联系的知识、能力和技能特征的总和[1]
	Parry	1998	胜任力是与工作绩效密切相关的知识、技能和态度的总称，可由统一的标准加以衡量，也可以通过培训加以改善[2]
	Sandberg	2000	工作中的胜任力并不是指所有的知识和技能，而是指那些在工作时人们使用的知识和技能[3]
	王重鸣	2000	胜任力是个性、价值观、动机，以及知识、技能、能力等特征的总称[4]
	McConnell	2002	胜任力是指个体履行工作职责和取得绩效的能力[5]
行为观	Woodruff	1991	个体的相关行为的类别，是一种明显的能使个体胜任某项工作的行为[6]
	Fletcher	1992	胜任力是可以观察到的、具体的、能证实的并合乎逻辑的一类行为[7]
	Cockerill	1995	胜任力能使组织适应新的环境要求，并对环境加以改变以更好地适应不同利益需要的相对稳定行为[8]

[1] MIRABILE R J. Everything you wanted to know about competency modeling [J]. Training and Development Journal, 1997, 15 (18)：73 - 77.

[2] PARRY S B. Just what is competency? And why should you care? [J]. Training and Development Journal, 1998 (6)：58 - 64.

[3] SANDBERG J. Understanding human competence at work：an interpretative approach [J]. Academy of Management Journal, 2000 (43)：9.

[4] 王重鸣. 管理心理学 [M]. 北京：人民教育出版社, 2001：195 - 203.

[5] MCCONNELL E A. Competence vs competency [J]. Nursing Managerment, 2001, 32 (5)：14.

[6] WOODRFF C. Competent by any other name [J]. Personnel Management, 1991, 23：30 - 33.

[7] FLETCHER S. Standards and competence：A practice guide for employers management and trainers [M]. London：Kogan, 1992：331 - 337.

[8] COCKRILL T, HUNT J, SCHRODER H. Managerical competencies：fact or fiction? [J]. Business Strategy Review, 1995, 6 (3)：1 - 12.

（续上表）

类型	代表人物	时间/年	定义
行为观	Mansfield	1996	胜任力是精确技能与特征行为的描述，员工必须依此进修才能胜任工作并提升绩效表现①
行为观	Green	1999	胜任力是对为达到工作目标所使用的可测量的工作习惯和个人技能的书面描述②
行为观	仲理峰和时勘	2003	胜任力是能把某职位中表现优异者和表现平平者区别开来的个体潜在的、较为持久的行为特征。这些特征可以是认知的、意识的、态度的、情感的、动力的或倾向性的等③
综合观	Leford	1995	胜任力包含三个概念：1. 个人特质，即个人独具的特质如知识、行为与技能；2. 可验证的即个人所表现出来的、可确认的部分；3. 产生绩效的可能性，即除了现在的绩效表现还注重未来的绩效。整合三个概念，胜任力是个人可验证的特质，包括可能产生绩效所具备的知识、技能和行为④
综合观	Fleishman, Wetrogen 和 Marshallmies	1995	胜任力是知识、技能、能力、动机、信仰、价值观和兴趣的混合体⑤
综合观	Byham 和 Moyer	1996	胜任力分为行为胜任力、知识胜任力和动机胜任力三个部分⑥
综合观	王重鸣、陈民科	2002	胜任力是指工作情景中员工的价值观、动机、个性或态度、技能、能力和知识等关键特征⑦

① MANSFIELD R S. Building competency models: approaches for HR professional [J]. Human Resource Management, 1996, 35 (1): 7-18.
② GREEN P C. Building robust competencies: linking human resource systems to organizational strategies [M]. San Francisco: Jossey-Bass, 1991: 87-95.
③ 仲理峰, 时勘. 胜任力特征研究的新进展 [J]. 南开管理评论, 2003 (2): 4-8.
④ LEDFORD G E. Paying for the skill, knowledge, and competencies of knowledge workers [J]. Compensation and Benefits Review, 1995, 27 (4): 55-62.
⑤ FLEISHMAN E A, WETROGEN L I, MARSHALLMIES J C. Development of Prototype occupational information network content model [R]. Utah: Utah Department of Employment Security, 1995.
⑥ BYHAM W C, MOYER R P. Using competencies to build a successful organization [M]. Pittsburg, PA. Development Dimensions International Inc., 1996: 214-230.
⑦ 王重鸣, 陈民科. 管理胜任特征分析：结构方程模型检验 [J]. 心理科学, 2002, 25 (5): 513-516.

（续上表）

类型	代表人物	时间/年	定义
综合观	Draganidis 和 Mentzas	2006	胜任力是指技巧、确切的知识、行为和技能的结合，它能赋予人们有效履行任务的潜能①

综合上述众多学者对胜任力定义的不同界定，可以发现以下共同之处。第一，胜任力包含个体特征；第二，这些个体特征必须与绩效相关联；第三，胜任力与特定岗位或任务相对应。因此本书认为胜任力反映的是个体通过不同方式表现出来的知识、技能、个性与内驱力，其本质是驱动个体产生优秀工作绩效的各种个性特征的集合。它可以判断出个体能否胜任某项工作，更是决定并且区分个体绩效好坏差异的重要特征总和。通过对上述胜任力概念的分析，可以得出胜任力主要具有以下几个方面的特征。

（1）综合性。胜任力是知识、技能、态度、动机等内隐和外显特征的综合，并且可以通过行为表现出来。这些行为表现是可观察的、能测度的，是特定情境下对各种特征的具体应用。

（2）异质性。它与员工工作岗位的要求息息相关，很大程度上会受到工作环境、条件和岗位特征的影响。因此不同岗位的胜任力要求不同，同行业不同企业在相同工作岗位上的胜任力要求也各有不同。

（3）可预测性。它与工作绩效密切相关，并在很大程度上可以预测未来绩效，企业可以借助适当的工具对胜任力进行测量，以此为根据判断员工未来的工作表现。

（4）区分性。它将绩效优异者与绩效一般者区别开来，绩优员工和一般员工会在胜任力表现上有很大差异，因此可以将胜任力作为员工考核、培训、晋升等工作的依据。

（5）动态性。胜任力的每个要素随着组织管理水平的提高而改变。随着人们的年龄、阶段、职业生涯的层次以及环境的不同，其变化发展程度也有所不同。

（6）学习性。胜任力属于心理特征，但与气质不等同，常常能够在工作实践中或以培训的方式加以学习和开发，具有可习得性和迁移性。

2. 胜任力的分类

胜任力的构成及分类的研究在理论界和实践中存在着不同的观点，纵观

---

① DRAGANIDIS F，MENTZAS G. Competency based management：a review of systems and approach [J]. Information Management & Computer Security，2006，14（1）：51－64.

以往的研究成果，主要是从以下不同角度进行划分的，如表2-2所示。

表2-2 胜任力分类明细表

分类标准	细类	定义
按胜任力的可变化情况划分	硬性胜任力	人们完成预期达到的工作标准
	软性胜任力	个人的行为和属性
按工作中的表现特征划分	管理胜任力	组织领导能力
	人际胜任力	有效交流、积极建立人际关系的能力
	技术胜任力	与某一特殊专业相关的胜任力
按个体的工作情境划分	工作胜任力	影响个体工作绩效的水平，可以作为预测个体工作绩效的手段
	岗位胜任力	具有某种资格或胜任某一岗位的条件，即拥有足够的技能、知识来履行特定任务或从事某一活动
	职务胜任力	基于行业的职务技能
按任务、组织和行业具体性三个维度的不同组合划分	元胜任力	个体的人际技能和管理技能
	行业通用胜任力	个体具备的基于行为的相关知识与技能
	组织内胜任力	针对组织行为的相关知识，如组织文化、沟通渠道等
	标准技术胜任力	在不同行业中的规范化的通用职业能力
	行业技术胜任力	在行业内部使用的专有技术能力
按胜任力的归属者划分	个体胜任力	从个体的角度来看待工作和社会适应性的问题
	组织胜任力	将组织视为一个有机体，来看待组织与社会的适应性问题，从而帮助组织确定其竞争优势

综合相关研究资料，本书主要从构成要素的角度对胜任力进行分类。根据构成要素，胜任力可以划分为基础型和区别型。基础型胜任力是一个人较为外显的行为特征，是比较容易识别出来的，因此也可以称为外显型胜任力。这些胜任力是要完成一项工作所必须具备的特征集合，是可以通过后期的学习和培训等方式来获取和提高的，比如专业知识和工作技能就属于这一

类。区别型胜任力是一个人内在的、较为深层次的胜任特征，是不容易被别人发现和模仿的，因此也可以称为内隐型胜任力。这一类胜任力恰好是辨别工作表现出色者和工作表现一般者的关键特征，是个人特有的，并且难以通过后天的学习或者培训获取和提高。比如动机、创新能力、责任意识等人格特质和潜能就属于区别型胜任力。由于区别型胜任力是产生优秀工作绩效的主要影响因素，加之其难以获得性，因此，企业在人才选拔与招聘过程中，应着力去发现候选人的这一类特征。

3. 胜任力的应用

20世纪八九十年代胜任力被逐步引入欧美政府部门中，在人员招聘、职务晋升、考核、培训中发挥了极大作用。我国胜任力应用集中在党政领导干部和公务员选拔；企业经营管理人员的甄选、激励和评价等方面。① 当下胜任力越来越多地被运用到许多组织的人力资源管理实践中，通过梳理过往学者的研究，胜任力的应用可以归纳为以下几个方面。

(1) 人力资源规划。

人力资源规划是整个人力资源管理的选人、用人、育人、留人活动的基础和前提条件。根据组织发展战略、目标及组织内外变化，预测未来组织任务和环境及完成这些任务对人力资源管理所提出的要求，通过对现有人力资源的盘点，对比人力资源供给和需求，确定供需差距。它的根本目的在于追求企业内部人力资源供需平衡，实现人力资源供求之间的数量、质量与结构的匹配。传统的人力资源规划更多地关注人员的数量，而对人员的潜在特征（胜任特征）关注不够，这使得组织难以适应环境的变化和自身的发展要求。② 基于胜任力的人力资源规划是建立在对现有人力资源盘点和人力资源供求分析上，通过对当前企业员工胜任力的状况进行评估，按照企业对人才能力和素质的要求，对支撑未来经营战略所需要的人力资源数量、素质和结构进行预测和制订配置计划。③ 由此可见，基于胜任力的人力资源规划具有非常显著的优势，因其主要关注员工潜在的深层次特征，从而能提高人力资源规划的质量，促进组织更好地发展。1996年，美国薪酬协会对426家企业进行调查，有75%~80%的企业在人力资源管理活动中采用了胜任力模型。④ 2001年，该协会对1 844家企业进行调查，其中68%的企业已经或正

---

① 王建民，杨木春，郑红英. 我国胜任力研究应用的回归与展望（2001—2012）[J]. 商场现代化，2013（23）：193-196.
② 刘晓旭. 胜任力模型在人力资源管理中的应用研究[D]. 北京：北京化工大学，2008.
③ 朱瑜，王雁飞. 企业胜任力模型设计与应用研究[M]. 北京：科学出版社，2011.
④ 张新安，梁罗. 实践中的胜任力模型[J]. 管理学家（学术版），2010（5）：76-78.

在使用胜任力模型，31%的企业表示正在考虑使用胜任力模型。①

（2）职位分析。

传统的职位分析一直是人力资源活动的基础，通过职位分析形成的职务说明书和职务规范。前者说明了任职者履行什么职务，后者说明某一职务必需的最低任职资格条件，二者是员工招募、选拔、培训和绩效管理等人力资源工作的关键。随着信息技术的发展和组织变革的进行，传统的职位分析已经不能在动态的人力资源管理环境中发挥中心和基础作用。而胜任力模型的提出给职位分析的发展提供了新的思路。一方面胜任力可以体现组织特性和工作未来需要，它能够弥补工作分析对组织层面信息和工作未来需求的不足；另一方面体现胜任特征的工作分析能够把工作分析和胜任特征两种方法的优点结合起来，为建立组织的核心竞争力提供更为有效的实证数据。②

基于胜任力模型的职位分析要求把胜任力作为人力资源开发与管理的一种新思路贯穿到人力资源管理的各项职能中去，使"人员—职位—组织"匹配成为企业获取竞争优势的一个关键途经。随着战略性人力资源管理的发展，基于胜任力模型的职位分析越来越趋向未来导向和战略导向，即按照组织未来发展的要求重构岗位职责和工作任务，确认职务要求。③

（3）人员招聘与选拔。

组织要实现其目标就必须网罗人才，而招聘和选拔合格员工是一条关键途经。传统的员工招聘和选拔一般重视被考察人员的知识、技能，即冰山上部的一小部分外显特征。这种选拔方法存在一个严重的问题，即对候选人未来绩效预测的准确性。如果挑选的人员不具备该岗位所需要的深层次的胜任力素质，想要改变该员工的深层特征不是简单的培训可以解决的问题。而基于胜任力的人员选拔依据的是该工作岗位的优异绩效以及能取得此优异绩效的人所具备的胜任特征和行为。④招聘者根据应聘岗位胜任力模型，对应聘者价值观、态度、自我概念以及过去所表现出来的能力高低进行判断，并与岗位胜任力标准对照，预测应聘者在该应聘岗位的未来表现，做出是否录用

---

① 露西亚. 员工胜任力模型应用手册[M]. 普莱辛格，郭玉广，译. 北京：北京大学出版社，2004.

② 万希. 论基于胜任力的工作分析[J]. 湖南财经高等专科学校学报，2008，24（112）：25 – 27.

③ 黄剑，潘壮志. 基于工作分析的胜任力模型[J]. 知识经济，2011（9）：119.

④ 白伟伟. 基于胜任力模型的人才招聘研究[J]. 中国管理信息化，2018，21（24）：70 – 71.

的决策。① 因此基于胜任力的选拔可以帮助企业找到具有核心动机和特质的员工，通过结合组织战略发展方向、确定优秀员工的胜任力来明确人员需求，有助于甄选到能够满足当前岗位需求以及组织长远战略目标的员工，即避免了由于人员挑选失误所带来的不良影响，也减少了企业的培训支出。②

胜任力模型为描绘企业的核心能力以及员工具备的核心专长与技能提供了一套共识的语言系统，应用于人员招聘与选拔的胜任力模型、潜能评价结果以及最后的任免录用决策，实际都在为企业传达着一套共同的语言信息。胜任力模型对于招聘选拔的指引作用还可以直接体现在招聘信息上，招聘信息就像是企业风格的缩影，无论是求职者还是企业内部员工，对企业期望什么、鼓励什么、关注什么都将一目了然。根据胜任力模型与高绩效之间的驱动关系，可以帮助人力资源部门更加明晰明确地衡量招聘选拔的效果。③

（4）员工培训与开发。

员工培训是指"一个短期的学习干预，旨在建立个人知识、技能和态度以满足现在和将来的工作要求"，其目的就是对员工的绩效产生影响以达到岗位的要求。员工开发是指那些能够导致持续学习、个人成长，并有助于达到个人及组织目标的追求活动，其目的是为个体的工作与生活做准备，与员工培训有所不同。④ 基于胜任力模型设计的员工培训，是对员工进行特定职位关键胜任力特征的培养，培训的目的是增加员工取得高绩效的能力、适应未来环境的能力和能力胜任力发展潜能。胜任力概念的引入使得企业培训体系设计有了全新的设计核心和方向。与传统的培训体系相比，基于胜任力的培训体系在培训需求分析、培训内容设计以及评估等过程中确立了统一的分析概念。基于胜任力的培训需求分析最大限度地使培训过程与企业培训的长期目标相匹配，而不是与企业短期目标相匹配，并且强调优秀员工的关键特征，从而是企业培训目标具有较高的表面效度，容易被广大受训人员接受。基于胜任力模型的培训评估可以从反应、学习、行为、效果等方面进行评估，胜任力模型的标准可以作为分析员工培训效果的具体参照。⑤ 基于胜任

---

① 赵利肖. 基于胜任力的工作分析对员工招聘的影响［J］. 郑州航空工业管理学院学报，2012（5）：96-99.

② 张丹，袁婷婷. 胜任力模型在人力资源管理实践中的应用研究［J］. 山东纺织经济，2006（2）：46-49.

③ 冯建军. 基于胜任力模型的员工招聘策略探讨［J］. 商场现代化，2014（30）：93.

④ DUBOIS D D，ROTHWELL W J，STERN D J K，etal. 基于胜任力的人力资源管理［M］. 于广涛，等译. 北京：中国人民大学出版社，2006.

⑤ 熊军，郑金花，吴小辉. 基于胜任力的企业员工培训探讨［J］. 科技创业月刊，2016，29（3）：66-68.

力模型的员工开发可以使员工明确组织竞争力的需求,可以向员工提供管理支持,培养员工的兴趣和价值观、责任心,使员工对自身职业生涯和工作发展全面负责。

(5) 薪酬管理。

员工薪酬是组织给予员工的一种认可,是对员工为了组织成功所做贡献的感谢,其形式有无形或有形激励、荣誉和奖赏。基于胜任力的薪酬管理模式是以不断发展个人和组织胜任力,以持续完善胜任力模型为主导,将胜任力模型贯穿于薪酬管理的整个流程。在全新薪酬管理模式中,胜任力成为薪酬管理的起点和核心,整个薪酬管理的目标通过胜任力开发和管理来实现。传统的薪酬管理是建立在岗位分析基础之上的,其薪酬体系主要依据岗位的工作责任、工作复杂程度、工作强度和工作环境等对岗位进行价值评价,以岗位评价结果决定员工的工资。[①] 而基于胜任力模型的薪酬是指为企业员工与高绩效有关的综合能力所支付的薪酬,不仅包括技能薪酬,还包括能力薪酬。[②] 在此体系中,支付薪酬的依据是员工拥有的胜任力即知识、技能、社会角色、自我概念、人格特质和动机等,薪酬增长取决于他们胜任力的提高和每一种新胜任力的获得。这种新的薪酬体系实现了胜任力与报酬的匹配,弥补了传统薪酬体系存在的不足。这样有利于员工提升自己的知识和技能,从而提升人力资源素质,打破传统的岗位定级的官本位特点。[③]

建立基于胜任力模型的薪酬管理系统能够帮助企业吸纳保留更多具有高胜任力高潜质的人才,这种对于驱动高绩效产生的高胜任力的关注,为知识经济时代知识员工的人力资源管理提供了有效切入点,符合基于角色与成果管理知识型员工的要求。基于胜任力的薪酬激励机制设计,由于强调的不仅是知识和技能等显性特征,更有动机、价值观等隐性特征,故将两者结合本身具有内在一致性。较之绩效薪酬或岗位薪酬,基于胜任力的薪酬更能增强员工自身胜任力。[④] 从此意义上分析,建立基于胜任力的薪酬管理系统实际上为企业关注员工未来发展与潜在价值提供了最终落脚点,使员工与各级管理者能够为不断提高现有知识技能水平,持续发挥自身优势和潜能而努力,也使整个基于胜任力的人力资源管理系统对企业运营实践产生价值真正落到实处。

---

① GONCAI A. Competency based assessment in the professions in Australia [J]. Assessment in Education, 1994, 1 (1): 27 - 44.

② 李娜, 栾贞增, 侯贵芳. 基于胜任力的薪酬模式初探 [J]. 管理观察, 2013 (25): 81 - 83.

③ 李媛媛, 唐云. 基于胜任力的薪酬管理研究 [J]. 中小企业管理与科技, 2011 (12): 60 - 61.

④ 马喜芳, 钟根元, 颜世富. 基于胜任力的薪酬激励机制设计及激励协同 [J]. 系统管理学报, 2017, 26 (6): 1015 - 1021.

(6) 绩效管理。

绩效管理就是"为保持和提高整个组织中人的绩效的系统方法"。① 绩效管理系统作为整个企业人力资源管理系统的中枢，对于推动与促进人力资源各业务功能板块的有效联动发挥着至关重要的作用。员工个体胜任力的提高可以提升个体潜能，通过个体潜能的传导作用把个体胜任力与个体绩效管理联系在一起，使两者产生互动作用。② 绩效管理的核心思想是实现员工绩效、团队绩效和组织绩效有效联动，寻找企业管理的短板所在并不断改进，最终实现企业的战略目标。要将企业的战略目标层层分解，具体细化到每个员工所具备的胜任力，使员工明确岗位的成功标准、承担的责任、需掌握的核心技能与专长，激发人的潜能，利用其优势，在扬长避短的情况下提高绩效。通过胜任力模型找到影响员工绩效的关键因素，挖掘影响绩效深层次的根本原因，才能实现真正意义上的过程与结果并重的绩效管理。③

胜任力模型分析为绩效管理提供了新的思路与技术基础。首先，基于胜任力模型的绩效管理在绩效标准设计上既要设定任务绩效目标，又要设定胜任力发展目标。绩效标准的设计应对员工的贡献和能力胜任力发展、目前的价值观和为组织长远发展需要的重要性、短期绩效和长期目标做出适当的平衡。④ 其次，胜任力模型分析应用于绩效管理可以更好地指导绩效考核，企业在绩效评估时应该从目标的完成、任务绩效的提高和能力胜任力发展三方面来进行。⑤ 最后，沟通是绩效管理的一个关键环节，基于胜任力模型的绩效管理为绩效沟通增添了新的内涵和确立了新的发展方向。⑥

4. 胜任力模型

早在古罗马时代人们就曾尝试通过胜任剖面图（competency profiling）来描述"优秀罗马战士"的特征，这是胜任力模型思想的起源。20 世纪初"管理科学之父"泰勒提出的管理胜任力运动（management competencies movement）被普遍认为是胜任力模型研究的发端。泰勒通过"时间—动作研究"（time and motion study），把科学化、标准化引入管理，将复杂的工作程

---

① CRIPE, EDWARD J. Making performance management a positive experience [J]. ACA News, 1997, 40 (10).

② 苏娜娜. 基于胜任力模型的人力资源绩效管理体系研究 [J]. 商场现代化, 2018 (12): 56–57.

③ 于晓鹤. 基于胜任力模型的人力资源绩效管理体系的建立 [J]. 现代营销（下旬刊），2016 (11): 85.

④ 李媛. 新形势下我国企业人力资源绩效管理体系构建：基于胜任力模型视角 [J]. 中国外资, 2013 (14): 296.

⑤ 汪用铭. 基于胜任力模型的绩效管理 [J]. 人力资源管理, 2014 (7): 74.

⑥ 范利芬. 胜任力模型在员工绩效管理中的应用研究 [J]. 现代工贸商业, 2012 (18): 49.

序分解为一系列简单的步骤，来识别不同工作活动对能力的要求，是最早对胜任力进行的分析和研究。

随着劳动分工的不断细化，出现了不同职业和职业群体，为了选拔和招募此类不同职业群体中的优秀从业者，人们不断寻找可以预测工作绩效的途径和方法。20世纪中期，胜任力模型理论研究进入了兴起阶段，Flanagan在1954年首先创建了"关键事件法"，根据企业经营者的工作分析确定了经营者的工作七要素，即生产监督、生产领导、员工监督、人际协调、与员工接触与交往、工作组织计划和劳资关系管理，并初步将之应用在经营者胜任力的测评中，建立了较为严谨的胜任力研究方法。① 1958年，美国哈佛大学教授McClelland在出版的著作《才能与社会：人才识别的新角度》中阐释了具有某些个性特征的人与其表现出的工作取向以及工作绩效之间的相关性问题，被认为是真正现代意义上胜任力研究的开端。② 1959年，美国心理学家Robert White在《心理学评论》杂志上发表了《再谈激励：胜任力的概念》（*Motivation Reconsidered: the Concept of Competence*）一文，文中第一次正式提到与"人才识别"紧密相关的"Competence"一词。③ 四年后他又发表了《人际关系感知胜任力》（*Sense of Interpersonal Competence*）一文，对人际关系感知胜任力和生活的关系进行了深入探讨。1970年，McClelland教授接受了美国新闻总署甄选FSIO（Foreign Service Information Officers）的一个项目：如何公正地选拔出高效能海外文化事务官员。在这个项目过程中，McClelland教授摒弃传统对人才条件的预设前提，通过对工作绩效优秀与工作绩效一般的外交官的具体行为特征进行对比分析，识别出能够真正区分工作绩效的个人条件。在此基础上，McClelland等分别于1972年和1973年联合发表了《改进外交官的选拔》（*Improving Officer Selection for the Foreign Service*）④与《评估用于测量优秀海外文化事务官员必备素质的新方法》（*Evaluating New Methods of Measuring the Qualities Needed in Superior Foreign Service Information Officers*）⑤。这两篇文章的发表奠定了胜任力这一概念的雏

---

① FLANAGAN J C. The critical incident technique [J]. Psychological Bulletin, 1954, 51 (4): 327-358.

② 蔡厚清，马小强. 胜任力模型溯源 [J]. 企业改革与管理, 2010 (10): 51-52.

③ WHITE R. Motivation reconsidered: the conception of competence [J]. Psychology Review, 1959 (66): 279-333.

④ MCCLELLAND D C, DAILY G. Improving officer selection for the foreign service [M]. Boston: McBer, 1972.

⑤ MCCLELLAND D C, DAILY G. Evaluating new methods of measuring the qualities needed in superior foreign service Officers [M]. Boston: McBer, 1973.

形，在社会上引起广泛关注和强烈反响。尤其是第二篇文章，它标志着用于确定胜任力模型的行为事件访谈法的诞生。以这个项目为起点，McClelland教授又进行了大量深入研究，至此胜任力理论发展到一个新阶段：胜任力模型开始走上历史舞台。1984年，Raven在英国出版著作《现代社会的胜任力》(Competence in Modern Society)对胜任力进行推广。① 随后的一段时间内人们对胜任力模型理论的有关问题进行了大量卓有成效的探究，胜任力模型理论也迅速扩展到世界许多国家和地区。胜任力模型主要包括胜任力名称、胜任力定义（界定胜任要素的关键性特征）和行为指标的等级（反映胜任力行为表现的差异），它能够描述绩效优异者与普通者的区别。现在，国际上公认的有代表性的胜任力模型有三种：胜任力冰山模型、胜任力洋葱模型和胜任力词典模型。

（1）胜任力冰山模型。

美国著名心理学家麦克利兰于1973年提出了胜任力素质冰山模型，所谓"冰山模型"，就是将人员个体素质的不同表现表式划分为表面的"冰山以上部分"和深藏的"冰山以下部分"。其中，"冰山以上部分"包括基本知识、基本技能，是外在表现，是容易了解与测量的部分，相对而言也比较容易通过培训来改变和发展。而"冰山以下部分"包括社会角色、自我形象、特质和动机，是人内在的、难以测量的部分。② 它们不太容易通过外界的影响而得到改变，但对人员的行为与表现起着关键性的作用，如图2-1所示。

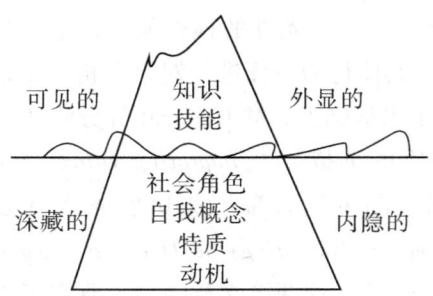

图2-1 胜任力冰山模型示意图

根据冰山模型，素质可以概括为以下7个层级，如表2-3所示。

---

① Raven J. Competence in modern society: its identification, development and release [M]. Oxford: Oxford Psychologists Press, 1984.

② Boyatzis R E. The competent manager: a model for effective performance [M]. New York: John Wiley&Sons, 1982: 78-86.

表2-3 冰山模型素质层级表

素质层级	定义	内容
技能	指一个人能完成某项工作或任务所具备的能力	如表达能力、组织能力、决策能力、学习能力等
知识	指一个人对某特定领域的了解	如管理知识、财务知识、文学知识等
角色定位	指一个人对职业的预期,即一个人想要做些什么事情	如管理者、专家、教师
价值观	指一个人对事务是非、重要性、必要性等的价值取向	如合作精神、献身精神
自我认知	指一个人对自己的认识和看法	如自信心、乐观精神
品质	指一个人持续而稳定的行为特性	如正直、诚实、责任心
动机	指一个人内在的自然而持续的想法和偏好,驱动、引导和决定个人行动	如成就需求、人际交往需求

冰山模型目前被广泛应用在企业员工招聘环节,以选拔高潜质人才。由于企业员工业绩的优劣大部分是由深层次动机所决定的,且后天很难改变,因此企业应当更加注重选拔合适的人才。

(2)胜任力洋葱模型。

洋葱模型是在冰山模型基础上演变而来的。美国学者理查德·博亚特兹对麦克利兰的素质理论进行了深入和广泛的研究,提出了"素质洋葱模型",展示了素质构成的核心要素,并说明了各构成要素可被观察和衡量的特点。洋葱模型,是把胜任素质由内到外概括为层层包裹的结构,最核心的是动机,然后向外依次展开为个性、自我形象与价值观、社会角色、态度、知识、技能。越向外层,越易于培养和评价;越向内层,越难以评价和习得,①如图2-2所示。

---

① 胡八一. 人力资源经理案头工具手册 [M]. 北京:人民邮电出版社,2011.

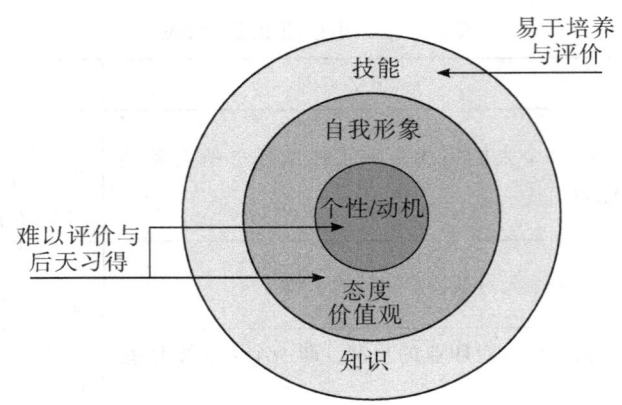

图 2-2 胜任力洋葱模型示意图

洋葱模型的本质内容与冰山模型是一样的，但是此模型对胜任力的表述更突出层次性。在这个模型中最表层的是知识和技巧，由表层到里层，越来越深入，最内层、最核心的是动机和特质，是个体最深层次的胜任特征，最不容易改变和发展。洋葱模型的素质分层如表 2-4 所示。

表 2-4 洋葱模型的素质分层表

要素名称	要素描述
动机	为了实现目标而促进个体行为的驱动力
个性	个体对外部环境和各类信息的响应方式、倾向和特征
自我形象	指的是个体对自我的感知和评价
社会角色	个体接受其所属社会群体或组织，且认为是恰当的行为准则
态度	个人自我形象、价值观和社会角色综合作用的结果
知识	个体拥有某一特定领域的事实信息和经验信息
技能	个体能够使用结构化的知识来完成特定的工作

洋葱模型同样广泛应用于员工招聘与选拔环节，相比而言，洋葱模型更突出潜在素质与显现素质的层次关系，比冰山模型更能说明素质之间的关系。

（3）胜任力辞典模型。

在冰山模型和洋葱模型之后，从 1989 年起，麦克利兰开始对全球 200 多项工作所涉及的胜任素质进行观察研究。经过逐步的发展与完善，共提炼形成了 21 项通用胜任素质要素，构成了胜任素质辞典（competency dictionary）的基本内容。这 21 项胜任素质要素概括了人们在日常生活和行为中所表现出来的知识与技能、社会角色、自我概念、特质和动机等特点，形成了企业任职者的胜任素质模型。①

在辞典模型中，21 项胜任力特征按照内容或者作用的相似程度划分为 6 个基本特征族，又将每个特征族中对于行为与绩效差异产生影响的显著性程度划分为 2～5 项具体的胜任力特征，而相对于每一项具体的胜任力特征都有一个具体诠释和 1～5 级的分级解释说明，并加以典型的行为描述，如图 2-3 所示。

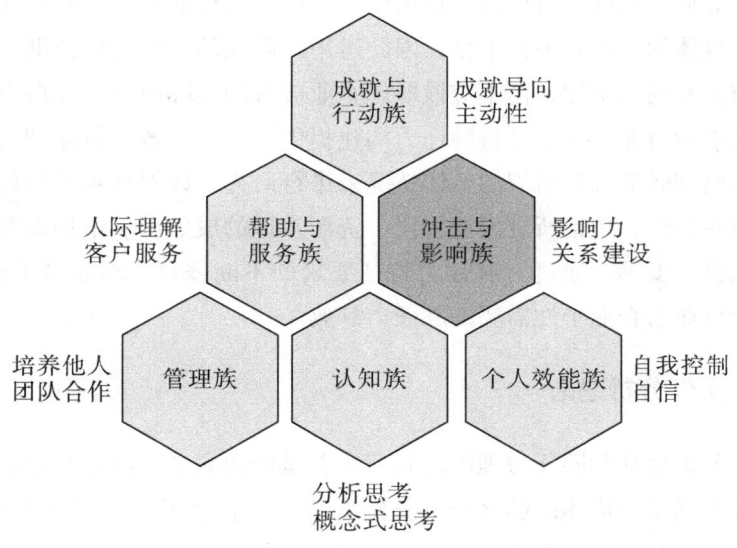

图 2-3　胜任力辞典模型

后来的学界和企业界都在各自研究和实践的基础上，将胜任素质辞典加以丰富和细化，进一步发展了对 21 项胜任素质的研究，使之不仅具有了更广泛的适用性，而且变得更加清晰有效，具体如表 2-5 所示。

表 2-5　胜任力辞典

特征族	具体胜任力特征要素
成就与行动	成就导向、重视秩序、品质与精确，主动性，信息收集
协助与服务	人际理解，顾客服务导向

---

① SPENCER L M, SPENCER S M, MCCLELLAND D C. Competency assessment methods: history and state of the art [M]. Boston: McBer, 1994.

（续上表）

特征族	具体胜任力特征要素
冲击与影响	组织知觉力，关系建立
管理	培养他人，命令，果断与职位权利的运用，团队合作，团队领导
认知	分析式思考，概念式思考，技术/专业/管理的专业知识
个人效能	自我控制，自信心，灵活性，组织承诺

由于辞典的尺度具有广泛的适用性，所以缺乏精确性。一些胜任素质可能对某些具体的工作相关性不强，因此运用一般性的尺度可以协助企业加快胜任素质研究的精确度，但不应该取代企业应有的实际研究。辞典中的胜任力特征要素为行业和企业进行胜任力构建提供了参考，各个行业和企业在建立胜任力模型时应针对组织的具体情况来进行研究，即根据企业所处行业特点以及自身特性，包括所处发展阶段、资源掌握的成熟度、市场情况等外部条件的完善程度等，通过对胜任力特征要素的不断修订、增删及重新组合，形成符合行业与企业个性需要的胜任力辞典。

二、工作分析理论

工作分析理论和胜任力理论之间存在着紧密的联系。国外有学者将工作分析定义为确定和描述能够区分高低绩效的工作者表现的一系列程序，[1] 这与前文提到的胜任力定义非常接近。在研究方法上，胜任力研究中常用的行为事件访谈法（behavioral event interview，BEI）就是从工作分析关键事件技术（critical incident technique，CIT）中发展而来的。[2] 工作分析强调的是对任职者基本素质的要求；胜任力强调的是在此基础上能够区分出不同绩效水平的个人特征，两者分别从"工作—人"的不同角度对人力资源管理提供基础支撑。因此在构建新媒体胜任力模型时还需借鉴参考工作分析相关理论。

工作分析的观念起源甚早，早在公元前5世纪，苏格拉底就在他开创的关于公平社会特点的学说中指出：（1）每个人的工作才能具有差异性；（2）不同工作岗位的具体要求存在差异性；（3）让人们从事其最合适的工

---

[1] SCHIPPMAN J S, ASH R A, BATTISTA M. The practice of competency modeling [J]. Personnel Psychology, 2000, 53: 703-740.

[2] BOYATZIS R E. Rendering unto competence the things that are competent [J]. American Psychology, 1994, 49 (1): 64-66.

作，以取得最高工作绩效是最重要的；（4）建立一种能将上述观点付诸实践的学说的必要性。① 狄德罗在 1747 年为法国一家翻译协会编撰百科全书时，第一次进行了大规模的工作分析。② 直到 19 世纪末，随着生产技术的变革和企业规模的扩张，传统经验化的管理模式与先进生产力的矛盾日益尖锐，于是由弗雷德里克·泰勒等倡导的"科学管理运动"在美国迅速得到发展，而工作研究、工作分析的技术方法也随之在美国的工商企业中得到广泛应用。1911 年，泰勒出版了《科学管理原理》，提出了要对组织进行科学管理，就必须对组织中的每一份工作进行研究，从而科学地挑选培训工人。泰勒的研究被认为是科学工作分析的开始。③

当前对"工作分析"（job analysis）的定义和使用一直存在着分歧。比较有代表性的观点有三种：第一种观点认为工作分析是对某项工作诸特性及与该工作有关的事项进行分析并收集有关资料。其包括两个部分：一是正确描述工作的内容和实质，如分析工作性质、范围、难易程度、工作程序、所包含动作、使用的工具材料及所负的责任等；二是分析并确定执行此项工作的人应具备的能力、知识、技能、经验等资格条件。这种工作分析将为人员录用和配置、工作评定、薪金的确定、晋级提升等提供基础资料。④ 第二种观点认为"Job 是职务"，将工作分析定义为获取职务各要素的信息，从中概括出职务特征的研究。并且认为工作分析有广义和狭义之分：广义的工作分析包括职务描述、职务分类和职务评价三个方面的研究内容。狭义的工作分析则仅指职务描述。⑤ 第三种代表性观点源自实践工作者。他们一般倾向于认为"Job 是工作岗位或岗位"，即在特定的生产技术组织里，在一定时间内，由一名员工承担完成若干项工作任务，并具有一定的职务和责任、权限，就构成一个工作岗位。即所谓的工作分析就是工作岗位分析或岗位分析。

我国一些权威人力资源管理著作对工作分析也有一定程度的讨论研究。《英汉人力资源管理核心词汇手册》中对工作分析有如下描述："工作分析又称职务分析，是人力资源管理中一项重要的常规性技术，是整个人力资源管理工作的基础。工作分析是将企业中各项工作的任务、职责和责任与承担

---

① 顾琴轩. 职务分析 [M]. 北京：中国人民大学出版社，2006.
② 彭剑锋. 职务分析技术与方法 [M]. 北京：中国人民大学出版社，2004.
③ 刘江花. 知识经济时代工作分析发展趋势综述及思考 [J]. 科技与管理，2012（5）.
④ 朱智贤. 心理学大词典 [M]. 北京：北京师范大学出版社，1989；231-232.
⑤ 徐联仓. 组织行为学 [M]. 北京：中央广播电视大学出版社，1993.

这份职务所应具备的基本条件等加以研究分析的过程。工作分析的结果是通常形成一份综合性的文件材料——工作说明书（职务说明书）。工作分析是一种在组织内所执行的管理活动，专注于收集、分析、整合工作相关信息，以提供组织规划与设计、人力资源管理及其他管理机能的基础。"①《心理咨询大百科全书》中对工作分析的定义为："对一个人所从事的某项工作或任务所进行的全面分析。这种分析，一方面是全面收集有关工作的情报、资料；另一方面是准确地确定它的职责、任务、技术、能力、知识、设备及其操作规程与要求，还有安全条件和工资待遇等。工作分析往往是工作评价的前提，并以工作的性质、特点的分析为基础。工作分析除用来固定职位工资外，也是一种有效的管理工具。它不仅可作为招工、选人、派职和岗位训练的依据，也可提高员工对本职工作的认识、改善态度。此外，工作分析还可作为对员工进行考绩的标准。"②《管理学大辞典》指出工作分析是确定某一特定工作的职责和完成这一工作所需人员应具备的基本条件的系统过程。内容包括职责分析（工作任务、程序、职能等）、环境分析（工作条件、设备、工具等）和人员分析（工作能力、个人特性要求等），是编写岗位描述和岗位说明书的基础。步骤主要为：①了解组织的结构、运行以及各个岗位；②确定要分析的工作；③选择和确定收集有关工作活动的内容和资料的方法；④运用调查方法收集信息；⑤汇总信息、撰写岗位描述和岗位说明书；⑥检查。该工作要求针对岗位而非在岗者，通过问卷、访谈、日志或观察等方法深入了解岗位职责和胜任力等要求。是人力资源管理工作的基础，结果可运用于人力资源计划，人员聘用、选拔和配置，培训和员工职业发展，绩效测量和评定，职务分类系统，工资管理和劳动关系等具体实践中。③《人力资源管理》中对工作分析的定义如下：工作分析（job analysis）又称职位分析、岗位分析或职务分析，工作分析是通过系统全面的情报收集手段，提供相关工作的全面信息，以便组织进行改善管理效率。工作分析是人力资源管理工作的基础，其分析质量对其他人力资源管理模块具有举足轻重的影响。工作分析在人力资源管理中的位置，通过对工作输入、工作转换过程、工作输出、工作的关联特征、工作资源、工作环境背景等的分析，形成工作分析的结果——职务规范（也称作工作说明书）。职务规范包括工作识别信息、工作概要、工作职责和责任，以及任职资格的标准信息，为其他人

---

① 刘永中，金才兵. 英汉人力资源管理核心词汇手册 [M]. 广州：广东经济出版社，2005.
② 车文博. 心理咨询大百科全书 [M]. 杭州：浙江科技出版社，2001.
③ 陆雄文. 管理学大辞典 [M]. 上海：上海辞书出版社，2013.

力资源管理职能的使用提供方便。①

随着工作分析理论的不断发展,一些工作分析技术和方法陆续被提出。常用的经典工具主要有职位分析问卷(position analysis questionnaire,PAQ)、职位描述问卷(position description questionnaire,PQD)、工作元素调查(job element inventory,JEI)、Fleishman 工作分析调查(F-JAS)、关键事件技术(CIT)和阈限特质分析(TTA)和 Harvey R J 开发的 CMQ(common-metric questionnaire)。②

急剧变化的社会环境和组织环境,要求工作分析不仅能够体现时代大背景下工作内容和性质的变化发展趋势,而且能跟具体组织的特性和发展目标相结合。Schneider 和 Konz 在 1989 年提出战略性工作分析的概念。其主要思想是将环境变化因素、企业战略以及特定工作的未来发展趋势纳入传统的工作分析中。③ Sanchez 在 1994 年提出了新的工作分析的概念,基于传统工作分析中的不足对未来工作分析提出了一系列建议。他认为工作分析首先应采取自下而上的方式搜集信息,其次通过设计"如果—那么"的假设情景对主域专家进行访谈,据此确定未来工作对知识、技能、能力和其他特征的要求。④

本书认为如果将两者结合起来,就能使得双方相得益彰、相互补充。工作分析能为胜任力模型提供大量的实证数据,如工作任务、工作要求等具体信息,这就为抽象的胜任力模型提供了丰富的资料,此外从具体工作情景中得到工作分析结果还可以对胜任特征要素进行具体阐释。另外,胜任力特征体现组织特性和工作未来需要,它能弥补工作分析对组织层面信息和工作未来需求的不足。因此将二者有机地结合起来,是研究胜任力特征新的有效手段,本书正是沿着这样的路径以新媒体编辑工作分析为基础与胜任力模型构建相结合进行探究。

三、新媒介素养理论

胜任力模型是为了完成某项工作达成某一绩效目标,任职者应具备的一系列不同胜任特征要素的有机结合,胜任力的异质性决定其与具体职业的发

---

① 葛玉辉. 人力资源管理 [M]. 北京:清华大学出版社,2012:33.
② 杨杰,方俐洛. 工作分析的定义、理论和工具探析 [J]. 自然辩证法通讯,2003(3):54.
③ SCHNEIDER B,KONZ A M. Strategic job analysis [J]. Human Resource Mnanagement,1989(28):51-63.
④ SANCHEZ J I. From documentation to innovation:Reshaping job analysis to meet emerging business needs [J]. Human Resource Mnanagement Review,1994,4(1):51-74.

展息息相关。在互联网时代参与式文化背景下,媒介交往模式发生巨大变化,新媒体编辑与读者受众的关系随着产生改变,新媒体编辑既是传媒信息的接受者又是传媒信息的传播者,编辑的中介性地位和属性决定了他们需要有对各种信息加以鉴别和分析的能力。① 新媒介素养成为区分传统编辑工作和新媒体编辑工作的重要因素,因此构建新媒体编辑胜任力模型也需从新媒介素养理论中汲取营养。

媒介素养研究是一门新兴学科,近年来在世界各地蓬勃发展,成为一个重要知识领域。在国内学者持续进行媒介素养研究的同时,新媒介素养的研究也开始得到广泛关注。要了解什么是新媒介素养,必须弄清媒介素养的来源和本质。

"媒介素养"一词起源于 20 世纪 30 年代,由英国学者利维斯及其学生桑普森在《文化和环境:批判意识的培养》一书中最先提出。②当时媒介素养的提出主要是为了号召学生抵制大众传播的腐蚀和影响。随后媒介素养逐步传入其他国家,人们对媒介文化的认识逐渐加深,媒介素养的内涵也慢慢丰富起来。媒介素养研究也处于不断变化之中,经历了保护主义、培养辨别力、批判性解读以及参与式文化的四次范式转移。③ 1992 年,美国媒介素养研究中心对"媒介素养"给出了如下定义:人们面对媒介各种信息时的选择能力、理解能力、质疑能力、评估能力、创造和生产能力以及思辨的反应能力。④ 2005 年,英国通信管理局对"媒介素养"的定义则为"在复杂社会情景下人们接触媒介、理解媒介和积极使用媒介进行创造性交流的能力"⑤。概括地说,媒介素养是指人们能充分使用大众传播资源,来获取信息、完善自我发展的一种能力。

以网络技术为基础的新媒体技术,催生了全新的参与式文化,对公众和媒体工作者的媒介素养提出了新的要求,也带来了新的研究课题,"新媒介素养"概念应运而生。美国新媒介联合会在 2005 年发布的《全球性趋势:21 世纪素养峰会报告》中将新媒介素养定义为:"由听觉、视觉以及数字素养相互叠共同构成的一整套能力与技巧,包括对视觉、听觉力量的理解能

---

① 包鹏程. 大众传播时代编辑媒介素养论[J]. 河南大学学报(社会科学版),2009(7):152 – 156.
② 陈夏蕊. 新传播技术呼唤新"媒介素养"[D]. 合肥:安徽大学,2014.
③ 杨璇,张凌霄. 媒介素养研究之文献综述[J]. 新闻研究导刊,2015(8):13 – 15.
④ THOMAN E. Skill&strategies fo media education[R]. Center of Media Literacy of USA,1992.
⑤ 姜文琪,贾宁,刘超. 基于 SSCI 数据库的媒介素养文献综述[J]. 教育传媒研究,2017(1):51 – 56.

力,对这种力量的识别与使用能力,对数字媒介的控制与转换能力,对数字内容的普遍性传播能力,以及轻易对数字内容进行再加工的能力。"① 2006年,Henry J 出版的《面对参与式文化的挑战:21世纪的媒介教育》一书中明确提出,新媒介素养是青年人在新媒介环境下需要具备的一系列文化能力和社会技能,其目标是鼓励青年人成为当代文化中的全面参与者,从而发展他们的技能、知识、伦理框架以及参与这一新媒介文化所需要的自信,其中"新"字突出表现在强调从个人到社会参与的重要转变。② 这是目前学界认可度最高的新媒介素养定义。除了 Henry J 的定义外,Perez Tornero 提出新媒介素养是经典素养、视听素养、数字素养和信息素养的融合。③ 他强调新媒介素养应该是能够包含之前所有主要素养的综合性素养。

我国在吸收借鉴国外新媒介素养理论研究的最新成果同时,提出了一些有代表性的观点。国内学者宦成林认为,新媒介素养是指在基于 Web 2.0 所构建的一个具有社会性、个性化和主体性特征的全新媒体生态环境下,学习者为融入和适应这种新环境所具备的使用和创造信息的能力。④ 其核心是"参与素养",除了由批判型思维技能、艺术表达技能、网络创作技能等构成的参与技能外,还包括参与意识和参与态度。陈劲新认为新媒体素养需要在原有媒介素养的基础上,融入新媒介接触使用能力、批判取舍能力、互动交往能力和参与创造能力等方面。⑤ 陈力丹认为新媒介素养不仅是公众对新媒介的认识和关于新媒介的知识,也是传媒工作者对自己职业的认识和一种职业精神。⑥ 段京肃、杜骏飞提出数字媒介素养教育基本内容,不仅强调跨文化传播能力,同时将伦理道德修养、民主意识、法律意识也作为新媒介素养的组成部分。⑦ 李德刚、何玉认为新媒介素养已成为"媒介批判意识"和"新媒介交往能力"的双重组合。⑧

---

① New Media Consortium (2005), A global imperative: The report of the 21st century literacy summit [DB/OL]. www.nmc.org/publicatians/global-imperative.pdf, 2013 – 03 – 22.

② JENKINS H. Confronting the challenge of participatory cultrue: media education of 21st Century [M]. Mit Press, 2009.

③ PEREZ TORNERO J M, CELOT P, VARIS T. Study on the current trends and approaches to media literacy in Europe [J]. Brusslas: Commission Europea, 2007.

④ 宦成林.21世纪学习技能:新媒体素养初探 [J]. 中国远程教育, 2009 (10).

⑤ 陈劲新. 大学生新媒介素养调查研究 [J]. 南昌教育学院学报, 2012 (11).

⑥ 陈力丹. 关于媒介素养与新闻教育的网上对话 [J]. 湖南大众传媒职业技术学院学报, 2007 (2).

⑦ 段京肃,杜骏飞. 媒介素养导论 [M]. 福州:福建人民出版社, 2007.

⑧ 李德刚,何玉. 新媒介素养:参与式文化背景下媒介素养教育的转向 [J]. 中国广播电视学刊, 2007 (12): 39 – 40.

任何一种新媒介素养的定义,都可以理解为对一系列能力要素的描述,这些能力要素是针对特定对象,专为达到特定目标而设计的,要素之间存在逻辑联系,共同构成能力框架。能力框架是新媒介素养概念的进一步细化,是理解概念、进行理论和实践研究的关键,也是新媒介素养内涵的表现。目前新媒体能力框架研究不多,Henry J 在提出新媒介素养概念的同时,也最早提出了新媒介素养所包含的 11 项核心能力,分别为游戏能力、模拟能力、表演能力、挪用能力、多重任务处理能力、分布性认知能力、集体智慧能力、判断能力、跨媒介导航能力、网络能力和协商能力。[1] 新加坡学者林子斌等在《了解新媒介素养:一个理论的框架》一文中做出了前沿性的研究,他在分析前人对媒介素养和新媒介素养能力框架研究的基础上,提出了一个多维的新媒介素养能力框架。[2] 该能力框架包含两个维度方向,即消费型——产消型,功能型——批判型,新媒介素养随之被划分为功能消费型素养、功能产消型素养、批判消费型素养和批判产消型素养。消费型素养和产消型素养用以区分在传统媒介情况下人们信息消费活动和新媒体环境下人们生产消费合一活动的不同。功能型素养和批判型素养用以区别人们的基本认知与技能和独立思考、分析、综合等批判型能力的不同。四类素养分别包含不同的能力要素,共有理解、分析、综合、评估、生产、创造、参与、分发、技能等 10 个具体能力要素。李·雷恩尼(Rainie L)和巴瑞·威曼(Wellman B)基于他们在社会关系的深厚理论基础和对人们行动的长期观察,创造性地提出了在网络化的社会中应该具备的新媒介素养。包括图像处理能力、跨媒体导航能力、信息的组织和联通能力、专注力、多任务的处理能力、怀疑精神和道德素养。[3]

第二节 本书研究框架

构建合理的研究框架是本研究得以开展的关键。本书将我国新媒体编辑胜任力模型构建看作一个复杂的研究课题。首先,依据新媒介素养理论和工

---

[1] JENKINS H. Confronting the challenge of participatory culture: Media education of 21st Century [M]. London: MIT Press, 2009.

[2] LIN T, LI J, DENG F, et al. Understanding new media literacy: an explorative theoretical framework [J]. Journal of Educational Technology & Society, 2013, 16 (4): 160 – 170.

[3] RAINIE L, WELLMAN B. Networked: the new social operating system [M]. London: MIT Press, 2012: 272 – 274.

作分析理论，通过文献查阅，形成文献综述，结合当前我国出版企业对新媒体编辑岗位的招聘需求，将我国新媒体编辑胜任力的特征要素加以提取精炼。与此同时对出版企业相关高层领导和进行战略高端访谈，结合 O*NET 工作分析法、行为事件访谈法以及网络数据挖掘法，获取相当数量的相关数据后，对内容进行归纳补充和增删，形成新媒体编辑的胜任力特征要素。其次，基于已经形成的新媒体胜任力特征要素，邀请由 16 名业界专家组成的专家小组进行评估修正，初步制定出"新媒体编辑胜任力模型（预试版）"。依据已编制出的"新媒体编辑胜任力模型（预试版）"采用标准化心理测验编制程序设计出新媒体编辑胜任力评价问卷并发放预试。对预试的问卷调查结果进行分析和验证，发现问题，提出修改，再次编制正式版问卷并发放。再次，根据正式版的调查问卷的结果进行验证分析，确定"新媒体编辑胜任力模型（正式版）"。对所确立的模型相关因素进行深入探讨。最后，将建立起的新媒体胜任力模型和分析结果运用到企业人力资源管理实践中去，对出版企业人员招聘与选拔、员工培训、绩效考核、职业生涯规划以及人才盘点等方面提出有建设性的建议。

本书的主体研究可分为新媒体编辑胜任力特征要素的分析、新媒体编辑胜任力模型的构建、新媒体编辑胜任力模型的验证、新媒体编辑胜任力模型的应用四个部分。研究的框架如图 2-4 所示。

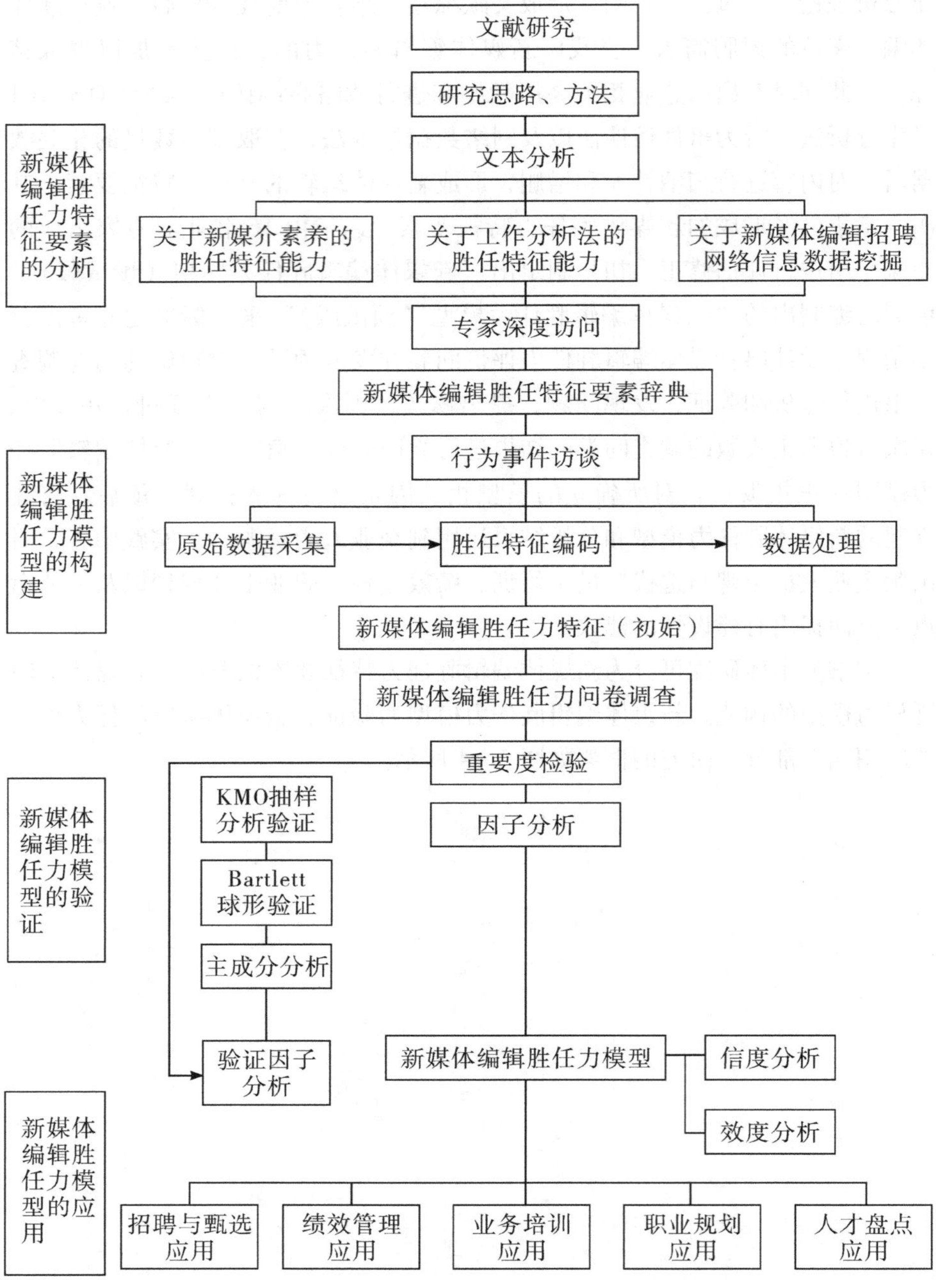

新媒体编辑胜任力特征要素的分析
文献研究
研究思路、方法
文本分析
关于新媒介素养的胜任特征能力
关于工作分析法的胜任特征能力
关于新媒体编辑招聘网络信息数据挖掘
专家深度访问
新媒体编辑胜任特征要素辞典
新媒体编辑胜任力模型的构建
行为事件访谈
原始数据采集
胜任特征编码
数据处理
新媒体编辑胜任力特征（初始）
新媒体编辑胜任力问卷调查
新媒体编辑胜任力模型的验证
重要度检验
KMO抽样分析验证
Bartlett球形验证
主成分分析
因子分析
验证因子分析
新媒体编辑胜任力模型
信度分析
效度分析
新媒体编辑胜任力模型的应用
招聘与甄选应用
绩效管理应用
业务培训应用
职业规划应用
人才盘点应用

图 2－4　本书研究框架

第三章 新媒体编辑胜任力特征要素的确定

新媒体编辑胜任力特征要素是构建新媒体编辑胜任力模型的基础。本章以国际先进的 O*NET 工作分析法为框架,利用文献检索法总结过往学者的研究所得,结合高端访谈和网络信息数据挖掘法,从业务实践层面补充完善可能被忽视的重要胜任特征要素。

第一节 新媒介素养视角下的新媒体编辑胜任力特征

Henry J 提出了新媒介素养所包含的 11 项核心能力是目前最为广泛接受的新媒介素养能力框架,如表 3-1 所示。

表 3-1 新媒介素养能力框架[①]

能力要素	要求
游戏	同环境一起做实验并将其作为一种解决问题的方式
表现	为了发现和即兴表演而采用其他身份的能力
模拟	解释和构造真实世界的动态模型的能力
挪用	抽取有意义的媒体内容,进行内容的重新混合
多任务	洞悉周围环境,根据需要转移注意力
分布式认知	与能够扩展自己智力的工具进行有意义的交互能力
集体智慧	与他人一起朝着一个共同目标探索并切磋知识的能力
判断	判断不同信息源的信度和效度
跨媒介导航	在多模式中跟随故事情节和信息的能力
网络	查找、综合和传播信息的能力
协商	在不同社区间穿梭,挑战和尊重多种视角,把握和遵守规范

---

① JENKINS H. Confronting the challenge of participatory culture: media education of 21st century [M]. London: MIT Press, 2009.

另外，Rainie L 和 Wellman B 提出的由图像处理能力、跨媒体导航能力、信息的组织和联通能力、专注力、多任务的处理能力、怀疑精神和道德素养构成的新媒体素养能力框架也逐渐受到关注和认可。① 在此基础上，我国不少专家学者也延伸拓展出新时期新媒体编辑能力素养的构成和内涵，从多角度对新媒体编辑的能力素质要求提出了不同的见解。

一些专家就新媒体编辑所应具备的新媒介素养内容进行了研究。宣丽提出新媒体编辑的新媒介素养包含新媒体的运用能力、解读信息的能力和运用信息的能力。② 付砾乐认为新媒体人的新媒介素养主要有信息获取与内容筛选素养和数据与技术使用素养。③ 王丽媛发文指出新媒体编辑的新媒介素养包括新媒体信息的获取能力、新媒体信息的鉴别能力和新媒体信息的运用能力。其中，新媒体信息的运用能力极为关键，又包含新媒体信息整合能力、新媒体信息解读能力和运用新媒体的能力。④ 匡文波、张蕊、李永凤等认为新媒体编辑应该从获取新媒体信息的能力、解读新媒体信息的能力、运用新媒体信息的能力和运用新媒体技术的能力四个方面来提升自身的新媒介素养。⑤ 刘超认为新媒体编辑的新媒介素养包括：了解产品和客户；获取、选择、分析、整合媒介信息能力；运用媒介技术传播信息；文字功底和责任心。⑥

一些学者和业界专家对新媒介环境下新媒体编辑应该具备哪些基本的素养和能力展开讨论。暴爱国指出新媒体编辑应该具备的基本素养有政治理论素养、新闻职业素养、专业知识素养、媒介知识素养和创新能力素养。⑦ 马晓萌从市场需求的角度提出新媒体编辑应具备的基本素养有扎实的采编功底、极强的政治素养、朴实的大众素养和良好的 IT 素养。⑧ 王臻认为新媒体编辑的基本素养包括职业能力素养、专业知识素养和创新素养。⑨ 刘中琦认为新媒体编辑应具备的基本素养有政治素养、文化素养、职业素养和处理与

---

① RAINIE L, WELLMAN B. Networked: the new social operating system [M]. London: MIT Press, 2012.
② 宣丽. 浅析媒介融合视域下传统媒体人的新媒介素养 [J]. 视听, 2015 (11): 79.
③ 付砾乐. 新媒介人视域下的媒介技术技能素养 [J]. 新闻研究导刊, 2015 (8): 7-8.
④ 王丽媛. 新媒体时代传统媒体人新媒介素养探析 [J]. 新闻世界, 2014 (8): 433-434.
⑤ 匡文波, 张蕊, 李永凤. 传统媒体人急需提高新媒介素养 [J]. 青年记者, 2014 (5): 39-40.
⑥ 刘超. 新媒体编辑的媒介素养论 [J]. 编辑学刊, 2017 (7): 80-83.
⑦ 暴爱国. 新媒体编辑应具备的基本素养初探 [J]. 科技传播, 2017 (11): 1-2.
⑧ 马晓萌. 从市场需求论新媒体编辑应具备的基本素养 [J]. 西部广播电视, 2017 (21): 161-162.
⑨ 王臻. 浅谈新媒体编辑的基本素养 [J]. 新闻研究导刊, 2018, 9 (3): 145-146.

媒介素养。① 缪旭华则认为新媒体编辑的基本素养包括政治与法律素养、文化素养、信息技术素养和处理与整合信息素养。② 陈小莉认为新媒体编辑的基本素养有文化素养、文学素养和驾驭新媒体的能力。其中,驾驭新媒体的能力包含技术能力、熟练运用多样化媒体能力和复合开放的知识结构。③ 何力扬提出提升新媒体编辑素养要从政治素养、法律素养、文化素养、IT 素养和信息处理与整合素养几个方面来考虑。④

另外一些研究则是立足于不同新媒体编辑的工作形态和业务范围,从具体的新媒体编辑岗位出发来探讨相应所需的能力和素养。余梁从胜任工作岗位要求的角度,认为一个优秀的网络编辑应该注重培养以下 8 种关键能力:编辑能力、写作能力、技术能力、外语能力、把关能力、策划能力、沟通能力和管理能力。⑤ 邓静在分析了网络编辑的工作特性之后,提出网络编辑应当具备的能力和素养有较高的政治素养、较强的文字能力、信息分析和选择能力、稿件的加工能力。⑥ 曹淑杰认为新时代网络编辑的能力与素养应包括选择和判断能力、整合和加工能力、挖掘和处理能力、传播和推广能力。⑦ 陈蔚峻提出一个合格的网络编辑应该具备以下素质:强烈的道德意识和责任感;编辑行业专业技能和策划推广能力。⑧ 张笑从职业能力构建的角度分析 Web 3.0 时代下网络编辑应从四个方面的能力进行构建,即抵御信息风险的能力;整合传播信息、检索数据的能力;挖掘受众需求、实现网络聚合效应的能力;选题策划及全媒体推广能力。⑨ 刘隽以出版社网络编辑的角度,提出出版社网络编辑人员应具备的能力有信息采集、文字编写和图片处理能力;专题活动策划、实施能力;相应的计算机能力和优良的行业素养。⑩ 李奕在分析了电子音像编辑工作特点之后,提出电子音像编辑的能力素质包含政治思想素质、计算机知识、编辑专业知识和社交能力。⑪ 余敬春认为在数字出版的知识服务时代,数字出版编辑应必备六种能力,分别为把关能力、数字出版引领能力、资源整合能力、产品设计能力、服务创新能力、数字营

---

① 刘中琦. 论新媒体编辑应具备的基本素养 [J]. 传播力研究, 2018, 2 (10): 178.
② 缪旭华. 新媒体编辑应具备的基本素养探讨 [J]. 新闻传播, 2018 (14): 41 - 42.
③ 陈小莉. 论新媒体编辑的基本素养 [J]. 科学咨询, 2013 (11): 47 - 48.
④ 何力扬. 新媒体编辑素养的要求与提升 [J]. 戏剧之家, 2016 (19): 144.
⑤ 余梁. 网络编辑应培养 8 种能力 [N]. 中华新闻报, 2004 - 08 - 25.
⑥ 邓静. 网络媒体编辑必须具备的几种能力 [J]. 科技传播, 2017 (12): 21 - 22.
⑦ 曹淑杰. 试析新时代网络编辑能力素质的培养 [J]. 传播力研究, 2017 (11): 15 - 16.
⑧ 陈蔚峻. 论新时代网络编辑的职业素质 [J]. 南昌高专学报, 2011 (6): 158 - 159.
⑨ 张笑. Web 3.0 时代网络编辑的能力构建 [J]. 青年记者, 2014 (12): 85 - 86.
⑩ 刘隽. 出版社网络编辑应具备的素质与能力 [J]. 人力资源管理, 2011 (11): 197 - 198.
⑪ 李奕. 浅谈电子音像编辑出版物编辑的性质及素质 [J]. 商业研究, 2009 (10): 112.

销能力。① 师静、王湘宁以工作分析的视野首次对我国网络编辑的核心竞争力进行归纳和总结，提出新闻敏感性、学习能力和整合能力是网络编辑的核心竞争力。② 随后白琳在此基础上深化研究，对我国网络编辑的职业能力进行解析，提出了网络编辑的核心技能应包括网络信息采编能力、网站信息策划和实施、网页实现的能力。③

总体来说，我国基于新媒介素养理论角度对新媒体编辑的能力和素养有了一定的基础和成果，但研究的深度和范围有所欠缺，大多从某一特定的角度展开分析，建立在个人经验和主观判断之上，研究缺乏足够的理论框架做支撑。随着新媒体技术的发展，新的工作方法和技术平台迅速渗透，出版传播的形态和样式发生重大改变，编辑职能也发生深刻的转变。从前文的研究中可以归纳出一些普遍性的观点：新媒介素养是新媒体编辑必备的素养和能力，较为重要的有信息组织和加工能力、跨媒体导航能力、新媒体理解能力和信息资源整合能力。

第二节 O∗NET 工作分析导出的胜任力特征

工作分析法是企业人力资源管理的重要工作方法，能通过对各行业可比因素进行分析，确定特定工作岗位各工作要素之间的重要性差异，能为胜任力模型研究中的胜任特征要素编制及其重要性等级的设计提供依据。

本书主要借鉴美国劳工部开发的职业信息网络（occupation information network O∗NET）的工作分析指标系统，参考以前学者运用 O∗NET 对编辑活动进行工作分析的研究结果，在此基础上拟定新媒体编辑胜任特征要素的基本框架。O∗NET 系统是一个由美国劳工部组织发起开发的工作分析系统，2001 年 6 月美国劳工部采用 O∗NET 系统开始采集收取职业信息数据，对相关岗位进行工作分析和胜任特征研究，每年进行更新并发布最新数据信息。到目前为止已完成 1 233 个岗位的职业信息更新和分类工作分析，O∗NET 系统吸收了多种职位分析问卷的优点，已经取代了职业名称词典（dictionary of occupational titles，DOT），成为美国最为广泛应用的工作分析工具。④

---

① 余敬春. 数字资源知识服务转型期数字编辑必备的六项能力［N］. 中国出版传媒商报，2018 – 05 – 15（7）.

② 师静，王湘宁. 网络编辑的核心竞争力［J］. 新闻与写作，2010（8）：29 – 31.

③ 白琳. 基于典型工作任务的网络编辑职业能力解析［J］. 市场论坛，2012（6）：65 – 67.

④ PETERSON N G，MUMFORD M D，BORMAN W C，etal. Understanding work using the occupational information network（O∗NET）［J］. Personnel Psychology，2001，54：451 – 492.

O*NET 工作分析系统设计遵循三个原则：多重描述（multiple windows）、共同语言（common language）和职业描述的层级分类（taxonomies and hierarchies of occupational description）。O*NET 设计了多重指标系统（如工作行为、能力、技能、知识和工作情境等），不仅考虑职业需求和职业特征，而且兼顾到任职者的要求和特征，更为突出的是它还考虑到整个社会情境和组织环境的影响作用。[1] 此外，该系统具有跨职位的指标描述系统，为描述不同的职位提供了共同语言，从而使得不同职业之间的比较成为可能。O*NET 运用了分类学的方法对职位信息进行分类，使得职业信息能够被广泛概括，使用者还可以根据自己的需要选择从一般到具体不同层次的工作描述指标。[2] O*NET 系统综合了问卷法和专家访谈法等各种工作分析方法，能够将工作信息（如工作活动、组织情境和工作特征等）和工作者特征（如知识、技能、兴趣）等结合在一起，不仅仅是"工作导向"的工作分析和"任职者导向"的工作分析的结合，而且能够体现职业的特定要求。在经济和市场急剧变化的现代社会，O*NET 是工作分析领域体现最新趋势的、能够应对新的挑战的一大进展，国内外不少学者运用它作为进行实际工作分析的工具，实践证明该工具具有较好的信度和效度指标。[3]

每年美国劳工部会根据环境的变化实时更新里面的指标和重要度，以适应不断变化的工作性质和内容需要。收集到的信息主要有两个方面的功用：一是将工作信息与任职者特征进行比较，得到个人与职位相匹配的资料；二是比较组织和任职者特征信息，得到个人与组织相匹配的资料。

O*NET 系统内容的六类指标含义如下。

（1）任职者特征——影响工作绩效和有效工作的持久特质（包括知识和技能的获得能力）。该类指标包含：能力——影响个人绩效的持久特质；职业兴趣——对工作环境的偏好，职业兴趣量表与霍兰德（Holland）人格类型和工作环境模型一致；职业价值观——能满足个体具体需要的工作整体方面；工作风格——能影响个人绩效的个体特质。

（2）任职者要求——通过教育与经验获得和发展与工作相关的特质。该类指标包含：基本技能——能促进学习或更快获得知识的能力；跨职业技能——能促进跨职业工作绩效的能力；知识——应用于某一领域的组织化的事实和原理的集合；教育——从事一项工作预先需要的教育经历。

---

[1] The O*NET content model[EB/OL]. http://www.onetcenter.org/content.html, 2009-08-25.

[2] ARVEY R D, PASSINO E M, LOUNSBURY J W. Job analysis results as influenced by incumbent and analyst [J]. Journal of Applied Psychology, 1977, 62 (4): 411-416.

[3] HOUGH L M, OSWALD F L. Personnel selection: looking toward the future – remembering the past [J]. Annual Review of Psychology, 2000, 51: 631-664.

（3）经验要求——与之前的工作活动有关并与特定类型工作明确联系的要求。该类指标包含：经验与训练——从事某项工作所需的基本技能和跨职业技能的要求；证书——能证明任职者已经获得特定技能的许可证、证书和登记。

（4）职业特定要求——该类指标包含：任务——具体职业任务；工具与技术——任职者在工作中为达到最佳效果可能得到的机器、设备、工具、软件以及信息技术。

（5）劳动力特征——可能影响到职业要求的总体职业特征变量。该类指标包含：劳动力市场信息——职业目前的劳动力特征；职业展望——职业未来的劳动力特征。

（6）职业要求——描述各种不同职业所要求的广泛的变量集合或详细的要素。该类指标包含：一般工作活动——在多种工作上发生的一般的工作行为类型；详细工作活动——在多种工作上发生的详细的工作行为类型；组织情景——影响人们如何工作的组织特征；工作情景——影响工作性质的物理或社会因素。

在 O＊NET 系统内，笔者没有发现直接对应的新媒体编辑职业，通过搜索"editor""network""new media""publisher""digital""desktop publisher"等关键字，找出三种类似新媒体编辑的职业描述，分别是"editor""film and video editor"和"desktop publisher"。提取重要程度超过60 的指标，以编辑为例，该职位的工作要求（包括工作任务、工作活动）、知识要求、任职者要求（包括工作技能、工作能力、工作风格、兴趣、职业价值观），如表3－2 所示。

表3－2　"editor"职业描述要点

	要点
工作要求（列出重要程度超过60 的前 10 项）	①读取内容以检测和纠正拼写、标点和语法中的错误； ②使用标准相关文件，来核对事实、日期和统计数据； ③阅读、评估和编辑提交供出版的手稿或其他材料，并与作者就内容、风格或组织或出版物的变化进行协商； ④根据读者或观众的兴趣编写故事或思想内容； ⑤准备、修改和编辑，以提高可读性，或监督其他做这项工作的人； ⑥监督出版物的制作，确保遵守最后期限和预算的要求； ⑦写文章，如故事、文章、社论或通讯稿； ⑧监督和协调记者和其他编辑的工作； ⑨与管理和编辑部成员针对发展中内容进行方向设置和重点的强调； ⑩根据出版物的风格、编辑政策和出版要求，规划出版物的内容

（续上表）

知识要求（列出重要程度超过60的项）	要点
	①英语知识； ②通信与媒体

工作技能要求（列出重要程度超过60的项）	要点
	①阅读理解能力； ②写作技能； ③灵敏的倾听技巧； ④批判思维； ⑤表达技巧； ⑥时间管理技巧

工作能力要求（列出重要程度超过60的前10项）	要点
	①书面语言的理解能力； ②书面语言的表达能力——通俗易懂； ③口头语言的理解； ④口头语言的表达； ⑤思维创造力——能够提出重要的出版选题； ⑥敏锐的观察能力； ⑦演讲辨识； ⑧演讲组织； ⑨灵活分类——用不同的方式组织归类材料； ⑩原创力——对既定的主题及状况提出别样的解决提升方案

工作风格要求（列出重要程度超过60的前10项）	要点
	①细致——工作过程从始至终都要保持认真仔细的态度； ②诚实——诚信、有责任心； ③合作——需要与工作中的其他人愉快相处，并具有友善的合作态度； ④适应性/灵活性——开放，以适应工作场所中相当多的变化。 ⑤可靠性——可信赖、负责、可靠并且能履行义务； ⑥承受压力——能够接受批评并沉着、有效地应对高压情境； ⑦首创精神——在工作中愿意承担责任和挑战； ⑧领导力——具备领导团队、承担责任、提供意见和决策的能力； ⑨创新——工作需要创造性和替代性思维； ⑩自我控制——能控制不满情绪、压抑情感表现，保持冷静

(续上表)

	要点
兴趣要求（列出重要程度超过60的项）	①艺术鉴赏能力； ②进取心
职业价值观要求（列出重要程度超过60的项）	①独立性——员工独立工作并能做出决定； ②成就感——结果导向，要求员工能发挥出自己的专长，使之具有成就感； ③识别能力——提供晋升机会、成为领导的潜力

按照同样的步骤，提取归纳"film and video editor"职业描述要点如表3－3所示。

表3－3 "film and video editor"职业描述要点

	要点
工作要求（列出重要程度超过60的前10项）	①根据脚本或导演、制片人的指示将原始素材组织成整体； ②审阅编辑好的胶卷或录像带，决定是否有更正的必要； ③将影片剪辑到指定长度，并对各片段的顺序进行排列以达到最佳叙事效果； ④选定声音、视觉特效和必要的配乐来完成影片； ⑤通过操作计算机编辑系统、电子登记系统、视频切换设备以及数字视频特效组件制作出最终影片； ⑥选择、拼接每个场景中最有表现力的镜头来组成一个有逻辑的、流畅的故事； ⑦使用编辑设备在影像、音频中加入配乐、对话和声音特效，保证影片连续性镜头，以及更正错误； ⑧在场景中的特定点来剪辑不同角度的镜头，使得每个切换尽可能流畅； ⑨为每一帧的特定镜头或者音乐作开始或结束标记； ⑩核实素材中的关键数字和时间代码

（续上表）

	要点
知识要求（列出重要程度超过60的项）	①媒体制作、传播学、传播方法与技巧的知识； ②计算机硬件软件的知识； ③生产与制作知识； ④英语知识
	要点
工作技能要求（列出重要程度超过60的项）	①灵敏的倾听技巧； ②理解能力； ③批判思维； ④表达技巧； ⑤时间管理技巧
	要点
工作能力要求（列出重要程度超过60的前10项）	①敏锐的观察能力； ②口头语言的理解； ③写作的理解； ④口头语言的表达； ⑤信息组织能力； ⑥演讲辨识； ⑦书面表达能力； ⑧思维创造力； ⑨原创能力； ⑩想象力
	要点
工作风格要求（列出重要程度超过60的前10项）	①细致——工作过程从始至终都要保持认真仔细的态度； ②可靠性——可信赖、负责、可靠并且能履行义务； ③合作——需要与工作中的其他人愉快相处，并具有友善的合作态度； ④适应性/灵活性——开放，以适应工作场所中相当多的变化； ⑤主动性——主动承担责任与挑战的意愿； ⑥承受压力——能够接受批评并沉着、有效地应对高压情景； ⑦坚持不懈——需要在挫折面前坚持不懈； ⑧诚实——诚信、有责任心； ⑨创新——工作需要创造性和替代性思维； ⑩领导力——具备领导团队、承担责任、提供意见和决策的能力

(续上表)

兴趣要求（列出重要程度超过60的项）	要点
	艺术鉴赏能力
职业价值观要求（列出重要程度超过60的项）	①独立性——员工独立工作并能做出决定； ②成就感——结果导向，要求员工能发挥出自己的专长，使之具有成就感； ③认可度——相应的尊重认可和社会地位

提取归纳"desktop publisher"职业描述要点如表3-4所示。

表3-4 "desktop publisher"职业描述要点

	要点
工作要求（列出重要程度超过60的前10项）	①进行初校及终校，并进行必要的更正； ②操作桌面出版软件和设备来设计、排版和制作可以量产的副本； ③通过各种数据库分析文本和艺术元素以更好地打进市场，通过使用不同的类型样式、尺寸和布局图案设计印刷品或网页，达到从视觉上吸引人的目的； ④使用计算机软件将各种类型的文件转换成适用于印刷或网络的文件； ⑤传送、发送或邮寄主要出版物以制作发行； ⑥研究版面布局或其他设计结构，以确定要完成的工作和操作顺序； ⑦使用扫描仪、相机、键盘或鼠标将数字化数据输入电子印前系统计算机内存； ⑧完成进行中的工作的可视化表示，以及整个过程中的说明和反馈，并根据需要进行修改； ⑨使用计算机软件从扫描或使用数码相机拍摄的照片中导入文字和艺术元素，如电子剪贴画或电子文件； ⑩用电脑软件准备可通过的排版草稿

（续上表）

	要点
知识要求（列出重要程度超过60的项）	①计算机软硬件知识； ②设计知识； ③英语知识； ④制作及推广
工作技能要求（列出重要程度超过60的项）	①批判思维； ②阅读理解； ③灵敏的倾听技巧； ④交流沟通； ⑤判断与决策； ⑥书名写作技巧； ⑦监督控制

	要点
工作能力要求（列出重要程度超过60的前10项）	①敏锐的观察能力； ②信息组织能力； ③形象化能力； ④书面理解； ⑤原创力——对既定的主题及状况提出别样的解决提升方案； ⑥灵活分类——用不同的方式组织归类材料； ⑦口头理解； ⑧感知速度； ⑨书面表达； ⑩问题敏感度

	要点
工作风格要求（列出重要程度超过60的前10项）	①细致——工作过程从始至终都要保持认真仔细的态度； ②合作——需要与工作中的其他人愉快相处，并具有友善的合作态度； ③可靠性——可信赖、负责、可靠并且能履行义务； ④创新——工作需要创造性和替代性思维； ⑤适应性/灵活性——开放，以适应工作场所中相当多的变化； ⑥主动性——积极主动承担责任和挑战的意愿； ⑦诚实——诚信、有责任心； ⑧分析思维——需要通过分析信息和使用逻辑来解决工作相关的问题和问题； ⑨自我控制——能控制不满情绪、压抑情感表现，保持冷静； ⑩抗压性——敢于接受批评，冷静和有效地处理高压力情况

(续上表)

兴趣要求（列出重要程度超过60的项）	要点
	艺术鉴赏能力
职业价值观要求（列出重要程度超过60的项）	成就感——结果导向，要求员工能发挥出自己的专长，使之具有成就感

将以上三个职业描述中重要度超过60的相同项进行合并整理和归纳，得出新媒体编辑在工作技能、工作能力、工作风格和工作活动方面的胜任特征要素，将具体要素归纳总结为"工作能力""职业技能""知识素养""工作风格"四类，见表3-5。

表3-5 基于O*NET工作分析系统获得的胜任特征要素

维度	具体要素
职业技能	细致观察、信息组织能力、书面理解、口头理解、思维创造力、书面表达、想象力、专注力、问题敏感度、口头表达
工作能力	阅读理解、倾听、分析判断、时间管理、批判思维、交流沟通、积极学习、协调能力
知识素养	网络技术、媒体制作与传播、制作推广、艺术感知、调查研究、客户服务、广泛涉猎
工作风格	注重细节、团队合作、诚实可靠、灵活性、主动性、创新性、抗压性、自控力、坚持不懈、独立性、领导力、成就感

第三节 基于网络招聘信息的数据补充

由于中美两国社会和文化的差异，中美两国的新媒体编辑工作也存在较大差别，从O*NET工作分析系统导出的新媒体编辑胜任特征要素不足以全面真实地反映我国目前新媒体编辑的胜任力。因此，本书还通过对我国出版企业新媒体编辑招聘信息的检索，从实践角度以出版单位对当前新媒体编辑岗位要求及胜任特征的需求进行补充总结，从岗位实际应用层面考察新媒体编辑人员的胜任力特征。

笔者从网站、报纸杂志上搜索筛选近期出版企业关于"数字出版编辑"

"电子音像编辑""网络编辑"等职位的招聘信息,汇聚关于岗位要求的高平词汇,进一步了解企业对新媒体编辑的职位要求,如表 3-6 所示是国内出版企业新媒体编辑岗位招聘广告示例。

表 3-6 国内出版企业新媒体编辑岗位招聘广告示例

职位名称	所属公司	职位描述	任职资格	来源
数字编辑（动画制作方向）	人教数字出版有限公司	①协助学科编辑进行各类动画资源的设计规划； ②在学科编辑协助下独立设计并制作各类型动画资源； ③协助资源中心总经理做好部门相关人员的动画制作培训工作； ④了解并掌握动画制作的前沿技术,为公司及部门推荐先进的动画制作工具	①统招本科及以上学历；动画制作、新媒体研发或其他相关专业； ②具备 3 年以上相关行业工作经验； ③熟练运用 Storyline、3Dmax、Premiere、Flash、Photoshop 等多种媒体开发软件； ④具有良好的沟通能力、学习能力及团队协作能力	猎聘网： https://www.liepin.com/
数字编辑（动画方向）	人教数字出版有限公司	①搜集、了解和研究国内外数字出版、数字资源的发展方向,为数字资源的规划、设计等提供相关技术支持； ②负责按时按质按量完成 H5、Flash、3D 等动画类数字资源的开发工作； ③在部门及数字小组安排下,协助相关学科小组开展数字资源规划、设计工作； ④负责参与公司相关数字产品资源设计、研制工作； ⑤完成领导交办的其他工作	①具有 2 年以上数字资源或数字产品开发工作经验；或具有 1 年以上中小学数字资源或数字产品开发经验； ②具有扎实的数字资源开发知识功底,熟悉各类数字资源的设计形态、开发流程； ③了解中小学数字出版领域及移动互联网时代数字资源的发展动态,并能与自己的工作实际相结合； ④熟练操作 Office 办公软件,熟练掌握 Storyline、Flash、Unity、3Dmax 等动画制作软件	猎聘网： https://www.liepin.com/

(续上表)

职位名称	所属公司	职位描述	任职资格	来源
数字出版策划编辑	华中科技大学出版社有限责任公司	①根据国内和国际市场需求，结合本社数字资源的特点，策划开发有市场需求的数字出版产品；②与相关数字出版平台和人员配合，进行数字出版物的新媒体营销和相关活动策划；③策划与本社教材相关的数字资源微课慕课，提出制作需求与制作组协同完成资源开发；④数字出版物的初审、复审工作；⑤数字出版平台的需求调研和执行方案编写；⑥分社安排其他工作	①2年以上相关工作经验，本科以上学历，传媒计算机出版类专业；②熟悉各类文档和图像处理软件，有较强的文字处理能力与表达能力；③工作积极主动，思维活跃，有创新意识；④具备出版专业从业资格证，有相关数字出版从业经验者优先	智联招聘 http://www.zhaopin.com/
数字出版编辑	北京师范大学出版社（集团）有限公司	①协助策划编辑对分社图书进行数字出版内容的整理和编辑，对各类资料信息进行收集、整理、分类、编目、保存，确保文件管理的规范性；②撰写有关应用推广、媒体宣传等文字材料	①编辑出版相关专业，本科及以上学历；②具备相关的学科知识和能力，熟练掌握数据库、网络技术；③具备较强的文字写作能力；④热爱图书出版工作，善于合作	智联招聘 http://www.zhaopin.com/

(续上表)

职位名称	所属公司	职位描述	任职资格	来源
数字出版编辑	高等教育出版社	①负责人文社科领域多学科门类学术资源库的策划、研发工作;②负责学术工具和其他新形态学术电子产品的研发工作;③熟悉和了解数字出版业务,有学术资源库、学术工具、资源平台等产品的研发与运营经验者;④熟悉和了解编辑业务,有图书策划、编辑、出版工作经验者	①所学专业:人文社科类专业;②教育程度及相关工作经验:硕士以上(含)学历,有数字出版经验及编辑工作经验者优先;③年龄:35岁以下;④基本素质:对互联网技术和新媒体有一定了解;对学术图书、学术交流、学术研究等工作有兴趣;有扎实的文字功底;有一定的编辑加工能力;⑤工作态度与能力:具有较强的开拓精神,认真细致,团队合作意识强,善于沟通、协调	智联招聘 http://www.zhaopin.com/
数字编辑	人民交通出版社股份有限公司	从事数字出版项目市场调研、策划、生产制作与管理、营销推广,数字平台维护及资源建设工作	土木工程、水运类、汽车、交通运输、计算机等相关专业,硕士及以上学历,担任学生干部或有相关实习经验者优先	智联招聘 http://www.zhaopin.com/
数字出版编辑	知乎	①负责电子书的选题并提交选题策划方案;②与作者进行沟通,推进作者写作,跟进电子书上架;③分析图书相关卖点,写出相应推广文案;④参与优化知乎数字出版相关工作	①3年以上工作经验;②有图书策划公司或知名出版社的图书策划工作经验;③有独立跟进项目的经验;④对电子书市场的主流和趋势有一定的了解	拉勾网:https://www.lagou.com/

（续上表）

职位名称	所属公司	职位描述	任职资格	来源
电子图书编辑	上海幽幽网络通讯科技有限公司	①负责电子书的编辑整理工作，日常工作是整理编辑、修改、改写文字资料；②全部工作针对数字图书等数字内容	①正规院校专科以上学历；一年以上编辑经验，具备过硬的编辑功底；②热爱编辑工作，知识面广，对文字敏感，热爱编辑事业；③具有严谨的工作作风和较强的工作责任感；④有进取心和执着的精神，能够承受一定的工作压力和挑战	领英网 https://cn.linkedin.com/
数字图书编辑	创而新（北京）教育科技有限公司	①负责儿童数字阅读产品的脚本设计与内容制作；②配合产品制作，撰写排版脚本编写并负责跟进实施，包括内容审校、设计制作等；③配合完成产品制作、数据维护及测试	①大学本科（含）以上学历；学前教育、编辑出版、教育学、心理学、中文、英语等专业毕业；②有扎实的文字功底和编校技能，对新媒体、网络技术、教育技术感兴趣；③学习能力强，思维活跃，富有责任心，做事细心、有条理；④擅长表达与沟通，协调能力强，富有团队精神，能承受工作压力	智联招聘 http://www.zhaopin.com/

研究发现，企业对新媒体编辑职位描述和岗位要求大致有相同点。可归纳以下对于该职位之共性要求的高频关键词。

（1）有较强的文字表达能力。需具有良好的文笔，扎实的文字功底，能撰写相关文案。

（2）有较强的口语表达能力。

（3）有良好的沟通能力。能与客户、所负责项目的相关工作人员进行有效沟通。

（4）有良好的协调能力。能够协调相关部门人员完成出版项目。

（5）需有敏捷之思维，能够随机应变。

（6）逻辑思维要强，能有条不紊地推动相关项目的进行。

（7）执着于细节，追求完美。

（8）有耐心。

（9）知识面广，爱好广泛。

（10）具有一定的专业知识背景。

（11）具有较强的责任感，踏实做事。

（12）有团队协作意识，能与团队展开高效的合作。

（13）热爱编辑工作，对其富有热情。

（14）敏感。善于发掘相关领域优秀的作者作品资源，有前瞻性。

（15）自主思考的能力，能独立完成相关项目工作。

（16）有创新意识。

（17）熟悉相关市场状况，以便更好地推广产品。

（18）策划能力强。

（19）能承受一定的工作压力。

（20）熟悉相关的办公软件（如PPT、Word等）、图像处理软件（如Photoshop、Illustrator等）。

（21）学习能力强。

其中文字表达能力、口语表达能力、敏感与表3-5中职业技能相关特征要素高度类似或重合；沟通、协调、学习能力、逻辑思维与表3-5中工作能力相关特征要素高度类似或重合；专业知识背景、熟悉市场、知识面广、熟悉相关业务软件与表3-5中知识素养相关特征要素高度类似或重合；执着细节、创新意识、承受压力、自主思考、踏实做事与表3-5中工作风格相关特征要素高度类似或重合。这些高频关键词从侧面反映了前述研究所得的胜任特征要素的合理性。

第四节　新媒体编辑胜任力特征要素的最终确立

在新媒体编辑胜任力要素收集确定的过程中，业界高端访谈是十分必要和具有决定意义的。被访者的从业经验非常丰富，对出版行业的各个流程、岗位以及工作性质、要求、目标都十分了解，特别是对新媒体编辑工作有着切身的管理和实操经验。本研究使用针对出版业高端人士的深度访谈来收集调整有关新媒体编辑胜任特征要素，筛选了 10 位业界极具代表性的对象，具体情况如表 3-7 所示。

表 3-7 业界高端访谈对象情况表

序号	年龄/岁	性别	工作单位	职务	职称	学历	工作年限/年
1	43	男	某中央部委出版社	社长	编审	大学本科	20
2	50	男	某大型专业出版社	数字部门总监	副编审	大学本科	28
3	44	男	某高校出版社	副社长	副编审	大学本科	21
4	39	女	某出版集团数字公司	副总经理	副编审	大学本科	17
5	38	女	某大型互联网公司	部门总监	高级经济师	硕士	13
6	42	男	某电子音像出版社	副总编	副编审	博士	20
7	44	男	某教育出版社	副总编	编审	大学本科	20
8	43	男	某大型专业出版社	数字部门副主任	高级经济师	硕士	20
9	35	男	某上市数字教育公司	数字部门总监	经济师	硕士	10
10	45	女	某专业传媒集团	副总编	副编审	大学本科	22

在访谈前，首先对被访者做了比较细致的前期了解，准备有针对性的提问与引导，尽量避免访谈过程中出现不相关的主题和不必要的重复。在访谈过程中，要求他们提出自己认为新媒体编辑所需要的特征要素，并让受访者对表 3-5 的胜任特征要素进行完善和补充。

通过访谈，受访者提出几点新的意见：①对于具体要素的分类划分提出改进意见；②提出新的新媒体编辑胜任特征要素；③对原先的要素进行了合并整理。国内业界高端人士也高度认同大数据时代新媒体编辑应该具备的"新媒介素养"，主要应该包括评判新媒介、新技术的新态度，运用新媒介、新技术的新技能，获取、解读、运用数据信息的新能力以及较高的职业伦理道德标准。同时新媒介素养指的是一种能力，一种适应新的媒介环境以及社会关系变化所应该具备的能力。另有业界高端人士提出新媒体素养涵盖基本的技术能力、文本内容生产与创造能力、信息搜索与选择能力、新媒体信息的评价能力、新媒体使用过程中的自我管理能力等，相应的指标为认知力、解读力、批判力、参与力、创造力。在认真汲取和综合高端访谈中的关键意见后,最终形成新媒体编辑初始胜任力特征要素表,如表3-8所示。

表3-8 新媒体编辑初始胜任力特征要素表

维度	具体要素
新媒介素养	信息组织能力
	批判思维
	决策判断
	跨媒体导航能力
	新媒体内容加工制作能力
	新媒体质量把控能力
	新媒体技术手段
专业技能	书面表达
	阅读理解
	制作与传播
	客户服务
	口头理解
	思维创造力
	问题敏感度
	广泛涉猎
	调查研究
	领导力
	细致观察
职业素质	时间管理
	交流沟通
	积极倾听
	主动学习
	协调能力
	注重细节
	灵活性
	主动性
	独立性
	想象力

（续上表）

维度	具体要素
人格特质	专注力
	艺术感知
	诚实可靠
	抗压性
	坚持
	自控
	成就感

接着对各项要素指标进行诠释和定义。这些胜任力特征要素的定义标准来自以下几个来源。

（1）根据前期的文献整理，搜寻国内外已有研究中给出的相关定义，尤其是被权威认可的定义。

（2）Spencer（1993）胜任力素质辞典、Hay McBer（2000）公司胜任力素质通用辞典。

（3）维基百科的定义参考。对有争议的定义参考百度百科，并有选择地进行保留。

（4）行业高端人士的理解和经验。

（5）专家的讨论意见。

最后形成《新媒体编辑胜任特征要素辞典》，有关内容要点如表3-9所示。该辞典所覆盖的新媒体编辑胜任特征要素信息丰富，揭示了我国目前广大出版企业对新媒体人才能力、知识、素养需求的整体框架，为后续建立新媒体编辑胜任力模型打下了坚实的基础。

表3-9 《新媒体编辑胜任特征要素辞典》内容要点

名称	定义
信息组织能力	组织实施各种信息活动的能力，包括信息感知、传输、处理和决策应用能力，即组织获取信息、处理信息、利用信息和创造信息的能力
批判思维	使用逻辑和推理方法来分析可供选择的解决方案、结论或是问题解决方法的优缺点
决策判断	通过分析信息和评估解读，制定解决问题的最优方案

（续上表）

名称	定义
跨媒体导航能力	在不同的信息格式以及信息渠道中获取自己想要的信息
新媒体内容加工制作能力	运用新媒体制作工具和技术手段对内容进行编辑加工
新媒体质量把控能力	对新媒体产品内容质量的把关，控制在一定范围和标准内
新媒体技术手段	基于互联网技术下的新媒体技术工具和方法
书面表达	通俗易懂的书面语言表达能力
阅读理解	阅读和理解与工作相关的文档中所呈现的书面语句和段落、信息与观点的能力
制作与传播	熟悉新媒体产品生产流程、成本和其他最大限度的有效制造和分销的能力
客户服务	在所有编辑活动期间一切活动围绕客户展开，以客户需求为出发点和目的地
口头理解	通过口头表达的单词和句子，倾听和理解他人提供的信息和想法的能力
思维创造力	思维活动的创造意识和创新精神，不墨守成规、奇异、求变，表现为创造性地提出问题和创造性地解决问题
问题敏感度	能够快速指出可能出现的错误，意识到可能会有的问题的能力
广泛涉猎	具备与工作相关的多方面知识
调查研究	深入现场进行考察，以探求客观事物的真相、性质和发展规律的能力
想象力	在已有形象的基础上，在头脑中创造出新形象的能力
细致观察	在接近的范围进行仔细观察
时间管理	管理自己及他人的时间
交流沟通	在事实、情感、价值取向和意见观点等方面采用有效且适当的方法与对方进行沟通和交流的能力
倾听能力	听者将言者口语表达的信息在脑中转换成意义的能力
学习能力	理解用于当前和今后解决问题和制定决策的新信息的含义。掌握最新技术并将新知识应用在工作中

（续上表）

名称	定义
协调能力	熟悉并善于运用各种组织形式，善于用权，指挥自如，控制有方，协调人力、物力、财力，以获得最佳效果
注重细节	关注工作流程中的每一个环节，确保每一阶段任务达成
灵活性	能够调整策略以适应环境需要
主动性	主动自发意识，并积极主动开展工作
独立性	形成自己独特的处理问题的方式，能在无人监督的情况下进行自我指导、独立解决问题
领导力	具备领导团队、承担责任、提供意见和决策的意愿
专注力	能够在一段时间内集中精神完成一项任务而不分心
艺术感知	对文学、音乐、舞蹈、戏剧、雕塑等视觉艺术作品有鉴赏品味的能力
诚实可靠	人品正直，具有强烈的道德感
抗压性	能够接受批评并沉着有效地应对高压情景
坚持	坚持不懈地做某件事而且耐力十足
自控	在遭受诱惑、阻力、敌意、压力时，保持冷静、抑制负面情绪和行动的能力
成就感	满足以结果导向的工作价值观，在工作中获得满足感和成就感

本章综合运用文献分析法、O∗NET工作分析法、高端访谈等，在立足于国内外最新研究成果的基础上收集大量具有实践指导意义的资料，并结合深度访谈和网络数据挖掘建立了35项胜任力特征要素。这35项胜任力特征要素可归为四大类目，即新媒介素养、专业技能、职业素质和人格特质。

其中，新媒介素养包括信息组织能力、批判思维、决策判断、跨媒体导航能力、新媒体内容加工制作能力、新媒体质量把控能力、新媒体的技术手段等7项胜任力特征要素。专业技能包括书面表达、阅读理解、制作与传播、客户服务、口头理解、思维创造力、问题敏感度、广泛涉猎、调查研究、领导力、细致观察等11项胜任力特征要素。职业素质包括时间管理、交流沟通、积极倾听、主动学习、协调能力、注重细节、灵活性、主动性、独立性、想象力等10项胜任力特征要素。人格特质包括专注力、艺术感知、诚实可靠、抗压性、坚持、自控、成就感等7项胜任力特征要素。

第四章 新媒体编辑胜任力模型的构建与验证

在第三章中我们通过《新媒体编辑胜任特征要素辞典》的编制，获得了新媒体编辑胜任力的基本素质要求，接下来本章将通过预试研究和正式研究两个阶段的问卷调查和专家小组讨论，从来自我国十几个省市地区500多名新媒体编辑的实际调查数据分析研究建立并验证新媒体编辑胜任力模型。

第一节 新媒体编辑胜任力模型的预试

本节将通过预试研究，从纵深的专家角度和来自业界的数十位新媒体编辑问卷调查结果两方面来进行模型构建和验证，最终确立正式的新媒体编辑胜任力模型。

一、预试模型的建立

专家小组讨论是构建胜任力模型的常用方法，该方法由领域内权威专家组成专家小组，对每一个胜任特征要素进行详细分析和对比，由专家小组经过几轮的删除和合并后获得胜任力模型。

问卷调查是胜任力模型构建中另一个常用的方法。在专家小组讨论法构建出的初步模型上，应用严格设计的心理测量问卷调查抽样样本，以大量数据为基础经过因素分析和信度、效度检验等数据处理方法验证和进一步修正模型。预试研究中使用的数据分析法主要包括描述性统计、差异检验和探索性因素分析。

专家的经验和知识水平对模型的构建有着非常重要的意义。为确保本研究的总体水平，在新媒体编辑胜任力模型的构建阶段，加入了更多的人力资源管理、企业管理咨询、高等院校学者和新媒体编辑部门具体管理者，通过筛选最终选取16位专家组成专家小组，具体如表4-1所示。

表 4-1 专家小组成员情况表

序号	年龄/岁	性别	工作单位	职务	职称	学历	工作年限/年
1	50	男	某中央出版社	数字出版总监	高级经济师	大学本科	28
2	35	男	某高校出版专业	教师	讲师	博士	7
3	44	男	某高校出版社	副社长	副编审	大学本科	21
4	39	女	某出版集团数字公司	副总经理	副编审	大学本科	17
5	38	女	某大型互联网公司	人力资源总监	一级人力资源管理师	硕士	13
6	42	男	某电子音像出版社	人事部经理	二级人力资源管理师	硕士	17
7	44	男	某教育出版社	副总编	编审	大学本科	20
8	43	男	某大型专业出版社	数字部门副主任	高级经济师	硕士	20
9	40	男	某大学新传学院	副院长	副教授	博士	14
10	50	男	某大型专业出版社	数字部门总监	副编审	大学本科	28
11	42	男	某企业咨询公司	副总经理	高级经济师	硕士	16
12	46	女	某上市出版集团	人力资源总监	高级经济师	硕士	23
13	40	女	某知名招聘网站	部门主任	二级人力资源管理师	硕士	15
14	35	男	某上市数字教育公司	数字部门总监	经济师	硕士	10
15	53	女	某大学编辑出版系	系主任	教授	博士	25
16	45	女	某专业传媒集团	人力资源副总监	一级人力资源管理师	大学本科	22

本研究首先向专家小组详细汇报了研究的背景、意义、目的及最新进展，包括最终形成的《新媒体编辑胜任特征要素辞典》。专家小组对35项胜任力特征要素的重要性进行评分，剔除其中重要性得分最低的要素，如表4-2所示。

表4-2 新媒体编辑胜任力特征及其重要性（专家反馈平均值）

维度	具体项目	重要性
新媒介素养	信息组织能力	5.25
	批判思维	3.5
	决策判断	5.5
	跨媒体导航能力	4
	新媒体内容加工制作能力	4.125
	新媒体质量把控能力	5
	新媒体技术手段	4.125
专业技能	书面表达	4.875
	阅读理解	5
	制作与传播	3.875
	客户服务	3.75
	口头理解	3.625
	思维创造力	5.25
	问题敏感度	4.625
	广泛涉猎	3.75
	调查研究	4.375
	领导力	4
	细致观察	4.75
职业素质	时间管理	5.25
	交流沟通	5.25
	积极倾听	5.125
	主动学习	5.5

（续上表）

维度	具体项目	重要性
职业素质	协调能力	4
	注重细节	4.25
	灵活性	4.25
	主动性	4.875
	独立性	4.125
	想象力	3.875
人格特质	专注力	5.625
	艺术感知	4.125
	诚实可靠	5
	抗压性	4.75
	坚持	5.5
	自控	4.875
	成就感	4.75

注：重要性最高等级为6，最低为1。

从表4-2可以看出，新媒介素养：决策判断＞信息组织能力＞新媒体质量把控能力＞新媒体内容加工制作能力＝新媒体技术手段＞跨媒体导航能力＞批判思维。专业技能：思维创造力＞阅读理解＞书面表达＞细致观察＞问题敏感度＞调查研究＞领导力＞制作与传播＞客户服务＝广泛涉猎＞口头理解。职业素质：主动学习＞时间管理＝交流沟通＞积极倾听＞主动性＝想象力＞灵活性＝注重细节＞独立性＞协调能力。人格特质：专注力＞坚持＞诚实可靠＞自控＞抗压性＝成就感＞艺术感知。

根据专家评议结果，将预试模型的基本胜任特征重要性较差的要素进行删减，调整为4个维度31项内容。其中"新媒介素养"中删减"批判思维"，"专业技能"中删减"口头理解"，"职业素质"中删减"想象力"，"人格特质"中删减"艺术感知"，如表4-3所示。

表4-3 预试模型结构与胜任特征内容

维度	具体要素
新媒介素养	信息组织能力
	决策判断
	跨媒体导航能力
	新媒体内容加工制作能力
	新媒体质量把控能力
	新媒体技术手段
专业技能	书面表达
	阅读理解
	制作与传播
	客户服务
	思维创造力
	问题敏感度
	广泛涉猎
	调查研究
	领导力
	细致观察
职业素质	时间管理
	交流沟通
	积极倾听
	主动学习
	协调能力
	注重细节
	灵活性
	主动性
	独立性

（续上表）

维度	具体要素
人格特质	专注力
	诚实可靠
	抗压性
	坚持
	自控
	成就感

为使模型更为完整，专家小组对构成预试模型的31个胜任特征要素进行了定义和行为指标等级的划分和描述，构成预试研究调查问卷的核心部分。

二、预试模型问卷调查及结果分析

为保证预试调查问卷的有效性，在问卷初稿编制过程中做了大量基础性工作。最终对预试模型中31个特征分别拟定了1~2个对应题目，共计35道题，评分的等级对应行为指标的5个等级。问卷采用李克特量表，1为"完全不符合"，2为"基本不符合"，3为"中性"，4为"基本符合"，5为"完全符合"，预试模型调查问卷见附录1。

预试中的被试者采用目的性的抽样方法，取样时间为2017年11月。共发放问卷50份，回收有效问卷48份，问卷有效率为96%。被试新媒体编辑主要来自广东、北京、上海等省市的出版企业。

预试结果如下。

（1）重要度分析。

进行重要度分析的目的是保证问卷中的题目对于所研究的问题都是重要的。对某一道题所有被试者得分计算均值，得到该题的分值假定为该胜任特征的重要度。结果显示，35道题重要度范围为3~4.35。反映出，实际工作中被试者对题项所代表的构成预试模型的各胜任特征都认为比较重要。表4-4是问卷调查中特征重要性均值排序的数据。

表4-4 预试模型问卷调查的胜任特征具体项目及重要性

具体项目	重要性
阅读理解	4.22
主动学习	4.19
诚实可靠	4.14
书面表达	4.13
信息组织能力	4.09
决策判断	4.07
主动性	4.07
注重细节	4.04
客户服务	4.03
积极倾听	4.03
独立性	4.01
调查研究	4
灵活性	4
坚持	4
成就感	4
广泛涉猎	3.99
细致观察	3.99
协调能力	3.99
时间管理	3.96
抗压性	3.94
交流沟通	3.93
思维创造力	3.88
领导力	3.88
自控	3.87
问题敏感度	3.86
专注力	3.83

(续上表)

具体项目	重要性
跨媒体导航能力	3.75
新媒体内容加工制作能力	3.7
制作与传播	3.64
新媒体技术手段	3.59
新媒体质量把控能力	3.33

注：重要性的最高等级为 5，最低为 1。

通过表 4 - 4 与表 4 - 2 的对比可知，在排名前十中，"决策判断""主动学习""信息组织能力"出现在专家小组的胜任特征重要性评级中，以及问卷调查被试编辑的判断中。这从一定程度上反映出新媒介素养和职业素质对新媒体编辑工作的影响程度尤为突出。

（2）项目分析。

为初步考察"新媒体编辑胜任特征测评问卷（预试稿）"编制情况，本研究对问卷进行了项目分析，项目分析通常可采用区分度和鉴别指数两种指标，本研究采用的是鉴别指数。其过程是将被试者按照测验的总分由高到低排序，然后取得分最高的前 27% 的个体作为高分组，得分最低的后 27% 的个体作为低分组，分别计算高分组与低分组之差作为该项目的鉴别指数。

研究通过独立样本 t 检验得到预测问卷中所有 35 道题目的鉴别指数都小于 0.01，达到了非常显著的水平。说明预测问卷中的题目辨别力很高，不需要删除项目。

由于社会调查问卷并非严格意义上的心理量表，心理测量学的技术和方法并不完全使用。特别是本研究中，所要调查的内容可能都是新媒体编辑胜任工作岗位所必需的素质与要求，只是重要的程度不同而已。因而在对项目进行筛选时，本研究认为不能单纯依赖各项目分析的指标值，必须同时结合具体的调查内容进行综合分析。

（3）探索性因素分析。

探索性因素分析（exploratory factor analysis）主要目的是通过寻找或确定几个较少的假想"因子"来反映多个观测变量中蕴含的大部分信息，从而浓缩或化简观测数据。浓缩后的因子代表了数据间的基本结构，通过得到的因子估计值使研究者更方便地掌握数据的本质特质以及因子和观测变量之间的关系。

①因素分析的可行性检验。在对数据进行因素分析之前，必须先检验因素分析的可行性。由于因素分析要从许多变量中提取共同因素，其默认的前提条件是各变量间必须具有相关性，否则各变量之间没有共享信息，就不应当有公因子需要提取。这是因素分析最严格的前提要求。在该条件的具体判断上，通常使用 KMO（Kaiser-Meyer-Olkin）统计量检验统计量是用于比较变量间简单相关系数和偏相关系数的指标。主要应用于多元统计的因子分析。KMO 统计量取值在 0 和 1 之间。一般来说，KMO 检测值越接近于 1，测量变量间的相关性就越强，原有变量就越适合作因子分析。Kaiser 给出 KMO 常用的度量标准是：0.9 以上表示非常适合，0.8 表示适合，0.7 表示一般，0.6 表示不太适合，0.5 以下表示极不适合，而当 Bartlett 统计值的显著性概率小于或等于 0.01 时，相关矩阵不是单位矩阵，可做因子分析。① 检验结果如表 4–5 所示。

表 4–5 KMO 和 Bartlett 检验结果

Kaiser-Meyer-Olkin Measure lf Sampling Adequacy		0.838
Bartlett test of sphericity	Approx，Chi – Square	2 057.126
	df	595
	sig.	0

由表 4–5 可知，本问卷 KMO 样本测度为 0.838，Bartlett 球体检验值为 2057.126，显著性概率 $P=0<0.01$，说明问卷变量存在相关性，可以进行因子分析。

②因素分析。对 35 个项目进行探索性因素分析，使用主成分分析（principal factor analysis，PFA）提取特征根大于 1 的因素；同时选取因素负荷水平在 0.4 以上。结果显示：特征根大于 1 的因素有 4 个，总方差累计贡献率为 73.195%。从图 4–1 的碎石图中可以发现，自第 5 个因素或者第 6 个因素以后，坡度线甚为平坦，因而保留 4～5 个因素较为适宜。这与预试模型在一定程度上具有较大的相似性。

---

① 薛薇. 基于 SPSS 的数据分析［M］. 北京：中国人民大学出版社，2006.

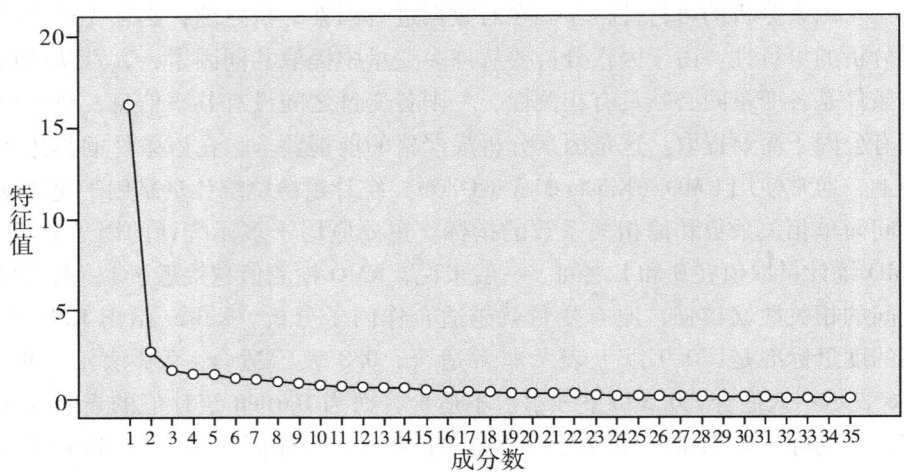

图4-1 预试研究的因素分析碎石图

随后参照上述分析结果,对项目进行大规模筛选,剔除交叉负荷的项目,保留相关性较大的项目,并多次使用因素分析对数据进行处理,得到表4-6和表4-7。

表4-6 各因子的特征值及方差解释量

因子	特征值	方差解释量/%	累计方差解释量/%
1	11.376	29.788	29.788
2	3.011	16.545	46.333
3	2.607	14.602	57.935
4	2.347	12.260	73.195

表4-7 因子负荷及公因子方差

项目	各因子负荷				共同度
	F1	F2	F3	F4	
$a17$	0.720				0.680
$a3$	0.710				0.741
$a4$	0.705				0.724
$a18$	0.654				0.456
$a6$	0.578				0.792

（续上表）

项目	各因子负荷				共同度
	F1	F2	F3	F4	
$b9$		0.861			0.798
$b14$		0.824			0.683
$b13$		0.810			0.740
$b11$		0.739			0.650
$b15$		0.724			0.787
$b10$		0.658			0.597
$b16$		0.643			0.693
$b2$		0.618			0.552
$c26$			0.821		0.726
$c25$			0.800		0.703
$c19$			0.786		0.692
$c23$			0.780		0.656
$c22$			0.775		0.812
$c21$			0.755		0.612
$c20$			0.751		0.673
$c24$			0.743		0.656
$c28$			0.684		0.719
$c27$			0.620		0.535
$d32$				0.767	0.751
$d33$				0.740	0.740
$d31$				0.729	0.759
$d29$				0.720	0.708
$d35$				0.673	0.748
$d34$				0.621	0.719

将原来 35 个子测试项目分别归属于对应载荷最大的因子，并被归为 4

个不同的因子，因子在各测试项目上的载荷在 0.5~0.9，具体如表 4-8 所示。

表 4-8 因素构成表

因素	所代表的胜任特征
因素 1	信息组织能力、新媒体内容加工制作能力、新媒体技术手段、新媒体质量把控能力、跨媒体导航能力
因素 2	阅读理解、问题敏感度、思维创造力、客户服务、广泛涉猎、制作与推广、调查研究、细致观察
因素 3	主动性、灵活性、时间管理、协调能力、主动学习、积极倾听、交流沟通、注重细节、独立性、领导力
因素 4	抗压性、坚持、诚实可靠、专注力、成就感、自控

通过预试研究，可以看出：①进行因素分析时，各因素代表的胜任特征整体分布较为平均，因此在选取主成分因子时，抽取了 4 个因子。②通过预试问卷调查对所提出的模型进行了验证。首先，重要度和差异检验的结果在一定程度上验证了构成预试模型的胜任特征指标都具有巨大的区分性，能够很好地区分优秀编辑和一般编辑。其次，问卷调查结果与预试模型的模型框架假设基本上具有相似性，如模型划分的维度数量、胜任特征的重要性指标等。说明预试模型对新媒体编辑胜任特征的整体结构和关系具有一定的解释力。③虽然预试研究的因素分析结果较为粗略，但是预试研究中问卷调查所反映的实际情况与构建的预试模型仍然有一定差异，具有一定的启示性。

第二节 新媒体编辑胜任力模型的建立

针对预试研究结果所反映出来的问题，再次请专家小组对新媒体编辑胜任特征模型进行构建研究和讨论。为保持研究的一致性，专家小组成员与预试研究的人员构成保持了一致性。专家小组将预试研究的问卷调查结果与预试模型进行了比较分析，经过多轮次反复讨论，专家对预试问卷和模型进行了重新调整和修订，主要包括：①对具有多重含义的胜任特征和部分特殊因子进行拆分，对部分意义接近的胜任特征进行了合并。②对调查问卷中工作年限、职称、工作类别等方面进行了适当的增加调整。③对胜任特征模型的内容维度重新划分。由此生成《新媒体编辑胜任特征测评正式问卷》，见附录二。

正式研究采用目的性抽样方法。取样时间为 2017 年 12 月至 2018 年 1 月。笔者进一步考虑到了样本选择的范围、地域、性别、企业类型等因素后，选取的出版企业兼顾南北地域差异和所有制差异。参加问卷调查工作的出版单位既有传统国有电子音像出版社、大型出版集团属下数字出版公司、传统出版社数字出版和营销部门，又有民营互联网出版企业、数字教育上市公司等，地域包括广东、北京、上海、浙江、湖北、湖南、辽宁、天津、江苏、四川、重庆、陕西、云南、广西、福建、河南、山西等省市区。主要通过微信问卷星方式发放问卷进行填写提交，共收到有效问卷 502 份。其中，男女比例为 1∶1.32，年龄范围在 22～60 岁，本科以上学历占被试比例的 88%，具有中级职称人数占总被试比例的 55%。

正式研究使用项目分析、探索性因素分析、信度检验、效度检验等方法。数据处理工具为 SPSS 24.0。

（1）项目分析。

与预试研究方法基本一致，不再详细重复。通过独立样本 t 检验方法考察了问卷各题的鉴别力，结果显示所有 35 道题的 t 值都小于 0.01，达到了非常显著的水平，说明正式研究中的题目辨别力很高，不需要删除题项。

（2）探索性因素分析。

使用探索性因素分析检验问卷的结构效度。

①因素的提取。对 35 个项目进行探索性因素分析，使用主成分分析、方差极大法、旋转方法抽取因素。因素分析以特征值大于 1 为因素提取的基本原则，辅以总解释率和陡阶检验来确定因素数目。题项删除的标准为：①共同度小于 0.3；②最大载荷值小于 0.4；③删除有一项至两项组成的维度。进过 3 次探索，最终获得 3 个因素，总共能够解释 62.304% 的变异。3 个因素结构清晰，各题项均在相应因素张具有较大载荷，处于 0.618～0.845。具体结果如表 4-9 至表 4-11 所示。

表 4-9 各因子特征值及其方差解释量

因子	特征值	方差解释量/%	累计方差解释量/%
1	8.215	45.637	45.637
2	1.874	10.410	56.047
3	1.126	6.257	62.304

在图 4-2 中，横坐标为因子数目，纵坐标为特征值。可以看到第 1 个因子特征值很高，对解释原有变量的贡献最大，第 3 个以后的因子特征值都小于 1，对解释原有变量的贡献很小，因此提取 3 个因子是合适的。

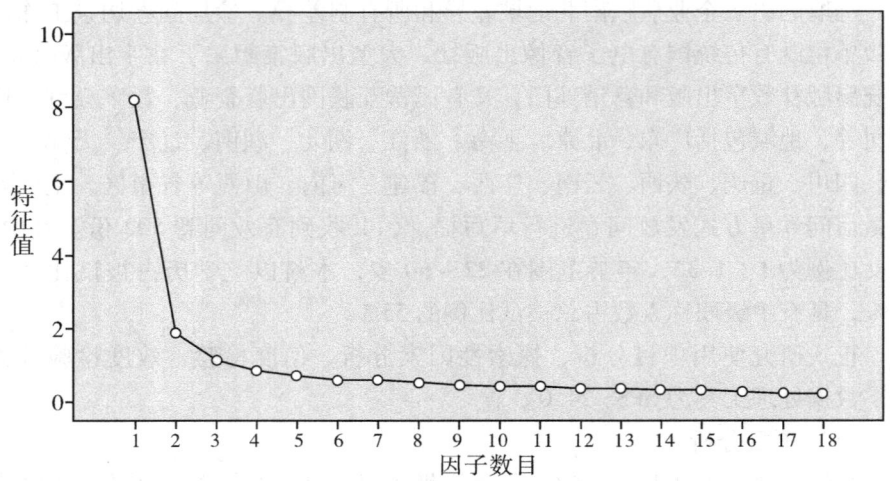

图 4-2　因素分析碎石图

表 4-10　公因子方差

因子	初始值	共同度
新媒体内容加工制作能力	1.000	0.737
新媒体质量把控能力	1.000	0.764
新媒体技术手段	1.000	0.760
书面表达	1.000	0.525
制作与推广	1.000	0.627
口头理解	1.000	0.603
思维创造力	1.000	0.650
广泛涉猎	1.000	0.579
倾听能力	1.000	0.555
学习能力	1.000	0.565
注重细节	1.000	0.633
灵活性	1.000	0.625
领导力	1.000	0.451

（续上表）

因子	初始值	共同度
诚实可靠	1.000	0.612
抗压性	1.000	0.687
坚持	1.000	0.691
自控	1.000	0.557
成就感	1.000	0.596

表4–11 各因子载荷

因子	各因子载荷		
	1	2	3
坚持	0.787	0.213	0.160
抗压性	0.786	0.251	0.080
成就感	0.746	0.161	0.113
注重细节	0.721	0.325	0.081
自控	0.708	0.073	0.226
灵活性	0.690	0.362	0.130
诚实可靠	0.689	0.369	0.036
积极倾听	0.650	0.314	0.186
主动学习	0.649	0.333	0.183
口头理解	0.298	0.714	0.064
思维创造力	0.267	0.698	0.301
书面表达	0.285	0.664	0.056
制作与推广	0.242	0.635	0.406
广泛涉猎	0.308	0.628	0.301
领导力	0.212	0.618	0.153
新媒体技术手段	0.214	0.012	0.845
新媒体质量把控能力	0.127	0.356	0.788
新媒体内容加工制作能力	0.129	0.339	0.778

②因素的确定与命名。对探索性因素分析所得的因素载荷矩阵进行分析,发现因子一的项目是由原预试研究中因素3职业素质和因素4人格特质合并构成的;因子二是原预试研究中的因素2专业能力;因子三是原预试研究中的因素1新媒介素养,因此对各因子进行命名如表4-12所示。

表4-12 新媒体编辑胜任特征因素构成表

因子	胜任特征								
人格特质与职业素质	坚持	抗压性	成就感	注重细节	自控	灵活性	诚实可靠	积极倾听	主动学习
专业能力	口头理解	思维创造力	书面表达	制作与推广	广泛涉猎	领导力			
新媒介素养	新媒体技术手段	新媒体质量把控能力	新媒体内容加工制作能力						

第三节 新媒体编辑胜任力模型的验证

用SPSS 24.0统计软件对数据进行统计处理,检验结果如表4-13所示。

表4-13 KMO和Bartlett检验结果(正式)

Kaiser-Meyer-Olkin Measure lf Sampling Adequacy		0.966
Bartlett test of sphericity	Approx, Chi-Square	1 118.363
	df	595
	sig.	0

由表4-13可知,KMO=0.996非常适合做因素分析,在Bartlett检验中,$p<0.01$,球形假设被拒绝,说明各变量之间并非独立,取值互相有关。

本研究采用克隆巴赫一致性系数检验问卷的信度。检验结果表明,各因素的克隆巴赫一直性系数为0.825~0.916,整个问卷的克隆巴赫一致性系数为0.926,表明该问卷的信度达到统计学标准,测量的结果是可靠的,如表

4-14 所示。

表 4-14　问卷的克隆巴赫一致性系数

项目	因子 1	因子 2	因子 3	总问卷
项目数/个	9	6	3	18
系数	0.916	0.842	0.825	0.924

本问卷具有较高的内容效度，同时探索性因素分析各因子累计方差贡献率达到62.304%，表明问卷具有良好的结构效度。本研究以比较全面的文献研究为基础，经过细致的探究后选择新媒体编辑胜任力特征的内容要素结构作为研究对象，测评内容明确。测验题项源自相关领域文献研究和对新媒体编辑深度访谈和开放式问卷调查的结果，因此具有较好的内容效度。以下以根据是否在工作中获奖将被试分为绩效优秀组和绩效一般组，对两组被试在3个维度上的均值进行比较，结果表明，优秀组和一般组的均值在各个因子上都存在差异，说明这些胜任特征素质具有绩效区分性，如表4-15所示。

表 4-15　优秀与一般的新媒体编辑在各维度上的差异分析

因子	优秀		一般	
	均值	标准差	均值	标准差
人格特质与职业素质	4.186	0.555	4.024	0.549
专业能力	4.045	0.567	3.833	0.553
新媒介素养	3.572	0.861	3.567	0.825

经过正式问卷调查分析，可以看出正式模型在信度、效度等方面的水平较高且具有较好的稳定性。因此我们可以确定新媒体编辑胜任力模型由3个维度18个胜任力特征所组成，具体如表4-16所示。

表 4-16　新媒体编辑胜任力模型

维度	胜任力特征	含义
人格特质与职业素质	坚持	坚持不懈地做某件事且耐力十足
	抗压性	能够接受批评并沉着有效地应对高压场景
	成就感	以高标准要求自己力求取得以成功为目的的动机
	注重细节	在工作过程中始终保持耐心，认真对待每一个细节以及全面地完成任务

（续上表）

维度	胜任力特征	含义
人格特质与职业素质	自控	在工作中控制不满情绪、保持冷静
	灵活性	自如应对工作环境中的变化和多样性
	诚实可靠	人品正直，具有强烈的道德感
	积极倾听	对他人所说的内容给予足够重视并理解吸收
	主动学习	主动学习掌握最近知识技术并应用于工作中
专业能力	口头理解	用口语方式传递信息表达观点并让他人理解
	思维创造力	思维灵活，能够打破常规提出具有创造力的想法
	书面表达	用书面形式传递信息表达观点并让他人理解
	制作与推广	参与产品制作并成功推向市场
	广泛涉猎	具备与工作相关的多方面知识，博学兴趣广泛
	领导力	具备领导团队、承担责任、提供意见和决策的意愿
新媒介素养	新媒体技术手段	新媒体编辑工作开展所需软件、系统、程序等技术工具
	新媒体质量把控能力	对新媒体产品质量把关、控制在一定的范围和标准内
	新媒体内容加工制作能力	跨媒介集合要素，整合制作成完整产品

第五章　新媒体编辑胜任力模型的分析与讨论

在第四章中，我们建立了 3 个维度 18 个胜任力特征要素的我国新媒体编辑胜任力模型。在调查问卷设计阶段，除了主体评价量表，同时还添加了人口统计学变量的相关问题，包括性别、年龄、学历、职位、工作类别、职称、工作年限、收入、考核等级等要素。本章通过对这些数据的分析，大致勾勒出我国新媒体编辑的整体形象；对不同新媒体编辑人口统计学因素的关系进行拓展研究，找出不同类型新媒体编辑胜任力特征要素的差异，探寻人口统计学因素对胜任力特征的影响关系，从而为新媒体编辑胜任力模型在出版企业人力资源管理中的应用提供指导和理论依据。

第一节　问卷样本数据基本情况

由于本次调查研究的范围较广、样本数较多，代表性较强，因此可以从中了解我国目前新媒体编辑的大致情况。本次调查的基本情况如图 5-1 至图 5-7 所示。

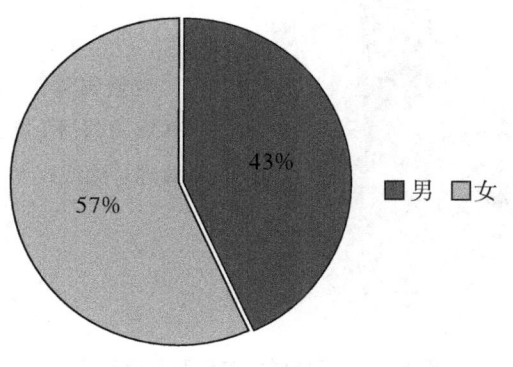

图 5-1　问卷样本性别比例图

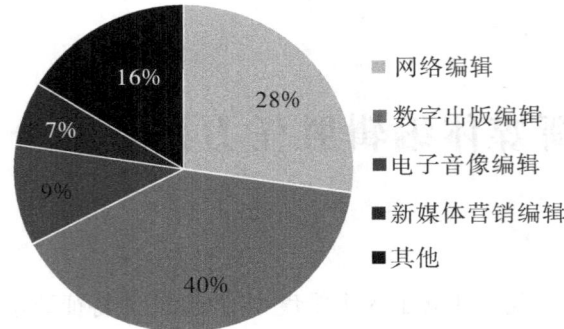

图5-2 问卷样本工作类别比例图

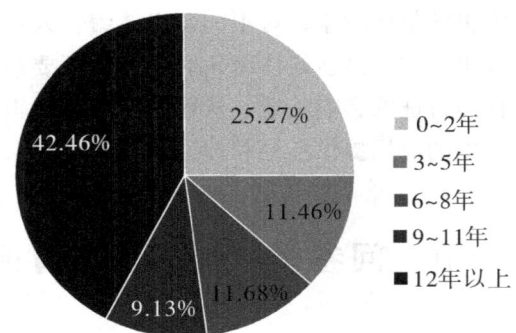

图5-3 问卷样本工作年限分布图

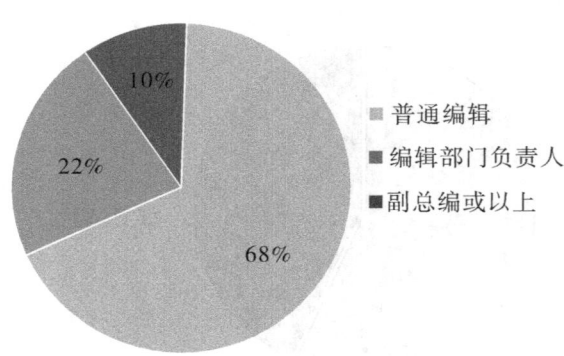

图5-4 问卷样本工作职务比例图

第五章　新媒体编辑胜任力模型的分析与讨论

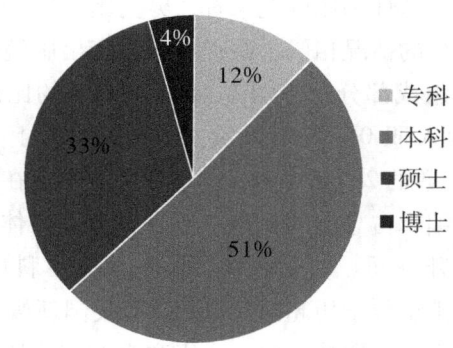

图 5-5　问卷样本学历比例图

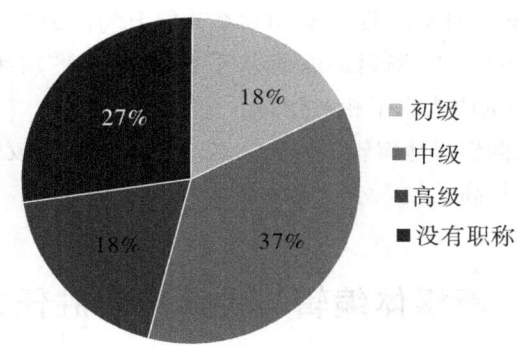

图 5-6　问卷样本职称比例图

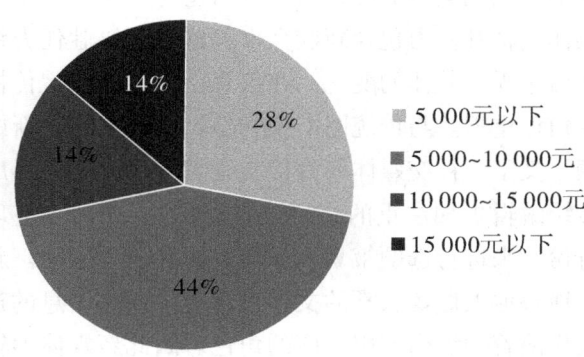

图 5-7　问卷样本月平均收入比例图

从平均年龄上看，此次调查对象的平均年龄为 32.74 岁，说明我国新媒体编辑是一个年轻的编辑群体，这与我国出版业正逐步迈入媒体融合、转型升级的大背景相吻合。从性别比例上来看,男女比例为43:57,基本上与我国出版业编辑女多男少的情况相似。调查显示数字出版编辑和网络编辑是我国新媒体编辑的主要组成部分,分别占40%和28%的比例。工作年限分布呈两头大中间小,刚入职0~2年以及工作12年以上分别占25.27%和42.46%,两者超过总数的2/3,说明我国新媒体编辑存在青黄不接、中间骨干断层的现象。普通编辑占总比的68%,说明我国新媒体编辑普遍处于职业上升期,有较大的提升空间。从受教育程度上看,本科以上学历占总比的88%,其中硕士、博士学位学历超过1/3,说明我国新媒体编辑相比一般图书编辑对学历的要求更高。职称方面,初级和没有职称比例接近半数,说明新媒体编辑职称普遍不高,这也与我国关于新媒体编辑领域职称评定方向模糊、缺乏对应的职称序列的状况有直接联系。44%的新媒体编辑月平均收入在5 000~10 000元,月平均收入在10 000元以上的占28%的比例,相比于我国出版业一般图书文字编辑的薪酬水平(2016年平均年收入为87 737元)[①],新媒体编辑的收入水平相对较高。

总体来看,我国新媒体编辑平均年龄较小,工作年限较短,职务和职称较低,但学历水平较高,收入水平也较高。

第二节 新媒体编辑与传统编辑胜任力差异

结合前文已有国内编辑胜任力的研究,我们可以清楚地看到新媒体编辑胜任力与传统图书和期刊编辑的胜任力有着明显的差异。

首先,新媒体编辑胜任力包含新媒介素养这一重要胜任力维度是传统编辑所不具备的。由于媒介载体的变化,在信息泛滥的时代,传播内容的变化带来视角重构和角色重塑。与传统图书期刊编辑不同的是,新媒体编辑可以通过视频、音频、文字、社交媒体等直接与读者互动,不但形成传播内容同时设置话题。传统编辑更加注重的是"读者意识",在内容整理、编辑中将自身带入读者身份,来进行选题策划、文字编辑和语言表达。新媒体编辑的角色不再是纯粹地替他人做嫁衣裳的文字工作者,而是信息的过滤者、筛选者和推送者,还扮演着知识内容服务商的角色。因此新媒体编辑对新媒介素养的要求格外高,不但要熟练掌握新媒体编辑工作开展所需软件、系统、程序等技术工具,还要对传媒内容质量有较强的把关和控制能力,此外还需要

---

① 2016出版业各岗位薪酬发展趋势[N]. 出版商务周报,2017-04-13.

有跨媒体的信息内容资源整合能力。新媒介素养是区分传统编辑和新媒体编辑胜任力的重要标志。

其次，传统编辑胜任力更注重知识和技能等显性特征，而新媒体编辑胜任力更关注个性、态度、价值观等人格特质上的区分度。传统编辑的胜任力更多地表现在正确的思想政治观念和高尚的职业道德品质、精深而广博的专业知识与深厚的人文素质、扎实的编辑出版知识与技能等显性特征上，不少学者对传统编辑所需的专业知识和编辑技能这方面胜任力特征有着充分的分析和探讨。新媒体编辑胜任力中人格特质与职业素质维度包含 9 个具体胜任力特征，占全部胜任力特征的 1/2。"坚持""成就感""抗压性""注重细节""自控""灵活性""诚实可靠""主动学习"和"积极倾听"这些胜任力特征多是个性、自我形象与价值观、社会角色、态度等隐性方面的特征，因此具有更好的区分度。

目前我国出版企业不少新媒体编辑是从传统编辑转型或转岗而来的，传统编辑如果想尽早适应新媒体编辑的工作角色，就应该着重培养和加强人格特质与职业素质这一维度上的胜任力特征，这样才能更好更快地适应新媒体编辑工作岗位的要求。

第三节　不同工作类别的新媒体编辑胜任力差异

此次问卷调查中从事数字出版编辑工作和网络编辑工作的样本数量比例最大，人数最多。笔者按照构建新媒体编辑胜任力模型的思路和方法，来分别建立这两类新媒体编辑胜任力的子模型，然后分别对照新媒体编辑胜任力模型，找出其中的异同进行分析，借此探究不同工作类别带来的胜任力差异。

一、数字出版编辑胜任力

提取问卷中数字出版编辑填写的原始数据，按照前文的方法进行构建，过程不一一赘述，得到的结果如表 5-1、表 5-2 所示。

表 5-1 数字出版编辑胜任力因子载荷

维度	各因子载荷		
	1	2	3
想象力	0.157	0.676	0.199
新媒体内容加工制作能力	0.185	0.330	0.736
新媒体质量把控能力	0.183	0.225	0.821
新媒体技术手段	0.154	-0.033	0.832
书面表达	0.320	0.613	0.027
口头理解	0.188	0.758	0.164
思维创造力	0.437	0.651	0.154
信息组织能力	0.786	0.151	0.306
批判思维	0.768	0.188	0.228
时间管理	0.762	0.220	0.260
积极倾听	0.771	0.273	0.172
主动学习	0.790	0.281	0.110
诚实可靠	0.651	0.356	-0.092

表 5-2 数字出版编辑胜任力模型

维度	胜任特征					
人格特质与职业素质	主动学习	信息组织能力	积极倾听	批判思维	时间管理	诚实可靠
专业能力	口头理解	想象力	思维创造力	书面表达	—	—
新媒介素养	新媒体技术手段	新媒体质量把控能力	新媒体加工制作能力	—	—	—

对比新媒体编辑胜任力模型，我们可以发现数字出版编辑在胜任力特征上的差异。在人格特质与职业素质这一维度，数字出版编辑的共同因子为主动学习、积极倾听和诚实可靠，信息组织能力、批判思维和时间管理为其特

有的因子。在专业能力这一维度上，数字出版编辑的共同因子有口头理解、书面表达和思维创造力，特有因子是想象力。而在新媒介素养这一维度上与总模型一致。

造成这些胜任力特征差异的主要原因在于工作范围和工作性质上的差别。数字出版编辑主要承担利用计算机、通信、网络等数字技术手段，将文字、图像、音频等作品进行选题策划、稿件资料组织、编辑加工整理、校对审核把关、运营维护发布的工作。需要进行跨媒体收集信息和内容，进行整合，因此对信息组织能力要求较高。产品不断迭代升级使得数字出版编辑工作对效率要求更高，时间管理能力更显突出。数字出版加强调内容的移动化、数字化、生产模式、运营管理和运作流程的数字化、传播载体的数字化和阅读消费、学习形态的数字化，这也要求数字出版编辑具备更广阔的想象力和批判思维。数字出版就其本质而言是传统出版的内容和计算机技术的结合，因此新媒介素养仍然是不可缺少的胜任力特征。

二、网络编辑胜任力

提取问卷中网络编辑填写的原始数据，按照前文的方法进行构建，过程不一一赘述，得到的结果如表5-3、表5-4所示。

表5-3　网络编辑胜任力因子载荷

维度	各因子载荷		
	1	2	3
领导力	0.003	0.855	0.015
协调能力	0.272	0.704	0.376
时间管理	0.240	0.677	0.342
主动性	0.451	0.589	0.300
自控	0.800	-0.014	0.241
抗压性	0.802	0.178	0.118
坚持	0.762	0.287	0.222
成就感	0.772	0.147	0.015
新媒体技术手段	0.240	0.003	0.847
新媒体内容加工制作能力	0.075	0.348	0.775
新媒体质量把控能力	0.139	0.305	0.722

表5-4 网络编辑胜任力模型

维度	胜任特征					
职业素质	领导力	协调能力	时间管理	主动性	—	—
人格特质	自控	抗压性	坚持	成就感	—	—
新媒介素养	新媒体技术手段	新媒体内容加工制作能力	新媒体质量把控能力	—	—	—

仔细分析网络编辑胜任力模型结构，发现其与新媒体编辑胜任力总模型有较大差别。人格特质与职业素质为单独分开的两个维度，专业能力维度消失，新媒介素养维度依旧存在。网络编辑是一个特殊的职业，也是一个特殊的群体。网络编辑利用相关专业知识及计算机和网络等现代信息技术，从事互联网站内容建设，主要工作内容有：采集素材，进行分类和加工；撰写稿件；运用信息发布系统或相关软件进行网页制作；组织网上调查及论坛管理；进行网站专题、栏目、频道的策划及实施。可以看出网络编辑的工作范围较广，工作职责也较杂，因此胜任力特征对专业能力的要求显得很模糊，更加要求在人格特质和职业素质上的区分度。与数字出版编辑相比，网络编辑在职业素质上更加凸显领导力和协调能力的要求。

第四节 新媒体编辑胜任力与人口统计学变量的相关性分析

通过对不同的新媒体编辑人口统计学因素的关系进行扩展研究，探寻新媒体编辑的人口统计学因素对其胜任力特征的影响，从而对新媒体编辑胜任力模型在人力资源管理中的应用做出相关的指导。以下分别从性别、工作年限、工作类别、工作职务、职称、学历等方面进行分析比较。

一、同性别新媒体编辑胜任力特征比较

总的来说，在人格特质与职业素质和专业能力两个维度上，男女不同性别的编辑表现出较为明显的差异性，在新媒介素养维度上差异不明显。男女编辑在人格特质与职业素质上的显著性概率 sig. =0.002，在专业能力上的显著性概率 sig. =0.001，都远远小于0.05，说明男女不同性别编辑在这两个

维度上存在比较明显的差异。而在新媒介素养上的显著性概率 sig. = 0.294，大于 0.05，说明在这个维度上男女不同性别编辑没有明显的差异，如表 5-5 所示。

表 5-5　不同性别新媒体编辑胜任力特征差异

因子	男性（N=216） M+-SD	女性（N=286） M+-SD	t 值	sig.
人格特质与职业素质	4.194+-0.583	4.042+-0.529	3.027	0.002
专业能力	4.042+-0.583	3.866+-0.548	3.419	0.001
新媒介素养	3.616+-0.882	3.535+-0.812	1.051	0.294

具体差异如表 5-6、表 5-7 所示。

表 5-6　不同性别新媒体编辑人格特质与职业素质的差异

人格特质与职业素质	坚持	抗压性	成就感	注重细节	自控	灵活性	诚实可靠	积极倾听	主动学习
男性平均值	1.809	1.773	1.750	1.786	1.940	1.860	1.741	1.805	1.741
女性平均值	2.007	1.930	1.871	1.825	2.192	1.986	1.755	1.892	1.780
总平均值	1.922	1.860	1.819	1.808	2.084	1.932	1.749	1.854	1.763

表 5-7　不同性别新媒体编辑专业能力的差异

专业能力	口头理解	思维创造力	书面表达	制作与推广	广泛涉猎	领导力
男性平均值	1.931	1.880	1.851	2.181	1.847	2.083
女性平均值	2.035	2.175	1.902	2.395	2.762	2.405
总平均值	1.986	2.048	1.880	2.302	2.092	2.269

在人格特质与职业素质维度层面上，女性编辑平均值均高于男性编辑平均值，女性编辑在坚持、抗压性、自控、灵活性和成就感上明显强于男性编辑。在专业能力维度上，女性编辑平均值也均高于男性编辑，女性编辑在思维创造力、制作与推广、广泛涉猎和领导力上明显强于男性编辑。然而女性在求职招聘中普遍存在着性别歧视，许多出版企业在岗位招聘要求中明确提到只招收男性，从以上新媒体编辑胜任力特征差异分析可以大致得出女性编

辑从事新媒体编辑工作并不差于男性编辑，甚至比男性编辑更好。

二、不同工作年限新媒体编辑胜任力特征比较

不同工作年限新媒体编辑胜任力特征差异如表5-8所示。不同工作年限的编辑在人格特质与职业素质上的显著性概率 sig. =0.066，在新媒介素养上的显著性概率 sig. =0.361，都大于0.05，说明不同工作年限的编辑在人格特质与职业素质和新媒介素养上没有明显差异。而在专业能力上的显著性概率 sig. =0.001，远远小于0.05，说明不同工作年限的新媒体编辑在专业能力维度上存在显著差异。

表5-8 不同工作年限新媒体编辑胜任力特征差异

因子	平方和	自由度 df	F 值	sig.
人格特质与职业素质	4.481	4	3.684	0.066
专业能力	6.189	4	4.921	0.001
新媒介素养	3.092	4	1.089	0.361

具体专业能力的差异如表5-9所示。

表5-9 不同工作年限新媒体编辑专业能力的差异

专业能力	口头理解	思维创造力	书面表达	制作与推广	广泛涉猎	领导力
0~2年	2.148	2.162	2.049	2.338	2.310	2.486
3~5年	2.017	2.068	1.864	2.441	2.169	2.458
6~8年	2.164	2.145	1.873	2.473	2.291	2.473
9~11年	1.181	2.000	1.932	2.364	1.954	2.273
12年以上	1.848	1.934	1.751	2.173	1.893	2.015

从表5-9我们大致可以看出不同工作年限的新媒体编辑在各项专业能力上的变化。0~2年工作年限的新媒体编辑处于新入职期，在此阶段岗位业务培训较，多加上老编辑的言传身教，因此专业能力处于快速增长阶段。3~5年工作年限处于迷茫期，许多新媒体编辑对自己的职业发展方向比较模糊，对专业能力的钻研热情下降，对待工作开始敷衍拖沓，因此专业能力有所下降。6~8年工作年限处于上升期，度过迷茫期后工作开始得心应手，所以专业能力又开始明显提高。工作9年以后一般会有职业倦怠期，所以这一阶段的编辑专业能力方面又会出现一定的下滑。

从上面的分析可以看出，工作6～11年的新媒体编辑是出版企业新媒体业务开展的骨干力量，专业能力、工作经验都处于顶峰，如何缩短和减少他们的职业倦怠期，提供可预期的职业发展平台使之为组织做出更大的贡献，是摆在出版企业面前的亟待解决的问题。

三、不同工作类别新媒体编辑胜任力特征比较

不同工作类别的新媒体编辑胜任力特征差异如表5-10所示，不同工作类别的新媒体编辑在人格特质与职业素质上的显著性概率 sig. = 0.568，在专业能力上的显著性概率 sig. = 0.105，都大于0.05，说明不同工作类别的新媒体编辑在人格特质与职业素质和专业能力上并无显著差异。而在新媒介素养上的显著性概率 sig. = 0，远远小于0.05，说明不同工作类别的新媒体编辑在新媒介素养上存在明显差异。

表5-10　不同工作类别新媒体编辑胜任力特征差异

因子	平方和	自由度 df	F 值	sig.
人格特质与职业素质	0.915	4	0.735	0.568
专业能力	2.481	4	1.927	0.105
新媒介素养	22.633	4	8.443	0

具体差异如表5-11所示。

表5-11　不同工作类别新媒体编辑新媒介素养的差异

新媒介素养	新媒体的技术手段	新媒体内容加工制作能力	新媒体质量把控能力
数字出版编辑	2.416	2.322	2.599
网络编辑	2.209	2.108	2.540
电子音像编辑	2.230	2.000	2.362
新媒体营销编辑	2.219	2.031	2.186

总的来说，不同工作类别新媒体编辑新媒介素养水平为数字出版编辑＞网络编辑＞电子音像编辑＞新媒体运维编辑。由于数字出版多样性、交互性、个性化、立体化的特性，要求数字出版编辑在工作中具备较强的技术处理能力、注重数据挖掘分析和用户体验，因此数字出版编辑的新媒介素养水平相对较高。网络编辑主要从事网络内容建设和传播工作，所以其新媒介素

养也较高。电子音像编辑主要从事传统的光盘、磁带等视听产品的编辑制作加工,因此对新媒介素养要求相对较低。新媒体运维编辑作为近年新兴的工作类别,主要负责出版单位微信微博网络社交平台运营宣传工作,更注重时效性和娱乐化,所以对新媒体内容的把控和加工制作能力提出了更高的要求。

四、不同工作职务新媒体编辑胜任力特征比较

不同工作职务新媒体编辑胜任力特征差异如表5-12所示,不同职务新媒体编辑在人格特质与职业素质上的显著性概率sig.=0.094,在新媒介素养上的显著性概率sig.=0.799,都大于0.05,说明不同职务新媒体编辑在人格特质与职业素质和新媒介素养上无明显差异。但在专业能力上的显著性概率sig.=0,远远小于0.05,说明不同职务新媒体编辑在专业能力上存在着显著差异。

表5-12 不同工作职务新媒体编辑胜任力特征差异

不同工作职务的新媒体胜任特征差异分析				
因子	平方和	自由度df	F值	sig.
人格特质与职业素质	2.646	2	4.316	0.094
专业能力	7.389	2	11.889	0
新媒介素养	0.320	2	0.225	0.799

具体专业能力的差异如表5-13所示。

表5-13 不同工作职务新媒体编辑专业能力的差异

专业能力	口头理解	思维创造力	书面表达	制作与推广	广泛涉猎	领导力
普通编辑	2.070	2.158	1.971	2.381	2.199	2.362
部门负责人	1.858	1.894	1.743	2.204	1.938	2.018
副总编及以上	1.729	1.625	1.604	1.979	1.708	1.750

职务是指组织中承担相同或相似职责或工作内容的若干职位的总和,包括职权和职责两方面内容。① 分析表5-13,我们发现随着职务的晋升,专业能力并未相应提升,反而是呈下降趋势。在出版企业中,对中层部门负责

---

① 苑茜,周冰,沈士仓. 现代劳动关系辞典[M]. 北京:中国劳动社会保障出版社,2004.

人以上的管理岗位考量更多的是管理水平、大局意识和综合能力，因此专业能力并不是编辑职务晋升的关键因素。同时令我们深思的是，我国出版企业对于新媒体编辑的职业规划设计不够，缺乏足够多的上升通道和晋升机会。专业人才与管理人才界定不清，使得不少编辑业务水平强专业能力高的青年普通编辑都去挤不适合自己发展的晋升通道，造成了极大的人力资源浪费。

五、不同职称新媒体编辑胜任力特征比较

不同职称新媒体编辑胜任力特征差异如表 5-14 所示，不同职称新媒体编辑在人格特质与职业素质上的显著性概率 sig. = 0.075，在新媒介素养上的显著性概率 sig. = 0.293，都大于 0.05，说明不同职称新媒体编辑在人格特质与职业素质和新媒介素养上并无明显差异。而在专业能力上的显著性概率 sig. = 0.001，远远小于 0.05，说明不同职称新媒体编辑在专业能力上存在显著差异。

表 5-14 不同职称新媒体编辑胜任力特征差异

因子	平方和	自由度 df	F 值	sig.
人格特质与职业素质	3.215	3	3.502	0.075
专业能力	5.271	3	5.567	0.001
新媒介素养	2.649	3	1.245	0.293

具体专业能力的差异如表 5-15 所示。

表 5-15 不同职称新媒体编辑专业能力的差异

专业能力	口头理解	思维创造力	书面表达	制作与推广	广泛涉猎	领导力
没有职称	1.978	1.949	1.912	2.277	2.168	2.365
初级	2.222	2.311	2.144	2.467	2.367	2.578
中级	1.946	2.070	1.816	2.303	2.075	2.194
副高及以上	1.843	1.888	1.697	2.169	1.742	1.966

职称是指专业技术人员的专业技术水平、能力及成就的等级称号，反映出专业技术人员学术和技术水平、工作能力和工作成就。[①] 从表 5-15 可以

---

① 苑茜，周冰，沈士仓. 现代劳动关系辞典 [M]. 北京：中国劳动社会保障出版社，2004.

看出，新媒体编辑从没有职称到拿到初级职称后，专业能力有了极大的提高，但之后随着职称的提升，专业能力却呈下降趋势。这在一定程度上折射出新媒体编辑在评定职称时遇到尴尬的局面。由于在工作性质、职能、范围等方面与传统图书编辑存在较大不同，而之前数字出版产业缺乏规范的专业技术资格评定标准，从业人员没有相应的职称晋升渠道。所以大部分新媒体编辑走的是传统图书编辑的职称路线，两者的考核重点和方向不尽相同，存在着考核内容和实际工作严重脱节的现象，不利于得到行业和社会的认可，影响到学术技术交流、人才流动和职业发展。2016年，北京首次试点开设数字编辑职称评定，成为全国首个为数字编辑设立专业职称的地区，① 相信在不久的将来，新媒体编辑职称设置、考核及评定会越来越规范和科学，更加有利于新媒体编辑的专业发展和成长。

六、不同学历新媒体编辑胜任力特征比较

不同学历新媒体编辑胜任力特征差异如表5-16所示，不同学历的新媒体编辑在人格特质与职业素质上的显著性概率 sig. = 0.515，在专业能力上的显著性概率 sig. = 0.735，在新媒介素养上的显著性概率 sig. = 0.560，都远远大于0.05，说明不同学历的新媒体编辑在胜任力特征上并无明显差异。

表5-16 不同学历新媒体编辑胜任力特征差异

因子	平方和	自由度 df	F值	sig.
人格特质与职业素质	0.712	3	0.763	0.515
专业能力	0.415	3	0.425	0.735
新媒介素养	1.467	3	0.687	0.560

长期以来，我国的出版企业存在着"唯学历论"的现象，对编辑人员的招聘选拔更是强调学历和教育背景，这种片面的筛选方式使得许多新媒体编辑失去脱颖而出的机会。此次调查分析结果显示，学历的不同并不会对新媒体编辑的胜任力特征造成影响，无论是专科毕业，还是本科、硕士甚至博士毕业的新媒体编辑，他们的胜任力特征没有明显差异，因此这对打破出版企业"唯学历论""唯专业论"等招聘误区有着积极影响。

从横向和纵向两个层面深入分析新媒体编辑胜任力模型后，使我们对新媒体编辑胜任力模型有了更加全面的理解。胜任力模型是人力资源管理的实

---

① 数字出版人有了"新考场"[N]. 中国新闻出版广电报，2016-03-03.

用理论和工具，本章通过对新媒体编辑不同人口统计学因素的关系进行扩展和对比研究，探寻新媒体编辑人口统计学因素对其胜任力特征的影响，从而对新媒体编辑胜任力模型在出版企业人力资源管理中的应用做出指导，使模型在人员招聘和选拔、员工培训、绩效管理、职业生涯规划等方面发挥更大作用。

第六章 新媒体编辑胜任力模型的应用

随着科学技术的不断更新和互联网的不断冲击,出版企业所处的环境与市场日趋复杂和难以预测,编辑工作内容、工作性质和职责边界等方面都发生了巨大变化。在此情况下,出版企业要想与时俱进跟随时代脚步就要改变人力资源管理的模式。目前,大部分出版企业传统的注重职能型、事务性的人力资源管理模式已逐渐显露出其固有的弊端,组织需要创新人力资源管理模式。为了提高市场反应能力、增强企业的整体竞争能力,组织的核心竞争力的形成将来自员工胜任能力,尤其是那些具有很高专业技术和能力员工的管理。在"互联网+"时代,基于员工胜任力的人力资源管理是企业获取竞争优势的重要途径。

新媒体编辑作为古老编辑职业的一枝新芽,在出版企业中看似风光无限,实则无足轻重,有些出版企业新媒体编辑部门甚至有逐渐边缘化的趋向。由于与传统图书编辑存在着极大差异,新媒体编辑人员难选拔、难培养、难考核、难管理是困扰出版企业许久的问题,因此如何对新媒体编辑进行有效的人力资源规划和管理,是摆在每个出版企业面前的难题。

第一节 基于胜任力模型的人力资源管理体系

胜任力模型在人力资源管理活动中起着基础性和决定性的作用,基于胜任力的人力资源管理体系能够以能力发展为核心,将组织愿景、价值观念、企业文化、经营战略等现代化管理理念,真正有效地转化为每一位员工的行为习惯。以胜任力模型为主线,拓展开来可以应用于企业人力资源管理的系列环节,成为组织提升管理效率、优化管理成本的重要工具。基于胜任力模型的人才招聘与甄选,可以提高"人才筛选"的精准性和成功率;基于胜任力模型的员工培训,能够获得清晰的人才培训标准,促进更具针对性的需求诊断,提高培训的效率;基于胜任力模型的绩效管理,可以弥补业绩导向考核的片面性;基于胜任力模型的员工职业生涯设计,可以明晰员工的发展路径,帮助员工逐步解决自身在职业发展上的不足;基于胜任力模型的组织人才盘点,可以提升人力资源规划的精细化水平,提高其实用性。本章将遵循这样的思路,具体研究新媒体编辑胜任力模型在人员招聘与甄选、员工培训、绩效管理、职业生涯规划、组织人才盘点等方面的应用。

传统的人力资源管理是以工作分析和岗位描述为基础开展人才选拔、员工培训、后备人才管理等工作的。传统的岗位描述只明确了任职者应该做的活动,而没有明确描述:为了满足组织成功的需要,任职者的工作产出或者结果是什么。在今天的动态组织中,工作活动不会长期保持不变,因此岗位描述面临着"很快过时"的风险。另外,聚焦于工作活动,无法有效引导管理者关注绩效或结果,也无法有效引导组织投资于高生产力者或优异绩效者。

基于胜任力的人力资源管理,无论是在理念上还是在方法上都有别于传统的人力资源管理。它首先关注的是人,然后才是人的产出或结果,是从人员导向的视角,而不是工作导向的视角看待所需要的产出、组织的工作角色和要求。两者的具体对比如表6-1所示。

表6-1 传统人力资源管理与基于胜任力的人力资源管理的对比

项目	传统人力资源管理	基于胜任力的人力资源管理
基础	其基础是工作分析和岗位说明书。工作分析是招募、甄选、定向、培训、奖励和发展人员的基础;岗位说明书描述了具体的工作活动。但它不能以可测量或用可观察的术语来陈述期望达到的工作结果	胜任力是个体用来获得优异绩效的特质。胜任力的识别、建模和测评,构成了基于胜任力人力资源的基础。人力资源职能寻求揭示那些具有优异绩效的工作者的特质,并使人力资源活动扮演培养这些特质的角色
应用该模式的主要原因	它以组织结构图来划分员工等级,因而可以为不同的人分配可以辨识的任务,使其各司其职	它承认个体在达成结果时的能力差异。现实中的优秀绩效者较其他人的生产力显著提高,如果组织能够找到或者培养这些优异绩效者,在同样人员规模情况下,生产力会更高
主要挑战	在工作内容变化迅速的情况下,岗位说明书很快会过时;不能很好地发挥人才的最大优势	对于胜任力概念的理解尚不一致;识别优异绩效者特征的过程耗时费力

（续上表）

项目	传统的人力资源管理	基于胜任力的人力资源管理
人力资源职能角色	确保各类人事活动遵从法规、组织政策和程序	识别、选拔和培养更多能够达到优异绩效者水平的人才，从而引领组织获得突破性竞争优势
人力资源规划	关注总人数和费用；假定未来和过去一样不会发生变化，只要总工作量一样，那么需要的人数也一样；倾向于使用量化方法来进行人力资源规划	关注人才和人才给组织带来的价值；关注未来可能会发生的变化；倾向于使用定性的方法来进行规划
员工招募和甄选	寻找和岗位说明书中界定的资格相匹配的候选人；重视教育程度、经验和其他资格	基于可证明的能力和结果依据来做出甄选决策；关注候选人的能力和胜任力模型的匹配度
员工培训	关注员工对知识、技能的掌握	基于胜任力特点设计课程内容与培训方式，关注员工胜任力的习得
绩效管理	关注任务指标的达成，侧重任务评价、结果评价和短期评价	关注能力结果的达成，侧重能力评价、过程评价与长期评价

第二节　基于胜任力模型的新媒体编辑招聘与甄选

人员招聘与甄选是企业人力资源管理的基础。目前来看，胜任力模型应用最广的领域也在于此。因为胜任力的相关概念、研究与技术方法源自甄选，因此该领域的理论与实践积累更加丰富；同时正是由于某些胜任力较难以培养和改变，如何把好人才入口，挑选出胜任能力与组织及岗位职责相匹配的人才就显得尤其重要。

一、基于胜任力模型的新媒体编辑招聘与选拔的优势

传统的基于职位的招聘与选拔体系存在一些缺陷和不足，主要表现在：与绩效体系关联度不强；以经验和技术而非能力来做出聘用决定；面试方法

上有所缺陷；忽视企业文化和战略等。与传统的基于职位的新媒体编辑招聘与甄选方式相比，基于胜任力模型的新媒体编辑招聘与甄选方式具有以下优势。

（1）选人依据和标准更加科学。传统的基于职位的招聘，往往侧重于考察学历、知识、技能等最基本且较为容易识别和培养的内容。已有的研究表明：这些"冰山模型"中水面以上的特征并不具备很好的职业发展预测效果。胜任力相关理论与研究表明以绩效结果为基础、深入挖掘那些能够真正影响工作绩效的个人条件与行为特征（胜任力），对工作业绩具有显著的预测效果。

（2）招聘渠道建设强化精准性，真正起到筛选作用。传统招聘渠道建设与基于胜任力模型的招聘渠道建设的差异对比如表6-2所示。

表6-2 传统招聘渠道建设与基于胜任力模型的招聘渠道建设的对比

对比维度	传统招聘渠道建设	基于胜任力模型的招聘渠道建设
招聘广告内容	企业形象宣传	明确"要什么"和"不要什么"
	重在描述工作内容	行为化工作内容介绍
	基本任职资格	高绩效标准及产出目标要求
投入产出	广泛地接收简历，大量无效应聘者导致招募成本增加	以基于胜任力行为的精准描述，降低无效应聘者的数量
对于目标人群的感受	与市场中同类组织的招聘广告相比缺乏差异性，难以被识别	"个性鲜明"，容易被目标人群识别，并获得直观认识
	使目标人群陷入招聘信息海洋	节约目标人群的时间和精力

（3）各甄选环节"分工协作"，确保甄选质量。传统甄选流程与基于胜任力模型的甄选流程相比，两者的差异对比如表6-3所示。

表6-3 传统甄选流程与基于胜任力模型的甄选流程的对比

对比维度	传统甄选流程	基于胜任力模型的甄选流程
初步沟通	电话面试，以了解确认为主	边了解确认，边传导胜任力（核心价值）
初步筛选	收集基本信息，重点根据"硬条件"判断	关注与组织价值和战略需求相关的信息，重点考察应聘者与组织所需求的匹配程度

（续上表）

对比维度	传统甄选流程	基于胜任力模型的甄选流程
深度评估	多选用"达标"式考试	选用多种胜任力进行评估，综合运用结构化面试、心理测验、评价中心技术
甄选决策	前期评估的"分数""硬性标准"是关键决策机制	经多人、多方法评估后进行决策；整合信息，对比组织文化和战略目标，以及岗位胜任力要求

（4）甄选方法更重视从实际工作和情境出发，预测性更佳。传统的甄选方法与基于胜任力模型的甄选方法相比，两者的差异对比如表6-4所示。

表6-4 传统甄选方法与基于胜任力模型的甄选方法的对比

对比维度	传统甄选方法	基于胜任力模型的甄选方法
申请表	收集基本信息，封闭式	收集基本信息并结合行为事件回顾，半开放式
面试	基于简历和基本任职资格的确认	基于过去关键经历事件的行为分析
心理测验	认知、知识等识记性较强的内容	除了认知能力外，个性、动机、情绪能力等也是重点测验范畴
评价中心技术	无	以模拟工作情境为主，如角色扮演、文件筐、无领导小组讨论

二、基于胜任力模型的新媒体编辑招聘与甄选体系建设

相对于传统招聘与甄选方法，基于胜任力模型的招聘与甄选方法在流程上相对更加复杂，对出版企业人力资源管理人员的专业能力要求更高，对企业在相关环节人、财、务成本方面的需求也更大。整体上来看，基于胜任力模型的招聘与甄选体系包括以下关键环节：设计招募信息、设计甄选工具、培训面试官、获取面试者关键胜任力信息，以及招聘与甄选效果后评价及工具更新，具体如图6-1所示。

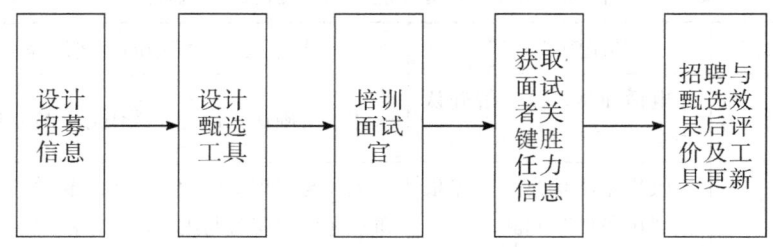

图6-1 基于胜任力模型的新媒体编辑招聘与甄选体系建设流程

1. 设计招募信息

传统的招聘信息主要包括三个方面的内容：企业情况、岗位工资内容及所需基本任职资格。由于这些信息与其他企业相似职位相似度很大，无法起到应有的精确传递信息的作用，因此应聘者会陷入大量相似的招聘信息中，无法精准辨识自己与企业的匹配度，于是应聘者往往会进行"海投"，进而使企业收到大量无效简历，致使招募成本大大提高。

基于胜任力模型设计招聘信息，可以将企业宗旨愿景、文化特点、所需人才应具备哪些深层次特征等信息直观、准确地传递给目标人群，降低无效应聘者的数量，真正起到信息传递、初步筛选、降低成本的作用。

为避免传统招聘信息中存在的问题，在设计基于胜任力模型的招聘信息时，要着重体现以下内容。

（1）将组织文化、价值观转化为行为化描述。

求职者除了会关注招聘信息中有关企业规模、行业地位、盈利与待遇水平等基本信息外，往往希望能够了解该企业与其他企业有何不同，例如该企业的组织文化、价值观是什么；该企业中如何区分绩效优秀的员工与绩效一般的员工。

几乎所有的出版企业都有自己特有的公司文化、价值观，但怎样将这些与其他组织的差异性信息传递给潜在求职者，是出版企业需要着重考虑的问题。遗憾的是，大多数出版企业传达出的都是千篇一律、空洞的口号和文字，解决这一问题的有效方式是将其以行为化描述的方式设计招聘信息。表6-5所示的是一家新型出版文化企业将价值观转化为行为化的描述。

表6-5 某出版文化企业的文化、价值观与具体行为描述

文化、价值观	具体行为
承诺一致	在任何情况下，上级都能完满兑现自己的诺言
客户导向	对挑剔的客户心存感激，更加重视客户看不见的细节
敢于担责	凡是涉及自己的工作，能够承担相应责任，不回避和遮掩问题
奖优罚劣	准确区分优秀者与一般者，并给予其具有显著区分性的待遇水平
敢于直言	在任何场合，任何人都有权利从组织价值的标准出发坦诚直言，且不会受到利益和压力的影响

表6-6对比列出两家出版企业招聘信息的开头内容，可以很明显地看出两部分内容的区分度和吸引程度。

表6-6 两种招募信息对比

公司	开头内容
甲公司（新型互联网出版企业）	我们招人，不招职位，加入我们后，你在未来相当时间内都要持续学习
	你将在一个尊重和信任的环境中成长，同时也需要你维护好这个环境
	我们提供你近距离接触行业"大咖"机会以及高密度教练计划，以保证你在本行业能够迅速成长，请做好吃苦准备
	如果你难以对挑剔的客户心存感激，那么这里可能不适合你
乙公司（传统出版企业）	本着"打造一家……的企业"，自成立以来，公司出版了一大批社会和经济效益俱佳的精品力作，是国家教材重要出版基地之一，是国家新闻出版"走出去"先进单位。公司将以"文化守望者，知识摆渡人"为职业使命，转变经济发展方式……公司的价值观是"明智　博雅　达观　谦和"

（2）基于岗位胜任力模型，描述面试者应具备的胜任行为。

招聘信息在为目标群体直观地展示了组织的企业文化与价值观后，接下来要呈现岗位"需要什么样的人""不需要什么样的人"的信息，进一步起到筛选作用。在这一环节中，胜任力模型是基础。出版企业首先要建立细致的岗位胜任力模型，模型中的每一种胜任力应包含具体的行为指标，以明确任职者应该具备的胜任行为，然后从中选取关键胜任行为，将其作为关键识别点加入招聘信息中。

在具体新媒体编辑招聘操作过程中，出版企业可以在原有的岗位说明书基础上，将招聘信息中任职资格部分的关键能力要求尽可能行为化和结果化。表6-7展示了两份修改前后数字出版编辑任职资格部分。

表6-7 修改前后的数字出版编辑任职资格

修改	任职资格
修改前	编辑出版相关专业本科以上学历，通晓数字出版相关知识和新媒体技术
	具有从事数字出版工作相关经验
	具有良好的语言表达和沟通能力
	工作积极主动，敬业、善于思考

（续上表）

修改	任职资格
修改后	编辑出版相关专业本科以上学历，能熟练运用 Storyline，3Dmax，Premiere，Flash，Photoshop 等多种媒体开发软件
	具有 2 年以上数字资源或数字产品开发工作经验，或具有 1 年以上中小学数字资源或数字产品开发经验
	具有良好的语言表达和沟通能力，能够当众流利讲解产品方案，至少参与过 3 次或主导过 1 次数字产品设计
	具有一定的工作热情和毅力，能够不断学习与自我提升

在以上例子中，修改后的任职资格部分更加行为化、结果化与具体化，按照这样的描述，求职者就能够对照自身条件与能力描述，判断自己是否符合要求，不符合要求的求职者自然不会再投简历，从而为企业招聘工作起到出版筛选和降低成本的作用。

2. 设计甄选工具

目前，常见的胜任力测评方法包括认知类测验、案例分析、行为化面试、情景模拟与角色扮演、文件框、无领导小组讨论、口头信息搜寻、360度评估等，不同类型的测评方法对于不同种类胜任力的鉴别效果是不同的，因此在设计甄选工具之间要明确测评涉及的胜任力是哪些，再根据不同胜任力选取对应的测评方法。根据前文构建出的新媒体编辑胜任力模型，可大致对应建立测评工具，如表 6-8 所示。

表 6-8 新媒体编辑"胜任力测评工具矩阵"

胜任力特征	认知类测验	案例分析	行为面试	情景模拟与角色扮演	无领导小组讨论	口头信息搜寻	管理问题测验	领导风格测验
坚持		√	√	√				
抗压性			√	√	√			
成就感				√				√
注重细节				√	√		√	
自控		√	√	√				√
灵活性			√	√				

（续上表）

胜任力特征	认知类测验	案例分析	行为面试	情景模拟与角色扮演	无领导小组讨论	口头信息搜寻	管理问题测验	领导风格测验
诚实可靠			√			√		
积极倾听			√	√	√			
主动学习			√			√		
口头理解			√					
思维创造力			√	√			√	
书面表达	√	√	√					
制作与推广		√		√	√			
广泛涉猎	√					√		
领导力			√	√	√			√
新媒体技术手段	√					√		
新媒体质量把控能力	√					√		
新媒体内容加工制作能力	√					√		

目前来看，行为化面试是应用最广的胜任力测评方法，该方法对大多数胜任力特征都有较好的鉴别效果，出版企业在具体应用时，可以行为化面试为主，同时辅以其他测评方法。在正式设计行为化面试前，首先要确定面试考察的具体胜任力。新媒体编辑胜任力模型中包含3个维度18个胜任力特征，每项胜任力特征的重要性、可塑性、可测量的程度都不尽相同。胜任力特征的重要性越高（如新媒介素养），对任职者在该岗位上取得优异绩效的影响越大，考察时越要重点关注；胜任力特征的可塑性越低（如人格特质），越难以通过培训提高，考察时也越要重点关注；胜任力特征的可测量度越高（如专业能力），越能通过面试确定任职者在该胜任力上的水平高低。因此对

于模型中的各项胜任力要综合分析，重点选取那些重要性高、可塑性低、可测量程度高的胜任力特征，并对其进行相应的权重分配，再设计相应的行为面试题目。前文提到不同工作类别的新媒体编辑的胜任力特征存在差异，因此参照模型根据每一项胜任力特征等级划分情况，设计不同层级的题目，满足不同工作类别新媒体编辑面试的需要。

3. 培训面试官

实践证明，没有经过行为面试专业培训的面试官存在大量的习惯性"识人"误区，而在出版企业具体招聘时，面试官既有可能是人力资源部门成员，又有可能是新媒体编辑部门负责人，还有可能是出版企业的领导。因此面试官的误区主要表现在：凭主观经验判断面试者的特点；难以识别深层次的胜任力，过度关注"显性"的资格信息；凭个人喜好做录用决策；过分放大某些负面信息而忽略面试者的其他闪光点；标准不统一；等等。为避免面试官受到上述误区的影响，在甄选工具设计选定完毕后，需要对面试官进行必要的培训，以统一评价标准，提高面试过程的标准化与客观化。企业应该建立统一的评价标准，通过训练使面试官对于评价标准的识别趋同，从而使其做出相对统一的判断。出版企业可借助框架参照法（Frame-of-Reference，FOR）来培训面试官。框架参照法最早由 Bernardin 和 Buckley 于 1981 年提出，其本意是去除评分者个人特殊的评分标准，而代之以普遍的参照框架。[①] FOR 培训的流程分为以下五个步骤：讲授岗位胜任力及其行为指标；讨论每个胜任力不同等级的行为；形成有关每一个胜任力的统一框架；参照新的框架进行评分演练；对评分的准确性进行反馈。

以出版企业招聘数字出版编辑为例，对面试官的 FOR 培训内容应包含以下几方面。

（1）明确数字出版编辑的关键胜任力，第五章已归纳出包括 3 个维度 13 个胜任力特征。以"主动学习"为例，其行为指标可能包括学习态度积极程度、学习方法和技巧的适应性、接受新思想新观念的速度等。

（2）通过讨论，将典型行为指标进行分级归类。以"主动学习"为例，初级行为指标可概括为"缺乏一定的学习方法和技巧、被动接受环境变化带来的新思想和新观念"；中级行为指标可概括为"学习方法比较科学快捷，能够接受新思想新观念"；高级行为指标可概括为"学习态度十分积极，学习方法技巧科学快捷，主动学习接受新思想和新观念"。

---

① Bernadin H J. Buckley M R A. Consideration of strategies in rater training [J]. Academy of Management View, 1981 (6): 305 - 312.

（3）进行一次"角色扮演"模拟观摩，请面试官对模拟对象所讲事件中"主动学习"的水平进行编码和评价。

（4）对面试官的评价进行讲解分析。

4．获取面试者关键胜任力信息

行为化面试不仅仅是由面试官提出题目，面试者根据题目分享故事，然后面试官根据候选人的回答进行评分这一简单过程。为了获取有关面试者胜任力特征信息，更准确地对某项胜任力等级进行评估，同时对面试者所讲述事件的真实性进行验证，需要面试官对某些关键细节进行追问。追问时应遵循 STAR 原则，即从 S（背景）、T（任务）、A（行动）和 R（结果）四方面进行追问。[①] 在追问过程中，着重关注的部分是 A（行动）方面的信息，往往行动方面的信息更能够体现出候选人的胜任力水平。同时需要分析面试者行为中所体现出的胜任力种类、等级、事件难度、事件真实性等以作为重要参考依据。

5．招聘与甄选效果后评价及工具更新

出版企业可通过一些评价指标来对新媒体编辑招聘与甄选效果进行评估。常用的招聘与甄选效果后评价指标如表 6-9 所示。

表 6-9　常用的新媒体编辑招聘与甄选效果后评价指标

名称	释义	说明
招聘成本控制	实际招聘成本/计划招聘成本	该值越大于 1，说明企业越需加强成本管理
录用比	录用人数/应聘人数×100%	该值越大，说明应聘人员整体越符合岗位标准，招聘信息的发布起到了初步筛选作用
成功录用比	入职人数/录用人数×100%	该值越大，说明录用人员中越多人最终真正到岗，企业用于招聘的时间、人力和财力付出获得了更为理想的回报
预测效度	新员工中绩效优秀者比例	对新入职员工的季度、半年、一年的绩效进行跟踪，绩效优秀者比例越高，说明招聘与甄选的效果越好
流失率	新员工的流失率	统计新入职员工的一年期、三年期流失率，比例越低，说明招聘与甄选出的人才与企业匹配效果越好

---

① 李芝山. 关键事件法在员工绩效管理中的规范应用［J］. 中国集体经济，2008（8）.

第三节 基于胜任力模型的新媒体编辑绩效管理

绩效是指个体和群体的工作表现、最终成绩和最终效益的统一体。在人力资源管理领域可以理解为是在一定时间、空间等条件下完成特定任务所表现出的工作行为和工作结果,主要体现在:工作效率、工作数量和质量、工作效益。[1] 绩效是组织的使命、愿景、价值观和战略的重要表现形式,也是决定组织竞争成败和可持续发展的关键因素。

绩效管理是指通过以人为中心的绩效考核与绩效管理循环体系,激发人的内在潜能,驱动组织成员创造高绩效并不断发现组织经营管理问题,提出解决方案的管理程序与方法的综合。绩效管理也是管理者和员工之间在目标和如何实现目标上达成共识的过程,以及增强员工成功达到目标的管理方法和促进员工取得优异绩效的管理过程。绩效管理的最终目的在于提升组织效能,实现组织战略,也是企业人力资源管理的核心环节。

一、我国出版企业新媒体编辑绩效管理的难点和困境

新媒体编辑是出版企业中一个比较特别的群体,不同体制机制的出版单位对于新媒体编辑的机构设置及管理不尽相同。有的出版单位将其划分为独立的业务部门,如数字出版编辑部、电子音像编辑室,承担一定量的利润指标;有的出版单位将其归属于职能部门下属的分支部门,如总编办下的新媒体室、数字拓展部等,承担企业数字出版与融媒体发展的战略方案制定与资金申请等务虚性幕僚型工作;还有的出版单位将其归类于业务支持部门,如新媒体运营部,承担新媒体运营与宣传推广工作。正是由于新媒体编辑的工作性质、承担任务和职责复杂多变,加之我国目前大部门出版企业数字出版尚未找到盈利模式,新媒体编辑的绩效管理既不能参照传统编辑业务部门以利润指标为导向,又不能按照职能部门以工作态度、工作效率和工作质量等指标为导向进行考核管理,因此新媒体编辑的绩效管理成了难题。

目前,我国新媒体编辑绩效管理中的主要问题有以下几点。

(1) 绩效考核指标设计缺乏科学性。出版企业在设计新媒体编辑绩效考核指标时普遍存在"一刀切"现象,简单粗暴地将其归类于某一业务范畴,

---

[1] 黄勋敬. 赢在胜任力:打造基于胜任力的新型人力资源管理体系[M]. 北京:北京邮电大学出版社,2007:142.

以单一或不成体系缺乏内在联系的指标进行考核。其实表征编辑劳动成效的因素有很多种，一般考核图书编辑的绩效指标就有利润指标、编辑加工指标、图书获奖指标、品牌影响力指标、再版重印率指标、编辑质量指标、版权输出指标、学习与成长指标、业务发展指标等。因此要考虑新媒体编辑业务工作在企业中的战略地位和发展目标，结合其岗位能力和工作要求，既不能简单全部追求量化指标考核，又不能只做定性指标考核，坚持定性和定量考核相结合，设计分层合理有内部逻辑联系的指标和科学的权重划分。

（2）绩效执行流于形式。绩效执行是收集信息、整合信息，根据实际情况对绩效考核表进行调整并对下属进行绩效沟通。在出版企业实际操作中，往往侧重时间点上（年度或季度末）的绩效考核，而非全流程、全项目过程的考核。而且在评判的过程中，普遍存在"人云亦云""老好人"的情况，考核的结果和等级对员工的收入也并无太大影响，因此绩效执行成为空洞的形式。

（3）缺少必要的绩效辅导反馈与绩效改进。绩效评价结果运用是绩效管理的关键环节，关系到整个绩效管理体系的成败。而在现实中，大多数出版企业在完成新媒体编辑绩效考核后，将考核结果作为文件存档后就束之高阁。新媒体编辑管理者缺乏针对存在的问题，分析寻找员工绩效不佳的原因，与下属员工进行有效沟通的绩效辅导。被考核者仅仅知道自己的考核结果，缺乏进一步改进和提升的意见和计划，缺少上级管理者的指导和建议，会加速"职业迷茫期"的到来和延长"职业倦怠期"。因此出版企业在新媒体编辑绩效考核当中，要格外重视反映出来的问题，支持并推动编辑改进与职业提升。

二、基于胜任力模型新媒体编辑绩效管理的优势

由于我国新媒体编辑绩效管理中存在着种种问题，我们迫切需要运用新的绩效管理模式来进行实践，与传统的基于岗位的绩效管理模式相比，基于胜任力模型的新媒体编辑绩效管理更具优势。主要表现在以下几个方面。

（1）基于胜任力模型的绩效管理更加侧重于能力评价。与基于岗位的绩效管理侧重于任务评价不同，胜任力模型来源于与优异绩效有因果关系的行为类型和心理属性，对胜任力的准确评价，有利于从本源上解决"人的能力和主观能动性"问题。

（2）基于胜任力模型的绩效管理更加侧重于过程评价。与基于岗位的绩效管理侧重于结果评价不同，对于新媒体编辑工作来说，工作成果的达成不仅仅是编辑通过自身努力就可以实现的，而是依赖多种因素的综合作用，如

果主要从结果角度进行评价难免失之偏颇。通过基于胜任力模型的绩效管理，对新媒体编辑的日常行为进行观察，与之胜任力特征进行对照，可以更全面、更准确地进行评价。

（3）基于胜任力模型的绩效管理更加侧重于长期评价。新媒体编辑工作是周期长且具有系统持续性的工作，具体项目的结束并不代表整个工作的结束。基于岗位的绩效管理侧重于短期评价，过分注重对结果的考核，重视可量化的"硬指标"，这可能会导致员工为了获得更好的绩效考核成绩去采取一些不利于企业长远利益的短期急功近利的行为。基于胜任力模型的绩效管理是以新媒体编辑岗位应具备的胜任力作为被考评者的评价标准，在一定程度上可以避免损害企业长远利益短期行为的发生。

（4）基于胜任力模型的绩效管理更加侧重于定性评价。胜任力特征具有抽象性，需要通过行为事件来体现，所以对胜任力的评价不像对于财务指标或市场目标的评价那样可以高度量化。对于胜任力的评价需要评价者结合胜任力的行为指标以及被评价者的日常行为，以统一的标尺来衡量。

综合来说，基于胜任力模型的绩效管理与基于岗位的绩效管理在评价基础、评价内容、评价影响和评价方式等方面互为补充、相辅相成。基于胜任力模型的绩效管理为传统的基于岗位的绩效目标实现提供了依据，而传统的基于岗位的绩效目标实现为胜任力的测评提供了实证和补充。因此出版企业在进行新媒体编辑绩效管理时应该采用"1+1"模式，即考核中既包括基本的基于业绩和利润指标的结果考核，也包括基于胜任力的行为考核，同时根据企业自身发展阶段和战略规划，合理设置两者的权重比例。

三、基于胜任力模型的新媒体编辑绩效管理体系

构建基于胜任力模型的绩效管理体系是通过将员工个人目标和组织目标相结合，不断获取、使用、激励和开发员工胜任力，以提高员工个人绩效，进而实现组织发展目标的循环往复的过程。构建基于胜任力模型的新媒体编辑绩效管理体系关键在于厘清出版企业的绩效目标，建立新媒体编辑胜任力模型，根据胜任力模型对员工能力进行评估，以此为依据制定绩效考核体系。绩效考核体系包含绩效计划、绩效执行、绩效评估和结果应用四个环节。基于胜任力模型的新媒体编辑绩效管理体系如图6-2所示。

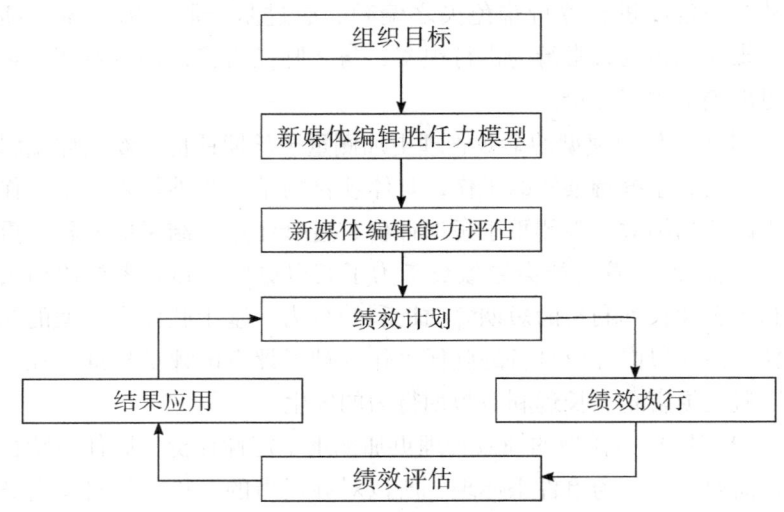

图6-2 基于胜任力模型的新媒体编辑绩效管理体系

1. 新媒体编辑绩效计划

绩效计划是绩效管理的逻辑起点,更是确保绩效管理成功的第一个环节。新媒体编辑绩效计划是确定出版企业对新媒体编辑绩效期望并得到其认可的过程。在新的绩效周期开始时,依据企业的战略规划和核心能力,编辑部门负责人对下属编辑进行沟通,针对员工在考核周期内应该达成的绩效进行协商并达成一致。交流沟通的主要内容大致有:在考核周期内,编辑要做什么、为什么做、需要做到什么程度、完成期限、完成好坏对其的影响、编辑的决策权限等。待编辑部门负责人与下属编辑就以上内容达成一致后,形成书面契约即"绩效考核表"。通常情况下,基于胜任力的绩效考核表的组成要素除了部门、职位、评估者姓名、被评估者姓名外,还包括绩效指标、指标说明、评价标准、权重等。在基于胜任力模型的绩效管理体系中,绩效考核表里的各因素与新媒体编辑胜任力模型是一一对应的:绩效指标即胜任力;指标定义即胜任力定义。评价者应采用360度评价,即由新媒体编辑岗位的上级、同级、下级和本人根据考核表分别对该岗位新媒体编辑的胜任力做出评价。明确新媒体编辑岗位的绩效考核表后,绩效计划环节告一段落,然后着手进入第二环节绩效执行。

2. 新媒体编辑绩效执行

绩效执行是绩效管理的第二个环节,是收集信息、整合信息,根据实际情况对绩效考核表做出调整并对新媒体编辑给予反馈的过程。绩效执行阶段将对绩效结果产生重要影响,也是绩效管理四个环节中耗时最长的一个环节。在基于胜任力的绩效管理体系中,绩效指标即胜任力。由于胜任力很难被直接观察到,因此需要编辑部门管理者在日常工作中持续观察比较下属行为,及时记录编辑的关键行为事件。在绩效执行环节,编辑部门管理者所承担的责任以及要完成的任务可以通过绩效执行过程模型来展现。具体内容如图6-3所示。

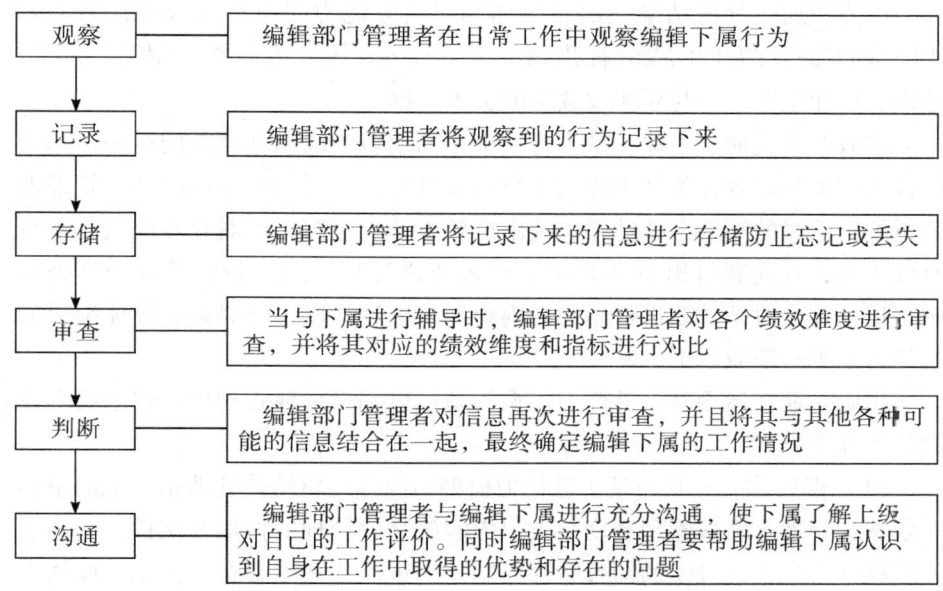

图6-3 新媒体编辑绩效执行过程

在绩效执行过程中,最关键、最重要、最困难的工作就是绩效辅导沟通。绩效辅导沟通是一个充满细节的过程,是编辑部门管理者与编辑下属在共同工作过程中分享各类与绩效有关信息的过程。这些信息包含有关工作进展的情况、有关人员编辑工作中潜在障碍和问题的信息及各种可能的解决措施等。编辑部门管理者应对编辑下属进行定期的、持续的辅导帮助,以便在某些困难发生前帮助编辑下属识别并指出困难,避免在工作中走弯路。绩效执行是决定绩效管理是否成功实施的重要阶段,这将为下一个环节绩效评估奠定坚实的基础。

3. 新媒体编辑绩效评估

绩效评估是对组织和组织内员工的价值作出判断的一种活动,是绩效管理过程中技术性最强的环节之一。在基于胜任力模型的绩效管理体系中,胜任力是绩效评价的基础,而胜任力又难以被直接观测和衡量,因此做好新媒体编辑绩效评估更具挑战性。基于胜任力模型的新媒体编辑绩效管理体系

中，在绩效评估这一环节，针对新媒体编辑管理者的评估通常采用360度评估法；针对新媒体普通编辑的评估，可采取直接上级评价法。

4. 新媒体编辑绩效评价结果应用

绩效评估结果应用是绩效管理的关键环节，关系到整个绩效管理体系的成败。在基于胜任力模型的绩效管理体系中，评价结果主要应用于两个层面：一方面通过分析结果找出新媒体编辑实际能力与所在岗位胜任力的差距，进而诊断存在的问题并提出绩效改进计划；另一方面作为招聘、晋升、培训、职业生涯设计与薪酬发放等的决策依据。

绩效改进是通过采取一系列行动来提高编辑的能力和绩效的行为。基于胜任力模型的绩效评价结果应用于绩效改进时，需要新媒体编辑部门管理者分析编辑下属的绩效考核结果，找出绩效不佳的原因，针对存在的问题进行有效沟通，共同制订出科学合理的绩效改进计划，或在新的绩效管理循环中，适当加大对绩效改进计划中的内容考核力度，以不断提高新媒体编辑的胜任力水平和绩效水平。

出版企业在运用基于胜任力模型的新媒体编辑绩效管理中，还应特别注意以下几个方面。

（1）需要建立一套与基于胜任力模型新媒体编辑绩效管理相匹配的整体绩效管理制度。绩效管理制度是组织内实施绩效管理的框架性文件，是为了实现科学、公正、务实的绩效管理而制定的规范。在出版企业内部，要构架基于胜任力模型的新媒体编辑绩效管理体系，就必须制定整体与之相匹配的绩效管理制度为之保驾护航，提供制度保障。

（2）基于胜任力模型的新媒体编辑绩效管理要随着企业战略目标和发展状况的变化而不断调整适应。编辑劳动内涵丰富，衡量指标性质多样，不同的运行机制和发展目标需要适应性的绩效管理模式和针对性的考核方法，绩效考核指标具有明显导向性的，它激励和引导编辑在业务工作开展时的方向和目标。在企业新媒体出版业务方向不明朗、尚未形成有效盈利模式时，对新媒体编辑的绩效考核应倾向于定性的胜任力指标考核，鼓励其创新开拓提升自身能力；而当企业新媒体出版战略明确、数字产品线逐渐丰富、形成盈利模式后，对新媒体编辑的绩效考核应倾向于定量的利润指标考核，激励其更多地为企业创造效益。指标体系中的权重也应灵活设置，应形势而变。

（3）绩效考核不能弱化团队协作和成长。单纯对新媒体编辑个体进行绩效考核，可能导致部门内部各自为政，难以形成合力、特色和品牌产品。因此要结合基于胜任力模型的绩效管理全环节，将新媒体普通编辑绩效考核和新媒体编辑管理者绩效考核有机结合起来，将编辑个体成长与出版企业、部门整体发展有机结合起来,形成团结协作互相扶持的绩效管理文化。

第四节　基于胜任力模型的新媒体编辑业务培训

"互联网+"时代的来临,使人才的竞争日趋激烈,越来越多的企业管理者认为人才资本是企业保持竞争优势的关键因素。因此人才培训工作越来越受到重视,许多企业把人才培养作为保持核心竞争力、进行组织人才再造的重要途径。

传统的培训以工作分析为基础,分析得出的范围较窄,局限在知识、技能等表象上。而胜任力理论从绩效差异分析入手,使分析结论与绩效具有很好的表面效度,企业可以借助这一理论,改进现有的培训体系建设,为促进绩效提升提供了新的思路与方法。传统培训与基于胜任力的培训的区别如表6-10所示。

表6-10　传统培训与基于胜任力的培训的区别

项目	传统培训	基于胜任力的培训
需求分析	以工作分析为基础,局限于知识、技能等内容	侧重影响绩效表现的关键胜任力的培训,定位准确
方式选择	侧重点在培训,注重知识与技能的传授	侧重点在于行为改变,培养中注重实践,发展中注重行动
效果评估	传统的效果评估方式与绩效表现缺少必要的联系	效果评估的侧重点在于胜任力行为改变和绩效提升

一、我国新媒体编辑业务培训存在的问题

随着出版行业体制改革的不断深入,编辑作为出版企业核心人力资源的地位愈加凸显,融媒体出版时代的到来使得各出版企业对于新媒体编辑的业务培训更加重视,但往往出现投入不少,却没有相应成效的局面。目前,我国新媒体编辑培训主要存在的问题有以下几个方面。

(1) 培训需求分析缺乏,目标不明。培训需求分析是培训活动开展的首要环节,也是保证培训有效性的起点。培训需求分析一般包括组织分析、任务分析和个人分析,综合这三部分内容才能为培训计划的制订和培训项目的选择提供全面可靠的依据。而且编辑专攻的方向不同,新媒体编辑与传统图

书编辑对能力、素质和技能储备要求各不相同。遗憾的是，大部分出版企业在组织培训时忽视了培训需求调查分析，导致不同类别的编辑培训内容没有差异化，多是一些原则性的"万金油"项目，致使培训效果差，学员参与积极性不强，培训变成了走过场或是休闲福利活动，造成了极大的资源浪费。

（2）培训内容缺少设计和规划，针对性差。由于缺乏准确的培训需求调查分析，培训内容缺少长远规划和有针对性的设计，在形式和活动时间安排上也缺乏创新。多数出版企业编辑培训的套路和内容是新闻出版行政管理部门领导讲话、政策解读；所在出版集团或本单位领导讲话、传达精神；高校学者专家编辑出版理论宣讲；业界知名编辑行家编辑实务讲座授课等。不同层次、不同层级、不同类型的编辑一锅烩，看似大而全的培训实际对具体业务提升缺乏帮助，另外专门针对新媒体、"互联网+出版"方面的编辑培训少之又少。

（3）培训评估与反馈机制不够完善。培训评估是整个培训流程的最后一环，既是对培训活动实施成效的评价和总结，其评估结果也是以后培训活动的重要依据。然而我国大多数出版企业的编辑培训的效果评估工作还停留在以考试考核和考勤考核这一原始阶段。考试难度较小，考勤相对宽松，致使许多编辑人员对培训抱着"马马虎虎蒙混过关"的态度，缺少对培训老师的评估、对培训效果的检验、对培训活动的反馈渠道，更无相应的监督机制促使培训组织者根据结果进行改进提高。

（4）培训与绩效考核缺少联系，与企业发展目标不匹配。编辑培训目标应该既考虑出版企业战略发展，又顾及新媒体编辑个体职业发展。目前，我国大多数出版企业并没有将业务培训的结果与绩效管理结合起来，将培训结果与企业的总体发展目标相匹配，这会导致企业在后续发展中遭遇人才发展瓶颈，制约出版企业进一步做大做强。

二、基于胜任力模型新媒体编辑业务培训的优势

由于我国出版企业基于工作岗位的编辑业务培训存在种种弊端，因此基于胜任力模型的编辑业务培训是一条值得探索和实践的新路。基于胜任力模型的新媒体编辑业务培训将出版企业人力资源开发的关注点转移到深层次、全面性的胜任力提升上来，突出了培训的着力点，兼顾了影响组织和编辑个体的内外部环境因素，具体来说有以下几方面的优势。

（1）战略导向，有利于组织发展需要。基于胜任力模型的新媒体编辑培训体系不仅能满足出版企业当前岗位对胜任力的要求，还能在战略层面上满足组织当前及以后对人力资源胜任力的要求。这种以胜任力为基点的培训模

式可以让新媒体编辑感受到组织的支持以及更多的公平感,两者都是组织承诺的重要因素。

(2)对能力分层分类,突出对改善绩效的关键胜任力的培养。通过对新媒体编辑胜任力的分类分层剖析,参照新媒体编辑胜任力模型,发现员工当前胜任力水平与工作岗位需求之间的差距,从而确定培训内容与方案,使之更加具有针对性。

(3)编辑培养方案更加个性化。不同编辑个体的胜任力水平各有差异,与各自工作岗位胜任力的差距也会不同,利用这些差距进行的人才培养更加个性化,如同定制化的培训服务一样,较易取得良好效果。

(4)注重动机、态度、情感和价值观等隐性特质的培训和发展。传统的培训主要是针对岗位知识和技能进行,使员工更好地胜任当前工作。知识和技能往往容易习得和改变,而动机、态度、情感和价值观等隐性特质往往很难改变。基于胜任力模型的培训在各个环节贯穿对编辑个体隐性特质的关注,能唤起受训者全程的自发内在参与。

三、基于胜任力模型新媒体编辑业务培训体系的建立

胜任力模型就是对绩优员工行为表现的归纳和提炼。与传统基于岗位的培训体系不同,基于胜任力的培训时依据胜任力模型的要求,对员工承担特定职位所需关键胜任力进行培养,提高个体和组织整体的胜任力水平,进而提升人力资源对企业战略的支持能力。建立基于胜任力模型的培训体系,关键是先建立关键岗位的胜任力模型,然后以此为基础来搭建企业的培训体系。在前文有效构建起新媒体编辑胜任力模型之后,再搭建基于胜任力模型的培训体系,具体包括基于胜任力的培训需求分析、培训计划制订与实施及培训效果评估等环节。

(1)培训需求分析。

培训需求分析是规划培训与开发活动之前,对组织及其成员的绩效、胜任力水平和职业发展愿望等进行系统的鉴别与分析,确定培训需要和内容的过程。在胜任力模型中,逻辑关系分为横向和纵向逻辑关系。横向逻辑关系体现出员工实际情况与组织要求之间的差距,在这个比较过程中,以胜任力模型为参照标准,通过员工当前情况和理想状况的对比,能够比较准确并有针对性地找出培训需求。纵向上是胜任力和行为、绩效的逻辑关系,培训需求不仅要考虑员工胜任力水平与组织要求的差距,还要充分考虑组织的内外部环境,如组织结构、成本承受能力等。只有综合考虑员工胜任力发展需求和组织内外部环境所得到的培训需求,才能真正符合组织和个人要求,并能为培训

的实施提供基础和条件。基于胜任力模型的培训需求分析模型如图6-4所示。

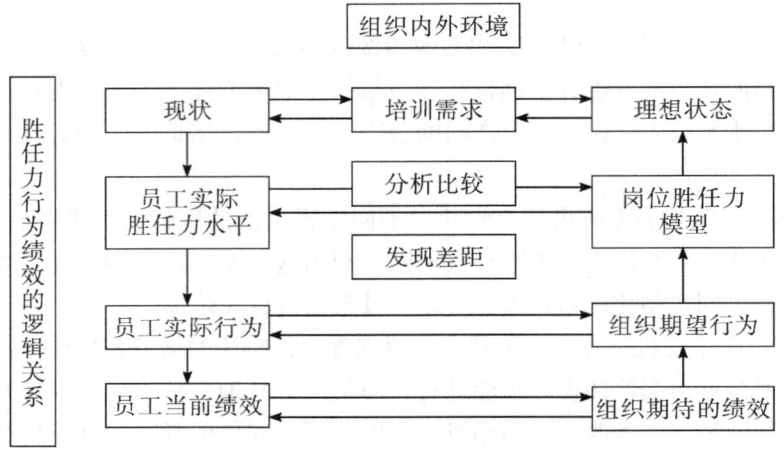

图6-4 基于胜任力模型的培训需求分析模型

组织内外部环境分析即通过对组织目标、资源、环境等因素的分析，找出组织存在的问题，并确定是否可以通过培训来解决这类问题的过程。组织内外部分析主要包括组织经营分析、组织文化氛围分析和组织资源分析。组织经营分析主要关注企业的经营理念、企业战略、业务范围和培训重点，分析组织在哪些业务领域存在绩效未达成目标的情况；组织文化氛围分析侧重分析企业文化和组织氛围对培训的支持程度；组织资源分析重点分析企业目前的培训资源及资源瓶颈。

组织内外部环境分析之后，就需要对岗位所需胜任力与员工实际胜任力水平进行比较分析。图6-5所示是根据前文模型结合某网络出版公司实际情况设定的网络初级编辑岗位胜任力。

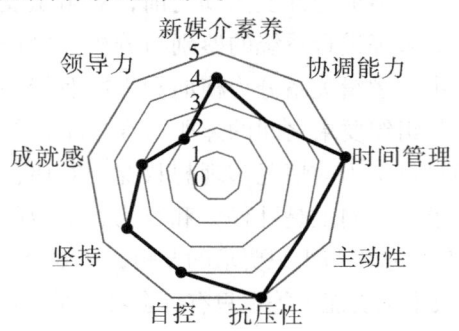

图6-5 某公司网络初级编辑岗位胜任力

一般来说，员工是否需要培训主要取决于两个方面：一是员工当前胜任力水平与岗位胜任力要求是否有差距；二是员工当前胜任力水平是否能达到新职位所提出的要求。图6-6所示为该公司网络初级编辑实际胜任力水平现状与岗位所需胜任力水平的对比。

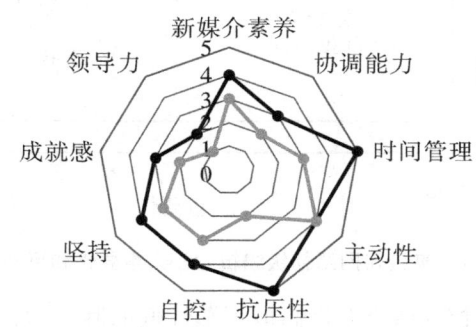

图6-6 胜任力水平对比

通过对比分析可以看出，该公司网络初级编辑胜任力水平在新媒介素养、协调能力、时间管理、成就感、坚持、自控、抗压性、领导力上与理想状态存在差距，尤其在抗压性和时间管理方面尤其突出，急需提高，因此在培训计划和内容制定上需要重点关注。

（2）培训计划制订与实施。

找出员工实际胜任力水平与胜任力模型之间的差距后，就应据此制订相应的培训与发展计划和适当的培训内容，结合具体的培训方式来弥补员工的胜任力水平缺口。在制订培训计划之前，企业应进一步分析差距产生的原因，因为并不是所有的胜任力差距都可以通过培训的方式得以消弭。因此针对能力缺口，企业首先要判断哪些差距是可以通过培训进行改善的，哪些差距是无法通过培训改善的。此项工作可以通过重要性—可塑性矩阵来分析完成。重要性—可塑性矩阵是基于胜任力培训方式选择的重要工具。胜任力重要性低、可塑性低的可以以自我提升、自我学习为主；胜任力重要性高、可塑性低的很难通过培训提高但又很重要，故需要在选拔时重点考察；胜任力重要性高且可塑性高的，应作为重点培养其能力，选取最好的师资，开展集中、高强度、强迫性的培训并辅以其他培养手段加速能力提升；胜任力重要性低、可塑性高的，适合在企业内部开展具有针对性的小规模内训。利用此工具我们将某互联网出版企业网络初级编辑各项胜任力的重要性和可塑性进行分析，具体如图6-7所示。

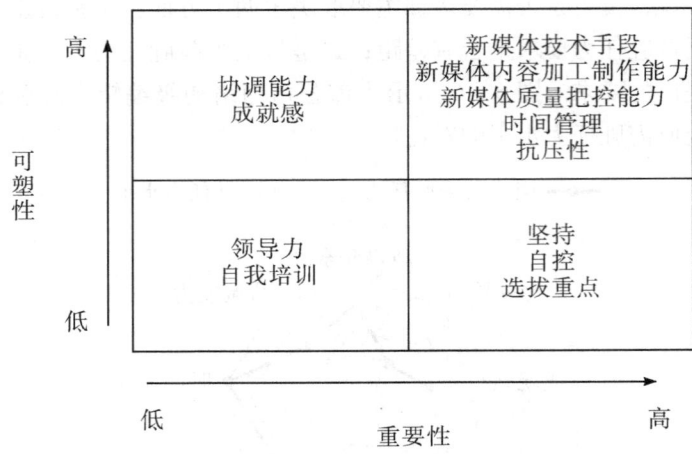

图 6-7 某公司网络初级编辑胜任力重要性和可塑性分析

对于坚持、自控这些重要性高但可塑性低的胜任力，应在网络编辑招聘选拔时重点考察关注，不建议培训。对于领导力这种重要性较低、可塑性也较低的胜任力可进行自我学习培训。对于协调能力、成就感等重要性较低、可塑性较高的胜任力可根据实际情况进行小规模企业内训。对于重要性和可塑性都高的 6 项胜任力应成为培训内容的重点。为使分析更为准确，可设计调查问卷进行针对性摸底，得出胜任力重要性排序结合可塑性，可制定出网络初级编辑培训体系的大致框架，具体如表 6-11 所示。

表 6-11 网络初级编辑培训体系框架

培训方式	胜任力		重要性排序	可塑性
重点培训	新媒介素养	新媒体技术手段	1	高
		新媒体内容加工制作能力	2	高
		新媒体质量把控能力	3	高
	职业素质	时间管理	7	高
	人格特质	抗压性	6	高
		主动性	8	高
小规模内训	职业素质	协调能力	9	中
	人格特质	成就感	11	中

(续上表)

培训方式	胜任力		重要性排序	可塑性
自我学习培训	职业素质	领导力	10	低
选拔重点 （不需要培训）	人格特质	坚持	4	低
		自控	5	低

得出需要重点培训的胜任力框架后，为了使培训更具层级性以满足不同编辑岗位员工的需求，可进一步制定重点和方向各有侧重的分层次培训内容和课程。图6-8所示为某网络出版企业基于胜任力模型的网络编辑分层培训内容与课程。

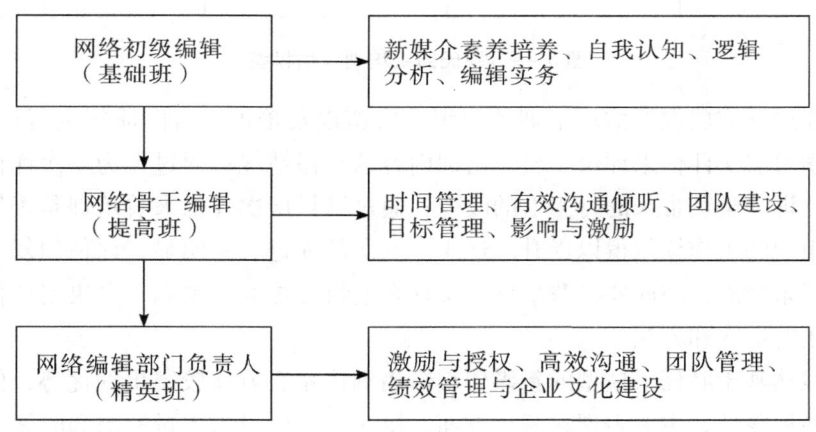

图6-8 基于胜任力模型的网络编辑分层培训内容与课程

（3）培训效果评估。

培训效果评估是在培训完成后，采用一定的形式把培训效果运用定性或定量的方式表达出来。进行培训效果评估的目的在于确定培训结果是否达到了组织的预期目标，了解员工对培训的满意度、学员实际工作中对培训中涉及的技能知识的运用成效，凭借评估结果对培训方案进行相应的改善和修正。培训效果评估是整个培训体系中不可或缺的组成部分，培训效果评估的方法主要有柯氏模型和成本收益法，其中柯氏模型比较适合基于胜任力的培训体系。柯氏模型是由美国威斯康星大学教授柯克帕特里克提出来的，即从"反应""学习""行为""结果"四个层次对培训结果进行系统评估。[1] 具

---

[1] 柯克帕特里克. 如何做好培训评估：柯氏四级评估法[M]. 奚卫华，译. 北京：机械工业出版社，2007.

体内容如图6-9所示。

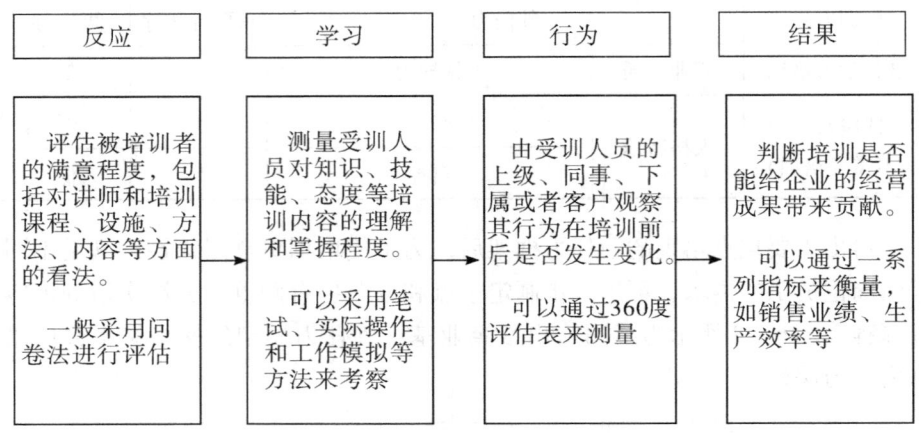

图6-9 柯氏四级培训评估模型

通过反应层次评估对培训的组织和实施以及培训本身的质量进行评估；通过学习层次评估来评价学员对培训内容的掌握情况；通过行为层次评估来检验培训给学员带来的行为上的改变；通过结果层次评估来看培训是否使学员和组织的工作绩效得以提升。这4个层次的递进关系明显，评估的复杂程度也越来越深，因此要弄清培训与实现企业目标之间的关系，再决定评估效果选用的层次和方法。

虽然基于胜任力模型的新媒体编辑培训体系有着比较突出的优势，但也有一些局限性，主要表现在两个方面：第一，需要投入大量资源和时间来研究每一个新媒体编辑岗位的胜任力模型，这对于规模较小的出版企业绝非易事，而且如果有培养前途的员工数量较少，投资在基于胜任力模型的培训显得不够经济；第二，即使组织为这种培训投入大量资源，某些环节得不到有效保证也会致使效果降低，如在某些需要以自主方式取得学习结果时，不可能人人都保持必要的自律。同时基于胜任力模型的新媒体编辑培训体系应防止步入一些误区：一是将编辑胜任力培训等同于岗位技能培训。现在许多出版企业已经逐渐重视编辑员工培训，但多数培训仅仅停留在编辑人员岗位技能层面上，将培训看作一个狭小的日常事务，培训内容也仅仅局限在陈述性知识、基础性知识的讲解上。二是培训需求分析形同虚设。目前一些出版企业对编辑需求分析流于形式或走走过场，没有真正意识到重要性，而最终是培训结果收效甚微。三是将业务培训看成一个孤立和短期的行为。有资金预算则多做，经费紧张时则少做或不做，将业务培训作为一种装点企业门面的行为。因此企业需要根据自身发展阶段和人力资源实际情况来选择培训的方式，或将传统培训与基于胜任力模型的培训有机结合以来。

第五节　基于胜任力模型的新媒体编辑职业生涯规划

人才的供应无法满足企业发展对人才的需求是许多企业人力资源管理工作的核心难题，即使在招聘和培训工作都充分开展的情形下，企业通过外部招聘和内部晋升，仍无法满足自身对专业人才、骨干力量的需求。现实中即便在新媒体编辑人才紧缺的出版企业，许多新媒体编辑仍认为自己在企业内找不到适合自己发展的职业路径，不知道如何努力才能胜任现有岗位或者更高岗位，这在一定程度上造成了企业内部人力资源浪费。解决这一问题的重要手段之一就是构建企业的新媒体编辑职业生涯管理体系。

职业生涯管理是企业通过建立一系列的制度和流程，系统化地帮助员工制定职业生涯规划和帮助其实现职业生涯发展的系列活动。员工职业生涯管理体系是企业经营发展需要和员工个人生涯发展需求相结合的产物。对出版企业而言，一套适应出版企业实际的新媒体编辑职业生涯管理体系可以实现企业新媒体编辑人才选拔和培养的规范化，提高新媒体编辑员工忠诚度和工作满意度，保持人才竞争力，塑造企业倡导的行为；对于新媒体编辑员工个人而言，一套符合个人特质的职业生涯发展规划，可以帮助其明确自我发展方向、增强自我发展动力、保持可持续的职业竞争力。企业通过职业生涯管理的措施可以为员工提供施展才能的舞台，使员工充分体现自我价值，从而吸引留住凝聚人才。

我国的员工职业生涯规划发展时间较短，在特有的国情下，传统的基于岗位的员工职业生涯规划大多从组织和个人线路进行。一条是员工个人职业生涯规划，另一条是企业为员工设计的职业生涯规划路线。从职业生涯的模式上来看，现阶段我国职业生涯规划主要以一个人职业生涯规划为主，组织职业生涯规划较少，而组织和个人共同制定的职业生涯规划的数量更是微乎其微。传统的基于岗位的职业生涯规划还存在许多问题：一是缺乏配套制度支撑。职业生涯规划与企业的培训制度、考核制度、晋升制度和沟通制度密切相关，而目前我国出版企业这些制度与职业生涯规划并不兼容。二是仅以岗位为职业生涯规划的追求目标和出发点。传统的职业生涯路径，职业通道狭窄，员工的职业生涯规划只能从岗位出发奋斗到另一个更高的岗位。对于新媒体编辑这样技能型较强的专业技术人才常常面临事业发展的困境，与管理职业生涯路径相比，技术职业生涯路径的报酬、地位、获得感都偏低，发展机会相对有限,晋升路径艰难。因此这种以岗位变迁为职业生涯发展目标的规划,对企业和个人来说都不是最佳选择,甚至导致整体效率的下降。三是难以协调组织规划与员工个人意愿之间的关系。从本质上讲,职业生涯规划是一种管理行为,职业生涯规划要达到企业和个人"双赢"的效果,使得员工在企业发展壮大过程中获得个人发展。遗憾的是我国许多出版企业对编辑职业生涯规划的"双赢"目标缺乏足够清醒的认识,导致职业生涯规划无法发挥其相应的激励和引导效用。

一、基于胜任力模型的新媒体编辑职业生涯规划的优势

当前一些出版企业虽然建立了多通道的编辑职业生涯管理体系,然而在实际运用过程中存在能力与职位匹配不够清晰具体、员工职业发展路径要求不够明确、员工个人发展目标与组织的战略目标脱节的现象,多数出版企业也并未对新媒体编辑这一新兴群体的职业生涯规划投以足够的重视。因此引入基于胜任力模型的新媒体编辑职业生涯规划有如下优势。

(1) 能力与职位的匹配更加清晰具体。职位的任职标准不再仅仅以本岗位工作所需要的知识、技能为主,更包括了一些胜任力要求。这些胜任力包括定义及不同等级对应的行为指标,既方便把现有的人员按照其胜任力水平匹配到相应岗位上去,又为选拔和培养人才提供了参照标准。

(2) 员工职业发展的要求进一步明确。员工不仅能够选择自己下一步努力的目标职位,而且能够知道要做到什么程度才能达到目标职位要求。这样员工在日常工作中就可以有针对性地提高相应方面的能力,管理者在培养员工时,也会更加具有针对性,以帮助员工更快地实现职业发展目标。

(3) 员工个体职业发展与企业战略目标能更好地结合起来。胜任力模型构建的过程是以组织战略目标为导向的,因此以胜任力为基础的职业生涯体系更能与组织战略目标融为一体。当员工按照职业通道上的职位要求来进行自身的职业生涯规划时,就自然而然地把自己个人职业发展融入组织的发展中。

二、基于胜任力模型的新媒体编辑职业生涯管理体系的建立

构建以胜任力模型为基础的新媒体编辑职业生涯管理体系应注意以下几点:出版企业通过设计新媒体编辑职业发展通道,明确员工职业发展路径;通过建立基于胜任力模型的任职资格标准,明确企业中各层各类新媒体编辑人员所需具备的素质要求,明确企业期望他们具备什么能力以及如何发展;

依据这样的标准，通过有效的测评方法、完善的制度规划、及时的反馈辅导帮助员工发现自身不足，为其量身打造一套提高任职能力的发展规划。基于胜任力模型的新媒体编辑职业生涯管理体系路线如图6-10所示。

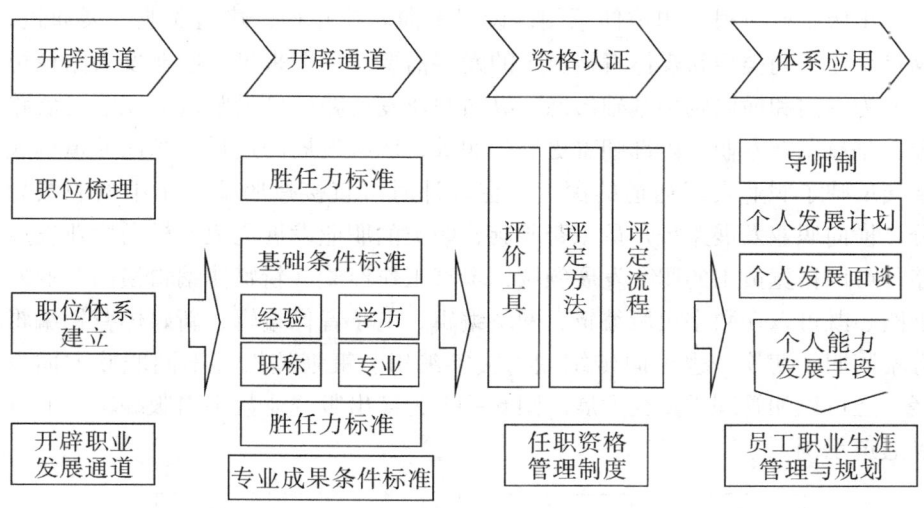

图6-10 基于胜任力模型的新媒体编辑职业生涯管理体系路线

（1）建立清晰多向的职业发展通道。

以职位管理为基础，建立清晰完善的职业发展通道，是任职资格体系建立的前提。建立员工职业发展通道的前提是企业对全部职位进行梳理，以部门为单位，将每一个岗位的岗位目的、岗位职责、上下级汇报关系和任职要求核实梳理清楚，搭建初步的岗位分类，再从横向和纵向上建立起职业发展通道：职族、职级和职等。出版企业在划分新媒体编辑职级时要考虑三个方面的内容。首先要考虑出版企业数字出版战略对新媒体人才的要求，明确企业需要哪些方面、达到什么层次的人才，目前新媒体编辑岗位是实现出版企业转型升级目标战略的关键类别岗位，因此应该为其单设一个通道。其次职级的划分要考虑职类的专业纵深及所需任职能力的梯度性差异，例如数字出版编辑任职能力相对较复杂，其职级划分可相对多些。最后职级的划分要满足区分度明显的原则，企业不能为了让员工有足够的晋升空间而人为地划分过多职级，造成任职资格体系吸引力下降。

出版企业应根据新媒体从业人员满足当前职位任职资格的成熟程度，进一步将职级细化为职等。在具体划分过程中需要考虑新媒体编辑人员知识的深度与广度、技能掌握熟练程度、胜任力行为标准的高低和管理职责的大小，强调统一职位中从业人员胜任力的差异性。例如，在某出版企业数字出版编辑部的所有编辑岗位均从低到高将每个职级细化为预备等、基础等和专业等三个职等,即同样是普通数字出版编辑,根据其胜任力高低以及所创造价值,会有不一样的职等和不一样的收入。

出版企业应根据职位体系图,设置多向职业路径,建立职业发展通道,满足企业不同类型新媒体编辑员工的发展需要。一般来讲,职业发展路径可以分为纵向和横向两种基础形态。纵向职业发展路径是最常规的职业发展路径,是员工在本职类内部朝着更高的职等、职级发展的通道。纵向通道构成直接反映了职业发展通道的深度,在设计时可直接按照前一步中的职级划分。横向职业发展路径是员工跨职族、职类的职业发展通道。横向职业发展路径可以拓宽员工的职业发展领域,丰富工作经验。新媒体编辑横向职业发展路径既可以在数字出版编辑、网络编辑、电子音像编辑、新媒体营销编辑等不同职类切换,也可向传统图书文字编辑、策划编辑等不同职族方向发展,还可以朝管理类路径发展。图6-11为某出版企业数字出版编辑职业发展通道示例。

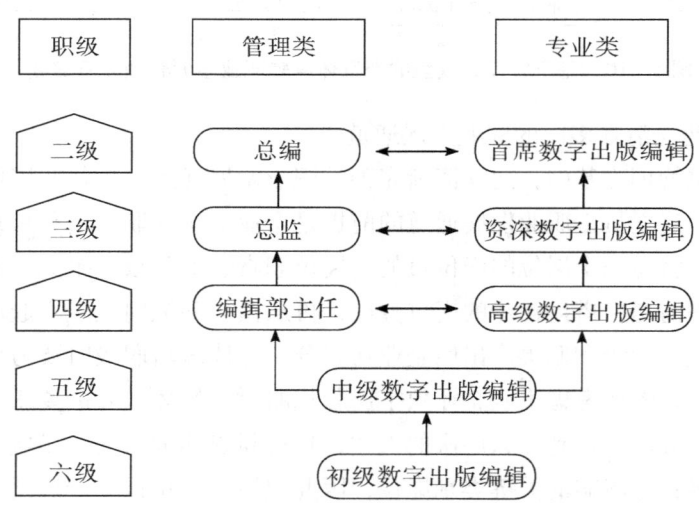

图6-11 某出版企业数字出版编辑职业发展通道

(2)建立任职资格标准。

任职资格标准的开发是职业生涯管理非常重要的环节之一。当对职类有了清楚的划分、职位等级有了明确的区分、职业发展通道有了相对固定的设置之后,企业应对每一个通道每一个层级上的员工任职要求进行归纳和提炼,形成符合企业自身经营实际的任职资格标准。首先在确定任职资格内容时,需要考虑不同通道间的差异性和统一通道内的连续性问题。具体来说,新媒体编辑不同类别的发展通道,其任职资格包含的具体内容可能会有差异,例如管理类通道的新媒体编辑任职资格标准可能包含对管理职位工作年限的要求。其次需要考虑晋升管理时的可操作性问题。任职资格标准能够为人员晋升提高有力依据,任职资格标准也要通过晋升等人力资源管理活动在企业日常管理中落地。最后要注意通道之间任职资格的平衡性。在实际操作过程中会出现一些员工跨通道发展的情况,如从网络编辑转去做新媒体营销编辑,在这种情况下任职资格应该为员工跨通道流动提供一定的依据。通过任职资格标准的设计,使员工在跨通道发展时能够明确哪些资格条件是原通道上已经通过并且能够在新通道上继承的,哪些资格条件是原通道上还不具备、需要重新发展并通过评审的。

任职资格标准一般包括基本条件、专业成果条件、专业水平条件和胜任力四个方面。因为胜任力在很大程度上能够决定员工所能取得的基本条件、专业成果条件与专业水平条件,所以胜任力是整个任职资格标准的核心所在,在建立任职资格标准时,要予以重点描述。此外建立任职资格标准还需遵循基于职类原则、业务驱动原则、牵引性原则和可区分原则。基于职类原则是指任职资格标准要与职位类别划分保持一致。业务驱动原则是指任职资格标准要源于业务发展需要,并随着企业业务的发展不断优化。牵引性原则要求任职资格标准能指导员工的日常工作,促进员工不断提高工作能力。可区分原则是指各类资格级别的划分要有明显的区分度。

(3)设计任职资格评价方法。

出版企业应该根据任职资格标准的四个方面的内容分别设计不同的评价方法,具体内容如表6-12所示。

表6-12 新媒体编辑任职资格评价方法示例

任职资格标准	内容描述	评价工具	评价方法
基础条件	学历、专业、经验	—	资格审查、履历调查
专业水平条件	专业知识	笔试题库	笔试
	专业技能	面试题库	专业面试、专业能力操作测验
专业成果条件	业绩考核成绩	—	资格审查
	专业成果备案		
胜任力条件	人格特质与职业素质	面试题库	评价中心、360度评估
	专业能力		
	新媒介素养		

（4）制订员工发展计划。

任职资格体系建设一个重要目的便是为员工制订个人发展计划。个人发展计划是帮助员工进行职业生涯发展规划的重要工具，是描绘员工未来职业发展的蓝图，能够勾勒出员工的优势、目标、待发展能力及相应的解决策略，帮助员工在合适的时间取得相应的技能，以实现其职业发展目标。

具体来说，个人发展计划是员工个人为实现特定发展目标而与组织通过沟通，双方共同制订的一系列计划和时间表。它是一个系统的过程，使员工有目标、有步骤地逐渐培养出需要提升的技能，而不会将时间和精力等资源用在可能没有效果的行动上。作为个人发展计划成功实施的前提条件，个人意向决定了参与者能否发挥主动积极性，并自觉遵守相应的章程与流程，缺少个人发展意愿的参与者是对组织资源的浪费。通过大量的实践发现，胜任力水平高、可塑性高的发展对象更容易通过个人发展计划崭露头角。然而我国大多数出版企业对新媒体编辑更趋于放羊式管理，注重绩效而忽视个体职业发展，缺乏有效的手段和投入来进行新媒体编辑人员的个人职业发展计划辅导，致使许多新媒体编辑人员对自己的发展方向比较迷茫，在工作一两年后仍然弄不清自己最适合什么工作、应该成为专业型人才还是管理型人才。出版企业可通过360度反馈、评价中心技术、性格测试等多种途径，帮助这些员工分析他们的特长与劣势，利用组织的资源，寻找企业内部优秀的编辑导师帮助其厘清思路，制定个人发展目标。

无论是制订新媒体编辑个人发展计划，还是在日后运行的辅导过程中，沟通渠道的建立都非常重要。非正式渠道的沟通会使参与双方更放松、更快地建立信任关系，同时伴随着沟通内容的逐步深入，辅导效果会不断提升。为避免员工发展计划实施流于形式，企业应定期进行效果评估，通过对被培养人能力变化与整个员工发展计划流程的双方面评估与修订，再更新实施策略、监督检查机制等，形成良好的计划—执行—检查—调整循环。

第六节　基于胜任力模型的新媒体编辑组织人才盘点

人才盘点作为企业人力资源活动中的重要基础，能够为企业人力资源管理其他模块的正常运转提供强有力的支持，因此如何正确组织企业进行人才盘点并取得准确盘点结果，是企业人力资源管理体系能否健康顺利运转的重要保障。通过新媒体编辑人才盘点，出版单位可以充分了解新媒体编辑关键岗位当下的人才数量和供给情况，为企业进一步做好人力资源规划工作提供人才现状的数据支撑，从而保障人力资源规划工作的准确性。此外，通过新媒体编辑人才盘点，出版企业可以详细了解新媒体编辑目标岗位现有人才的能力水平状况，了解人才能力缺口，为企业的人才培养提供明确的、有针对性的培训需求，进而保证培训的有效性和适用性。最后一点，通过人才盘点结果的反馈，被盘点对象可以对自身情况有更加清楚的认识，从而可以有针对性地设计自己的职业发展路径，有效地实现自我提升。

一、基于胜任力模型的新媒体编辑人才盘点的优势

鉴于人才盘点的重要基础性作用，很多企业都会定期采用年中或年底述职以及定性评估的形式进行人才盘点。这样的办法虽然简便易行，但是由于缺乏足够科学的理论基础作为支持，导致人才盘点的内容和深度不足，盘点结果缺少充足的说服力和可信度。引入胜任力模型作为组织人才盘点的理论基础，可以帮助出版企业提高人才盘点的效果，具体体现在以下三个方面。

（1）提供衡量人员能力的解决方案，同时兼顾人才质与量的盘点。

人才盘点的主要作用之一是帮助企业找到高潜力人才，并对其进行有针对性的培育和使用，形成本企业的核心竞争力，从而获得企业的可持续发展。高潜力人才是具有优异的绩效产出和未来发展潜力的人才。为了找到高潜力新媒体编辑人才，出版企业需要对其业绩和能力水平进行盘点，两者缺一不可。对编辑人员能力进行衡量就需要有衡量标准，即胜任力模型。新媒体编辑胜任力模型为衡量新媒体编辑能力提供了标尺与工具，能够使人才盘点兼顾人才的质与量两个方面。

（2）保证人才盘点标准和规范的统一性。

通过新媒体编辑胜任力模型，出版企业可以详细了解每一个新媒体编辑岗位对于不同人才能力的要求，建立统一的人才评估标准和规范，保证每一个被盘点的新媒体编辑人员都能获得公平、公正的评价，提升人才盘点的准确率，减少出版企业因为盘点结果引发的争议和不必要的人才流失。

（3）盘点结果更加容易应用到企业人力资管理后续工作中。

根据胜任力模型进行人才盘点，不仅能够使得企业明确人员现状，更可以明确知道企业进行开展后续的招聘、培训、职业生涯设计、绩效考核、晋升等人力资源工作。例如，对照新媒体编辑不同工作种类各岗位应具备的胜任力对现有人员的能力进行盘点，可以使出版企业了解到现有人员具体的能力缺口，这样企业就可以直接针对这些能力缺口来对应开展人才培训和设计培养方案。

二、基于胜任力模型的新媒体编辑人才盘点机制

基于胜任力模型的新媒体编辑组织人才盘点主要包括三个方面的内容，即人才盘点前的准备、出版企业基于胜任力模型的新媒体编辑人才盘点和人才盘点结果的后续应用和更新。

在进行人才盘点工作之前，企业应该做好以下三个方面的准备工作：一是企业需要通过人力资源规划，确定企业未来发展的人才缺口；二是通过核心岗位评定，确定需要进行人才盘点的关键岗位；三是针对关键岗位的胜任力模型，确定岗位人才能力的评定标准。

在做好以上准备工作的基础上，企业就可以开始组织基于胜任力模型的人才盘点工作，具体包括收集绩效数据信息和胜任力评估结果；召开人才盘点会；盘点会后对盘点结果进行整理并对参与盘点的新媒体编辑人员予以反馈和沟通，保证盘点结果科学严谨，并未下一步的盘点结果应用打好基础。

得到人才盘点结果之后，出版企业还需要建立人才盘点结果的后续应用与更新机制。出版企业要针对最终的盘点结果，对不同情况的员工做好进一步的发展规划。同时，出版企业还需建立人才盘点体系的持续更新系统，以便对人才发展状况进行动态监控。基于胜任力模型的新媒体编辑人才盘点路线如图 6-12 所示。

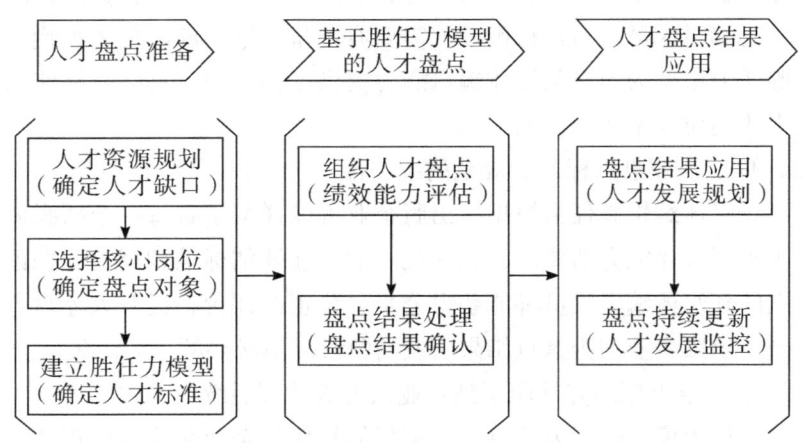

图 6-12　基于胜任力模型的新媒体编辑人才盘点路线

1. 人才盘点前的准备

好的开始就是成功的一半，而好的开始来自精心的准备。在进行基于胜任力模型的人才盘点之前，第一项准备工作就是进行有效的人力资源规划，以为进一步选择需要盘点的关键核心岗位提供重要的参考。人力资源规划工

作一般包括三个方面的内容：立足于组织的人力资源规划、立足于人才数量的人力资源规划和立足于人才质量的人力资源规划。

立足于组织的人力资源规划是根据企业未来发展的战略和对市场变化的预期，从组织层面对人力资源进行规划。其重点在于规划组织未来岗位设计和各层次人才的比例，这是人力资源规划工作的重要基础。立足于人才数量的人力资源规划是在前一个基础上，对各个岗位、各个层次对人才数量要求进行规划。此方面的规划受多个方面因素的影响，如企业战略、市场竞争程度和人员流动率、人才流失率等。立足于人才质量的人力资源规划是对各个岗位的人才能力水平要求进行规划。进行该规划时，一方面要以人才现有的能力水平和层次为基础，另一方面需要考量企业对于人才提出的新要求。

我国出版企业对于新媒体编辑的人才盘点工作相对粗放和随意。有的出版企业将新媒体编辑和其他编辑一起进行人才盘点和规划，忽视了新媒体编辑特有的胜任力特征和素质要求，造成对新媒体编辑能力水平的误判，从而影响到新媒体编辑的岗位变化、薪酬调整、职务晋升等一系列管理活动。进行人才盘点时，企业经常遇到的一个问题是如何选择关键岗位进行盘点。特别是对于那些刚刚引入人才盘点机制的企业来说，面对有限的资源，更多的是选择那些重要且急需的岗位进行人才盘点。

企业在选择需要进行盘点的核心岗位时，既要考虑岗位的重要性，又要考虑岗位人才缺口。企业需要对岗位价值进行分析，确定不同岗位对于企业整体战略实现和业绩达成的贡献程度，也就是分析各岗位在组织价值链中发挥的作用的大小。对于那些贡献高、在价值链中处于核心地位的岗位，应该优先考虑对其进行人才盘点。岗位的重要性要从两个方面进行综合考虑，分别是岗位当前价值和岗位未来价值。对岗位当前价值重要性的评估主要采用岗位价值评估的方法，包括岗位参照法、分类法、排列法和因素比较法等。岗位未来价值主要是根据企业未来的发展战略和市场发展的相关预期决定的。尤其是处于高速发展期和面临市场环境急剧变化的企业，其岗位价值的大小除了要着眼于当前岗位对企业的贡献大小，更应该考虑未来若干年岗位价值的变化。在当前出版产业转型升级，融合出版的大背景下，出版企业内部的新媒体编辑岗位由于实际承担的任务和发展目标不同，笔者认为岗位价值重要性顺序为：数字出版编辑＞新媒体运维编辑＞电子音像编辑＞网络编辑。

基于胜任力模型的人才盘点的第三个准备工作是建立需要盘点的岗位胜任力模型，同时同一岗位类型在不同层级上的胜任力要求应该有所差异。根据前文建立的模型，可具体建立某出版企业数字出版编辑的岗位胜任力，如表6-13所示。

表6-13 某出版企业数字出版编辑的岗位胜任力

胜任力	编辑室主任	主管	普通编辑
主动学习	4	3	2
信息组织能力	5	4	3
积极倾听	5	3	1
批判思维	4	2	1
时间管理	5	4	3
诚实可靠	4	4	4
口头理解	4	3	2
想象力	4	3	3
思维创造力	4	3	2
书面表达	5	4	3
新媒体技术手段	4	3	2
新媒体质量把控能力	5	4	3
新媒体加工制作能力	4	3	3

从表6-13中可以看出，在同类型岗位的不同职位上，对于胜任力要求标准也应有所不同。表格中的数字代表了该岗位的在职人员应具备的胜任力要求的等级，一般来说，随着职级的提升，胜任力的要求也相应有所提升。

建立岗位胜任力模型，可以在为不同岗位的在职人员进行能力和潜力盘点评估时提供较为准确的评定标准，从而减少了评估缺乏统一依据的风险，提高了评估的准确度和科学性。

2. 基于胜任力模型的人才盘点

基于胜任力模型的人才盘点是盘点工作的核心，也是决定人才盘点工作最终能否达到预期效果的关键。基于胜任力模型的人才盘点主要由两个部分组成，分别是组织人才盘点和人才盘点结果处理。

组织人才盘点是人才盘点的具体执行和评估过程。总的来说，人才盘点主要是从两个方面评价员工，分别是员工的绩效表现和能力潜质，出版企业可以通过人才盘点会等的形式，对需要进行盘点的员工进行讨论并得出盘点结果。

员工的绩效表现主要是该员工在过去一年或两年里的个人绩效成绩。新媒体编辑的绩效考核可参考本书第六章第三节提到的方法和流程进行。在获取新媒体编辑员工的绩效表现数据后，经过综合分析和比较，将目标岗位员工的绩效考核结果按照标准分成高、中、低三个不同的层级。对于绩效成绩在总体排名靠前的员工（一般为前27%，企业可根据自身需要进行调整），定义为绩效表现"高"的员工；对于绩效成绩在总体中排名后的员工（一般为后27%，企业可根据自身需要进行调整），定义为绩效表现为"低"的员工；其他中间部分的员工，定义为绩效表现为"中"的员工。

员工的能力潜质评估主要针对目标岗位员工的专业知识技能和胜任力进行评价，其评价方法包含访谈法、问卷法、行为化面试法和专业笔试法。通过以上多种方法收集到的员工能力潜质数据，同样需要按照得分的高低划分为高、中、低三个不同的层级，具体的划分方法与绩效表现的划分方法相同。

通过对绩效表现成绩和能力潜质数据的收集、整理和分析，企业的相关管理者已经掌握了对于目标职位每一位任职者的相关信息，下一步就需组织针对不同岗位的人才盘点会确认人才盘点的结果。盘点会的主要参加对象为目标岗位的直接上级和间接上级，由其针对目标职位的每一位在职人员的能力潜质和绩效表现进行讨论，并对前期收集到的绩效表现和能力潜质数据进行修正，填写人才盘点评估表。

人才盘点结果处理由两个方面构成：一是对盘点结果进行整理分析，生成人才盘点九宫格；二是由专业人员就人才盘点的结果与员工进行沟通反馈，促使每一个员工都达成对盘点结果的认可。

人才盘点结束后，可对盘点结果进行综合比较，最终将目标岗位上的每一个员工纳入由业绩表现和能力潜质组成的二维表中，形成人才盘点九宫格，具体如图6-13所示。

能力潜质	低	中	高
高	败走麦城型 警告，考虑其他更合适的岗位	朝阳型 谨慎规划下一步的工作安排，重点指导	将相之才型 规划多重快速发展通道，确保薪酬竞争力
中	鸡肋型 警告，明确改进要求，考虑剥离	中坚力量型 重点开发培养	如日中天型 给予发展机会，同时提高薪酬竞争力
低	失败型 尽快从组织剥离	夕阳型 保留原职位，考虑逐渐减少其管理职能	非能力型 保留原职位，给予认可，保持其工作积极性

图6-13　新媒体编辑人才盘点九宫格

人才盘点九宫格明确了每一个新媒体编辑人员的优势和不足，同时可以根据其特点，为不同类型员工安排不同的发展规划，具体内容如表6-14所示。

表6-14　新媒体编辑人才类型、特点及发展规划

类型	能力潜质	业绩表现	特点	发展规划
将相之才型	高	高	在潜能、岗位胜任力、个人魅力和公信度方面表现优异，并且取得优异业绩	为其规划多重快速发展通道，确保薪酬竞争力，优先考虑为其安排更重要的工作或进行职位提升
朝阳型	高	中	在潜力和岗位胜任力上表现优秀，且个人绩效良好	谨慎规划下一步的工作安排，让业绩优秀的员工给予重点指导，加快其业绩水平的提升
如日中天型	中	高	在现有岗位上业绩表现突出，但个人能力上还有提升空间	给予发展机会，在业绩方面督促其继续保持，针对其能力短板安排相应发展，同时提升薪酬竞争力
中坚力量型	中	中	在业绩和个人能力上都有良好的表现，但是都不突出	在保持其现有业绩和能力水平的基础上，对其能力水平和业绩达成方法进行提升，争取尽快取得突破
败走麦城型	高	低	具备很强的个人能力，但是缺少业绩达成的方式方法	分析其业绩不佳的原因，考虑是否需要为其调换合适的岗位或为其制订具有针对性的提升计划
非能力型	低	高	个人在现有岗位业绩有突出表现，但在更高职位上的发展潜力不足	在原岗位或同类岗位上留用，给予一定支持，尽量延长其目前的良好状态，并给予一定激励

（续上表）

类型	能力潜质	业绩表现	特点	发展规划
鸡肋型	中	低	个人具备一定的能力潜质，但在目前岗位上绩效表现较差	对其绩效表现提出警告，并为其明确改进要求，在条件允许的情况下，考虑将其从组织中剥离
夕阳型	低	中	个人在目前职位上的绩效表现还可以，但已经没有进一步提升的潜质	保留原职位，考虑逐渐减少其管理职能和挑战性工作，为其安排更多事务性工作
失败型	低	低	个人能力和综合表现都较差	应考虑尽快将其从组织中剥离

3. 人才盘点结果的应用

在完成人才盘点之后，出版企业应进一步考虑对于盘点结果的应用，这主要包含两方面的内容，分别是人才盘点结果的具体应用和人才盘点持续更新机制。

人才盘点不是结束而是另一个开始。人才盘点是针对目标岗位进行能力潜质和绩效表现的综合评定，评定结果应用的好坏，直接决定了人才盘点的意义和价值。通常情况下，新媒体编辑人才盘点的具体应用体现在晋升、薪酬和人才发展三个方面。

（1）人才盘点结果应用于晋升。

人才盘点九宫格为我们提供了一个对目标岗位现有人才能力潜质和绩效表现的全面系统的认知，帮助出版企业的管理者和决策者更加清晰地了解自己新媒体编辑下属的情况，进而为实现合理晋升、建立出版企业人才梯队提供了可能。

在决定哪些员工可以进入晋升提名名单时，首先应该关注绩效表现优秀且能力潜质同样优秀的员工，因为这些人员的能力已经符合并超出了目前岗位的要求，具备了晋升的基本条件。出版企业管理者可以综合评价员工的企业忠诚度、道德品质等其他多方面的内容，最终决定谁能够得到晋升，而其他同样表现优秀，但没有取得晋升的员工，可以组建成上一级岗位的后备人才库，在组织发展需要时及时选任这部分员工补充到更高的层级中，避免因为某个管理者离职而造成企业的措手不及。

（2）人才盘点结果应用于薪酬。

现今出版企业的竞争更多地体现在编辑人才的竞争，如何减少人才流失，增加人才对于企业忠诚度是每个出版企业都需要关注并解决的首要问题。除了为员工安排合理的发展规划，给表现突出的员工更重要的职位外，企业同样需要注重在薪酬方面的投入。

根据人才盘点的结果，对于表现优秀的员工，在进行薪酬调整时应格外关注，提供更具有市场竞争力的优厚待遇，将更多的用人成本投放到合适的员工上，让他们感到自身的价值；对于表现不佳的员工，可以考虑不对其进行薪酬调整，甚至考虑为其降薪。

（3）人才盘点结果应用于人才发展。

通过人才盘点，企业管理者可以获得员工的绩效表现和能力潜质现状，根据这些信息为员工安排合适的发展计划。对于绩效表现突出但是能力潜质有待提高的员工，管理者可以根据其在人才盘点中能力潜质各个维度上的得分，确定其能力短板，为其找到具有针对性的发展方向，并安排相应的培训课程以提升其能力水平。具体操作可参考本书第六章第四节内容。对于能力潜质表现突出但绩效表现有待提高的员工，管理者可以通过一对一座谈的形式，帮助下属找到绩效不佳的原因，考虑为其安排企业内部的绩效帮扶导师，帮助提升绩效成绩。目前不少出版企业在内部实行"编辑导师制"，由工作能力和经验丰富的老编辑带徒弟，言传身教，帮助新进编辑快速成长，有些已经取得良好的效果。

人才盘点的结果对人才的评价并不是一成不变的，而是需要不断更新和完善，保证人才盘点结果的长期有效，具体体现在建立动态的人才"蓄水池"。出版企业应根据人才盘点的结果，将表现优秀的新媒体编辑员工纳入上一级岗位的后备人才库，即岗位的"人才蓄水池"。人才蓄水池需要依据员工的能力潜质和绩效表现的变化进行及时的调整和更新，保持人才蓄水池的双向流动性。这样在保障企业高速发展的同时，兼顾企业自身人才的储备，为企业建立长效、规范的用人机制奠定坚实的基础。

第七节　新媒体编辑胜任力模型在人力资源管理应用中应注意的问题

目前，我国出版企业人力资源管理中关于胜任力模型的实际应用还处于尝试和起步阶段，仍存在一些亟待完善和改进的地方，特别是构建出新媒体编辑胜任力模型后，开发测量各项胜任力特征的工具和量表还需要进一步摸索。出版企业选择编辑胜任力特征分析时，应当从企业自身的实际需求、人力、物力、财力、发展目标、所处阶段等多方面因素综合考虑。当前我国出版企业将胜任力模型运用在人力资源管理实践中常见的问题有以下几个方面。

（1）脱离实际、盲目套用，认为胜任力模型是万能药。

胜任力模型是当前人力资源管理中的热点之一，但不应过分扩大其在企业人力资源管理实践中的作用，企业一哄而上都引用胜任力模型的做法往往图时髦而忽略了本质，片面的模仿容易导致资源浪费和达不到预期效果。针对目前出版企业数字出版转型升级的改革发展需要，如何将其他行业企业运用胜任力模型的先进经验引入出版企业的人力资源管理实践中来，怎样切实建立以新媒体编辑胜任力模型为基础的绩效管理体系以及与之相关的胜任力特征考评，是出版企业在构建和运用新媒体编辑胜任力模型时首要解决的问题。由于胜任力特征与企业内部环境和工作岗位高度关联，一种行为特征能否成为胜任特征受到从业人员所面对的环境和从事的工作岗位的影响。虽然在很多时候新媒体编辑核心的胜任特征可能在不同的出版企业都采取相同的字眼来描述，但它们的内涵有可能不同。具体到行为等级的描述上也会存在差异，这是由各个企业的性质、经营方向、发展战略、企业文化和价值观的不同而决定的。因此，无论通过何种方式建立和应用新媒体编辑胜任力模型都要在充分了解企业实际环境和工作岗位实际情况的前提下进行，切不可依葫芦画瓢，生搬硬套。胜任力模型只能为解决企业人力资源管理当中一部分问题提供理论框架，切不能当作医治企业百病的万能药而盲目套用。

（2）文化与观念上的差异造成实际运用的偏差。

自从胜任力模型技术诞生以来，确立职位所需的胜任力的方法一直以行为事件法为主，获取行为事件的方法又以行为事件访谈发为主。行为事件访谈法固然有一套成型的操作流程，但实际操作仍然比较复杂，经常依靠主观判断，所以其质量在很大程度上依赖操作者的经验与阅历。此外，当前企业在开发胜任力模型时，往往要借助胜任力特征辞典和一般胜任力模型等工具，而现有的胜任力辞典和一般胜任力模型都是在西方文化语义环境下编制的，其应用的语言和概念体系都受西方思维文化的强烈影响。运用这样的工具进行新媒体编辑胜任力开发，不可避免地会使构建出的胜任力模型在内容上带有西方色彩，在语言上带有较强的翻译痕迹，影响到企业管理者的理解和应用。因此出版企业在构建和开发新媒体编辑胜任力模型时，要特别注意中外文化和观念差异，衡量新媒体编辑胜任力模型的标准，要特别关注其是否能客观、准确、真实、完整地反映新媒体编辑职位所需的任职资格，尤其是潜质方面的特征。

（3）缺少有效应用的企业人力资源管理体系与微观环境。

胜任力模型要发挥作用需要人力资源管理的配套措施支持和企业良好的文化范围与微观环境，其中最重要的是绩效管理体系。胜任力模型的开发阶段，需要选取不同绩效等级的新媒体编辑员工群体作为行为事件访谈的对象；胜任力模型要运用在培训中，首先必须找到最急需和最有潜力的培训对象；新媒体编辑胜任力模型中的胜任能力，经常被还原为进行绩效考核的行为性指标，这些都要求企业以拥有较为完备的以结果为导向的绩效管理体系为基础。我国出版企业以前长期处于事业单位体制，虽然近年来都完成了企业化转制改造，但遗留下来"平均主义""小富则安"等思想，以及注重社会效益而缺乏市场经营意识都严重影响胜任力模型在企业人力资源管理实践中发挥更积极的作用。胜任力模型只是人力资源管理中的一项辅助性工具，其本身难以发挥独立性作用，只有融入人员招聘与甄选、培训、绩效管理和职业生涯设计等具体环节中，其价值才能真正得以体现。因此我国出版企业还要进一步解放思想，学会在市场中搏击风浪创造效益，营造良好的企业经营管理微观环境。

第七章 总结与讨论

本书以胜任力、工作分析、新媒介素养等相关理论为研究基础,结合我国目前出版产业发展形势和新媒体编辑工作现状,通过问卷调查收集原始数据加以分析,运用定性与定量相结合的方法进行新媒体编辑胜任力模型的构建,并对其进行验证。随后结合当前出版企业新媒体编辑人力资源管理实践,在人才招聘与选拔、绩效管理、业务培训、职业生涯规划和组织人才盘点等方面进行实际应用研究。通过以上理论探析与实证分析,本研究得出了一些研究结论与观点,同时也存在着不足以及对后续研究的展望。

第一节 本书主要结论

1. 新媒体编辑胜任力模型由3个维度18个胜任力特征组成

三个维度具体为人格特质与职业素质、专业能力和新媒介素养。其中,人格特质与职业素质包含9个胜任力特征要素,即坚持:坚持不懈地做某件事且耐力十足;抗压性:能够接受批评并沉着有效地应对高压场景;成就感:以高标准要求自己力求取得成功为目的的动机;注重细节:在工作过程中始终保持耐心,认真对待每一个细节以及全面地完成任务;自控:在工作中控制不满情绪、保持冷静;灵活性:自如应对工作环境中的变化和多样性;诚实可靠:人品正直具有强烈道德感;积极倾听:对他人所说的内容给予足够重视并理解吸收;主动学习:主动学习掌握最近知识技术并应用于工作中。专业能力包含6个胜任特征要素,即口头理解:用口语方式传递信息表达观点并让他人理解;思维创造力:思维灵活、能够打破常规提出具有创造力的想法;书面表达:用书面形式传递信息表达观点并让他人理解;制作与推广:参与产品制作并成功推向市场;广泛涉猎:具备与工作相关多方面知识,博学兴趣广泛;领导力:具备领导团队、承担责任、提供意见和决策的意愿。新媒介素养包含3个胜任力特征要素,即新媒体的技术手段:新媒体编辑工作开展所需软件、系统、程序等技术工具;新媒体质量把控能力:

对新媒体产品质量把关、控制在一定的范围和标准内；新媒体内容加工制作能力：跨媒介集合要素，整合制作成完整产品。

2. 数字出版编辑胜任力模型由3个维度13个胜任力特征构成

三个维度具体为人格特质与职业素质、专业能力和新媒介素养。其中人格特质与职业素质包含6个胜任力特征要素：主动学习、信息组织能力、积极倾听、批判思维、时间管理、诚实可靠。专业能力包含4个胜任力特征要素：口头理解、想象力、思维创造力和书面表达。新媒介素养包含3个胜任力特征要素，即新媒体的技术手段、新媒体质量把控能力和新媒体内容加工制作能力。由对比新媒体编辑胜任力模型，我们可以发现数字出版编辑在胜任力特征上的差异。在人格特质与职业素质这个维度，数字出版编辑的共同因子为主动学习、积极倾听和诚实可靠，信息组织能力、批判思维和时间管理为其特有的因子。在专业能力这一维度上，数字出版编辑的共同因子有口头理解、书面表达和思维创造力，特有因子是想象力。而在新媒介素养这一维度上与总模型一致。

3. 网络编辑胜任力模型由3个维度11个胜任力特征构成

三个维度具体为职业素质、人格特质和新媒介素养。职业素质包含4个胜任力特征要素：领导力、协调能力、时间管理和主动性。人格特质包含4个胜任力特征要素：自控、抗压性、坚持和成就。新媒介素养包含3个胜任力特征要素，即新媒体的技术手段、新媒体质量把控能力和新媒体内容加工制作能力。分析网络编辑胜任力模型结构，发现其与新媒体编辑胜任力总模型有较大差别。人格特质与职业素质为单独分开的两个维度，专业能力维度消失，新媒介素养维度依旧存在。

4. 基于胜任力模型的新媒体编辑招聘与甄选方式具有的优势

与传统的基于职位的新媒体编辑招聘与甄选方式相比，基于胜任力模型的新媒体编辑招聘与甄选方式具有以下优势：选人依据和标准更加科学、招聘渠道建设强化精准性，真正起到筛选作用，甄选方法更为重视从实际工作和情境出发，预测性更佳。基于新媒体编辑胜任力模型的招聘与甄选体系包括以下关键环节：设计招募信息、设计甄选工具、培训面试官、获取面试者关键胜任力信息以及招聘与甄选效果后评价及工具更新。

5. 基于胜任力模型的绩效管理更加侧重于能力评价、过程评价、长期评价、定性评价

构建基于胜任力模型的绩效管理体系是通过将员工个人目标和组织目标相结合，不断获取、使用、激励和开发员工胜任力，以提高员工个人绩效，进而实现组织发展目标的循环往复的过程。构建基于胜任力模型的新媒体编

辑绩效管理体系关键在于厘清出版企业的绩效目标，建立新媒体编辑胜任力模型，根据胜任力模型对员工能力进行评估，以此为依据制定绩效考核体系。绩效考核体系包含绩效计划、绩效执行、绩效评估和结果应用四个环节。

6. 基于胜任力模型的新媒体编辑业务培训具有的优势

基于胜任力模型的新媒体编辑业务培训具有以下优势：战略导向，有利于组织发展需要；对能力分层分类，突出对改善绩效的关键胜任力的培养；编辑培养方案更加个性化；注重动机、态度、情感和价值观等隐性特质的培训和发展。建立基于胜任力模型的培训体系，关键是先建立关键岗位的胜任力模型，然后如何以此为基础来搭建企业的培训体系，其具体包括基于胜任力的培训需求分析、培训计划制订与实施及培训效果评估等环节。

7. 基于胜任力模型的新媒体编辑职业生涯规划的优势

基于胜任力模型的新媒体编辑职业生涯规划有如下优势：能力与职位的匹配更加清晰具体、员工职业发展的要求进一步明确、员工个体职业发展与企业战略目标能更好地结合起来。构建以胜任力模型为基础的新媒体编辑职业生涯管理体系应包括以下几点：出版企业通过设计新媒体编辑职业发展通道，明确员工职业发展路径；通过建立基于胜任力模型的任职资格标准，明确企业中各层各类新媒体编辑人员所需具备的素质要求，明确企业期望他们具备哪些能力以及如何发展；依据这样的标准，通过有效的测评方法、完善的制度规划、及时的反馈辅导帮助员工发现自身不足，为其量身打造一套提高任职能力的发展规划。

8. 基于胜任力模型新媒体编辑人才盘点的优势

基于胜任力模型新媒体编辑人才盘点的优势：能提供衡量人员能力的解决方案，同时兼顾人才质与量的盘点；保证人才盘点标准和规范的统一性；盘点结果更加容易应用到企业人力资管理的后续工作中。基于胜任力模型的新媒体编辑组织人才盘点主要包括三个方面的内容，即人才盘点前的准备、出版企业基于胜任力模型的新媒体编辑人才盘点和人才盘点结果的后续应用和更新。

第二节　本书创新之处

本书在吸收借鉴已有研究成果的基础上，试图实现一些创新，具体而言本书的创新之处主要包括以下三点。

第一，相对于其他行业领域，我国目前编辑领域胜任力研究较少，聚焦新媒体编辑胜任力的研究更是凤毛麟角。而且大部分研究从岗位要求、从业素质、职业能力等方面阐述从事新媒体编辑所需要的能力和素质，多数基于自身实际工作和管理经验泛泛而谈，缺乏全面系统的人力资源管理理论支撑。本书将胜任力模型、工作分析等人力资源管理理论引入新媒体编辑个体能力研究，对后续新媒体编辑胜任力研究提供了一定的框架基础和研究思路，具有较好的借鉴价值。

第二，本书综合运用定性和定量的方法对新媒体编辑胜任特征素质进行了提炼，创新性地构建了我国新媒体编辑胜任力模型，填补了目前国内研究的空白。通过大规模问卷调查选取的样本来自北京、辽宁、天津、上海、江苏、浙江、广东、湖北、湖南、四川、重庆、陕西、云南、福建、河南、安徽等十几个地区500多名新媒体编辑，企业类型涵盖国有出版企业、私营出版机构、上市传媒集团和新兴互联网企业，在样本数量、代表性和全面性上比起过往同类研究有较大提升。利用问卷调查的结果对性别、年龄、学历、职称、职位、工作年限等变量进行了分析，并分别建立不同工作岗位的新媒体编辑胜任力子模型。

第三，针对目前胜任力模型在出版企业人力资源管理中的应用空白，本研究从新媒体编辑胜任力模型在人员选聘、人员培训、绩效考核、职业生涯规划、企业人才盘点等的实际使用入手，提出有建设性的意见和可实操的工作手段。这些工具和方法可以在新媒体编辑人力资源管理的日常实践中直接予以应用，具有较强的指导性。

第三节　本书的不足

本书以胜任力理论、工作分析理论和新媒介素养理论为基础对我国新媒体编辑胜任力模型进行了构建和验证，并将新媒体编辑胜任力模型应用于出版企业新媒体编辑的人力资源管理各个环节当中。但由于受本人研究能力和一些客观研究条件等多方面的限制，本研究仍然存在一些不足之处，主要体现在以下四个方面。

第一，由于对胜任力理论和胜任力模型、工作分析理论的研究和理解还不够深刻，对于人力资源管理学科及其最新理论在出版领域中的应用结合还不够深入和全面，因此在统领整个论文结构方面存在了一些问题，理论基础比较薄弱和欠缺。

第二，研究样本不够多。为保证研究结果可信，笔者虽尽最大努力收集所有可用的样本数据，但由于我国出版企业体制不尽相同，地域跨度较大，加之数据收集时间较紧，使得最终用于研究的数据量离理想目标尚有一定差距。为规避这一不足可能给研究结论带来的不良影响，虽严格按照数理统计分析方法对样本数据进行了预试研究，但仍不能完全消弭研究样本不够充足可能对研究结论造成的影响。

第三，对于新媒体编辑的外延和内涵研究分析得不够。新媒体编辑作为我国古老编辑行业的一支新军，在工作内容、工作规范、工作要求、工作性质等方面与传统图书编辑有着巨大的分野。随着出版产业日新月异的变化，新媒体编辑的范畴也不断发生改变，笔者由于受视野和能力限制，对新媒体编辑的最新发展分析挖掘得还不够深入。

第四，对新媒体编辑胜任力模型在出版企业新媒体编辑人力资源管理具体领域中的应用还需进一步提升。胜任力理论是人力资源管理中的重要理论，随着胜任力研究成果的不断涌现，其在行业和企业具体人力资源管理实践中的应用越来越广泛，本书虽然在人员选聘、人员培训、绩效考核、职业生涯规划、企业人才盘点等具体环节上做了重点论述，但对人力资源规划、薪酬管理等方面的应用分析比较欠缺，仍然不能全面反映新媒体编辑胜任力模型在其人力资源管理中的系统性作用。

第四节　研究展望

本书围绕我国新媒体编辑胜任力模型的建立和实际应用进行分析和讨论，并得出一些有价值的结论。但随着我国出版业改革不断深入和科学技术不断发展，围绕新媒体编辑胜任力这一重大研究命题，仍然有不少问题值得深入探索，后续研究可以重点从以下三个维度展开。

1. 对新媒体编辑不同工作类别的具体胜任力差别进行深入研究

本书试图探讨不同工作类别的新媒体编辑胜任力子模型，由于电子音像编辑和新媒体运维编辑的样本数量非常有限，因此得不到有效的基础数据，无法进一步深入研究。如同数字出版编辑和网络编辑一样，不同工作类别的新媒体编辑之间的胜任力要求是有差异的，和整体新媒体编辑胜任力的要求也存在不同，我们可以继续深入研究，构建子模型以反映特定类别新媒体编辑的特殊胜任力特征，为指导特定类别新媒体编辑的人力资源管理提供理论依据。

2. 对新媒体编辑胜任力模型在出版企业具体人力资源管理的应用广度方面进行进一步探讨

目前，胜任力在企业人员招聘与甄选环节应用最为广泛和深入，在职位分析、绩效管理、职业生涯规划、业务培训和组织人才盘点方面也有较为成熟的运用。对于胜任力在人力资源管理的应用广度还有进一步挖掘的空间，新媒体编辑胜任力模型还可以在新媒体编辑的人力资源规划、薪酬管理、工作激励、项目管理等方面发挥更大的作用，这也是新媒体编辑胜任力研究的另一个崭新方向。

3. 对新媒体编辑胜任力和组织文化的相关性进行深入研究

最新研究表明，组织文化对具体岗位的胜任力具有一定的影响作用。目前大多数的胜任力研究停留在具体个体职位和岗位层面上，缺乏对组织文化层面的整体思考。因此可以进一步深入探讨不同组织文化的出版企业在新媒体编辑胜任力模型各因子上的差异，揭示组织文化对新媒体编辑胜任特征的具体影响作用，探究组织文化与个体胜任力的相关性。

附 录

附录一 新媒体编辑胜任特征测评问卷（预试版）

尊敬的先生/女士：

您好！非常感谢您抽出宝贵的时间来回答本问卷。此问卷是为研究新媒体编辑的胜任能力而设计，本轮问卷预计需占用每位被试者 10 分钟的时间填写，请判断您在工作中的实际情况与问卷中行为描述的符合程度，然后选择相应的选项，请注意勿有遗漏。

本问卷所收集的数据仅供课题研究使用，问卷不记名，并且我们承诺对填写结果完全保密，请您放心作答。衷心感谢您在百忙之中参与我们的工作，谢谢！

新媒体编辑胜任素质模型课题组
2017 年 5 月

1. 请根据您的实际情况选择最符合的项，并打"√"。

附表 1-1 新媒体编辑能力素质测评问卷

行为描述	完全符合	基本符合	不确定	基本不符	完全不符
①在工作中，我擅长透过新媒体平台上的各种信息找到事物之间的相似（共性）或者关联之处，最后形成一个普遍规律和共识					
②我会不自觉地使用逻辑、推理的方法去分析事物（或结论），以及解决问题					
③在通常情况下，我会根据财务、人事等实际情况为工作中遇到的问题选择一个最适合的解决方案					

（续上表）

行为描述	完全符合	基本符合	不确定	基本不符	完全不符
④在纸质媒体到新媒体的转型过程中，我能够准确把握新媒体的特点，最大限度地发挥新媒体的传播优势					
⑤我擅长把文字、图片和音像三者结合，制作出优秀的新媒体作品					
⑥我拥有丰富的新媒体工作经验，能够准确把控新媒体产品的质量					
⑦我能够熟练使用与新媒体编辑工作相关的应用软件及系统					
⑧我的书面表达能力不错，与别人的书面交流中很少出现误会					
⑨我善于从工作文件中抓取重点，准确理解上级下达的任务					
⑩我很擅长对作品量体裁衣地构思和设计，并每次都能够将其成功地推向市场					
⑪我会积极主动地帮助客户，并为他们提供最好最快捷的服务					
⑫我的口头表达能力与理解能力不错，与他人的谈话中很少出现误会					
⑬我觉得自己思维灵活，经常能够打破常规，提出新颖的想法和方案，具有创造力					
⑭我对工作事务的理解和感悟比一般人要优秀					
⑮我涉猎广泛，知识全面，能胜任多数岗位					
⑯在工作中，我擅长深入现场，进行考察，通过一定的途径和方法获取相关材料，来发现和解决问题					
⑰我觉得自己是一个想象力丰富的人					

（续上表）

行为描述	完全符合	基本符合	不确定	基本不符	完全不符
⑱我善于观察，注重细节的东西，对工作中出现的任何细微问题都不放过					
⑲我能够在两个或多个活动或者信息来源间来回转换					
⑳遇到问题我能主动进行沟通并有自己的一套合理的方式方法，沟通过程采取的方式成本最小，成效最大					
㉑对别人所说的内容我会给予足够的重视，花费一定的时间去了解他们所提出的观点，有针对性地提出一些问题，并且不随意中断他们的讲话					
㉒我能够有自己的学习方法和技巧，能够在环境等外在客观条件下改变自我，并具有重新接受新思想、新观点的学习态度					
㉓我懂得一套科学的组织设计原则，熟悉并善于运用各种组织形式，善于用权，能够指挥自如，控制有方，协调组织内部之间、内部和外部之间等的各项资源如人力、物力、财力，并将其搭配、平衡，以获得最佳效果					
㉔在工作中，我自始至终耐心、认真地对待每一个细节以及全面地完成任务					
㉕我能够在工作环境中经常面对变化（包括正向的和负向的）和多样性					
㉖我有主动自发意识，并积极主动地从事某件事情					
㉗我需要在领导的监督催促或者同事的提醒下才能保证按时完成工作					
㉘在某些工作领域或者工作场合里我会发挥领头羊的作用，常常是个号召者					
㉙我总能专注在自己的工作中不受外界其他因素影响					

（续上表）

行为描述	完全符合	基本符合	不确定	基本不符	完全不符
㉚我对自己在音乐、舞蹈、视觉艺术、戏剧、雕塑等方面的艺术鉴赏水平和品位很有自信					
㉛我觉得自己是一个诚实守纪律的人					
㉜面对工作上的批评和责难，我一般会自省并反思问题所在					
㉝在面对困境或危急时刻时，我也能顽强坚持，不轻言放弃					
㉞工作中，我会控制自己的某些私欲和情绪					
㉟我能从工作中寻求自身的价值和满足感，完成工作能给自己带来巨大的满足感和优越感					

以下内容也请勿遗漏，谢谢！

2．您的性别：A．男　　　　　　　B．女

3．年龄：＿＿＿＿＿＿。

4．您的工作年限为（　　）。

　A．5 年以下　　　　　　　　B．5～10 年

　C．10～15 年　　　　　　　 D．15 年以上

5．您的工作类别为（　　）。

　A．网络编辑　　　　　　　　B．数字出版编辑

　C．电子音像编辑

6．您的工作职务为（　　）。

　A．普通编辑　　　　　　　　B．编辑部门负责人

　C．副总编或以上

7．您的受教育程度为（　　）。

　A．专科　　　　　　　　　　B．本科

　C．硕士　　　　　　　　　　D．博士

8．您的职称为（　　）。

　A．初级　　　　　　　　　　B．中级

　C．高级

9. 您的月平均收入为（　　）。
   A. 5 000 元以下　　　　　　　　B. 5 000～10 000 元
   C. 10 000～15000 元　　　　　　D. 15 000 元以上
10. 您是否在工作中曾获得奖项？（　　）。
    A. 是　　　　　　　　　　　　B. 否
11. 您近三年年终考评等级为（　　）。
    A. 优秀　　　　　　　　　　　B. 良好
    C. 合格　　　　　　　　　　　D. 不合格
12. 您的意见和建议：_____。

附录二　新媒体编辑胜任特征测评正式问卷

尊敬的先生/女士：

　　您好！非常感谢您抽出宝贵的时间来回答本问卷。此问卷是为研究新媒体编辑的胜任能力而设计，本轮问卷预计需占用每位被试者 10 分钟的时间填写，请判断您在工作中的实际情况与问卷中行为描述的符合程度，然后选择相应的选项，请注意勿有遗漏。

　　本问卷所收集的数据仅供课题研究使用，问卷不记名，并且我们承诺对填写结果完全保密，请您放心作答。衷心感谢您在百忙之中参与我们的工作，谢谢！

新媒体编辑胜任素质模型课题组
2017 年 5 月

1. 请根据您的实际情况选择最符合的项，并打"√"。

附表 2-1　新媒体编辑能力素质测评问卷

问题	完全符合	基本符合	不确定	基本不符	完全不符
①我觉得自己是一个想象力丰富的人	○	○	○	○	○
②我善于观察，注重细节的东西，对工作中出现的任何细微问题都不放过	○	○	○	○	○
③通常情况下，我会根据财务、人事等实际情况为工作中遇到的问题选择一个最适合的解决方案	○	○	○	○	○

（续上表）

问题	完全符合	基本符合	不确定	基本不符	完全不符
④我能在工作中实现不同媒介形态的自由切换，引领他人跨媒体寻找资源并加以整合利用	○	○	○	○	○
⑤我擅长把文字、图片和音像三者结合，制作出优秀的新媒体作品	○	○	○	○	○
⑥我拥有丰富的新媒体工作经验，能够准确把控新媒体产品的质量	○	○	○	○	○
⑦我能够熟练使用与新媒体编辑工作相关的应用软件及系统	○	○	○	○	○
⑧我的书面表达能力不错，与别人的书面交流中很少出现误会	○	○	○	○	○
⑨我善于从工作文件中抓取重点，准确理解上级下达的任务	○	○	○	○	○
⑩我很擅长对作品量体裁衣地构思和设计，并每次都能够将其成功地推向市场	○	○	○	○	○
⑪我会积极主动地帮助客户，并为他们提供最好最快捷的服务	○	○	○	○	○
⑫我的口头表达能力与理解能力不错，与他人的谈话中很少出现误会	○	○	○	○	○
⑬我觉得自己思维灵活，经常能够打破常规，提出新颖的想法和方案，具有创造力	○	○	○	○	○
⑭我对工作事务的理解和感悟比一般人要优秀	○	○	○	○	○
⑮我涉猎广泛，知识全面，能胜任多数岗位	○	○	○	○	○
⑯在工作中，我擅长深入现场，进行考察，通过一定的途径和方法来获取相关材料，来发现和解决问题	○	○	○	○	○
⑰在工作中，我擅长透过新媒体平台上的各种信息找到事物之间的相似（共性）或者关联之处，最后形成一个普遍规律和共识	○	○	○	○	○

（续上表）

问题	完全符合	基本符合	不确定	基本不符	完全不符
⑱我会不自觉地使用逻辑、推理的方法去分析事物（或结论），以及解决问题	○	○	○	○	○
⑲我能够在两个或多个活动或者信息来源间来回转换	○	○	○	○	○
⑳遇到问题我能主动进行沟通并有自己的一套合理的方式方法，沟通过程采取的方式成本最小，成效最大	○	○	○	○	○
㉑对别人所说的内容我会给予足够的重视，花费一定的时间去了解他们所提出的观点，有针对性地提出一些问题，并且不随意中断他们的讲话	○	○	○	○	○
㉒我能够有自己的学习方法和技巧，能够在环境等外在客观条件下改变自我，并具有重新接受新思想、新观点的学习态度	○	○	○	○	○
㉓我善于运用各种组织形式，协调组织内外部之间等的各项资源以获得最佳效果和目的	○	○	○	○	○
㉔在工作中，我自始至终耐心、认真地对待每一个细节以及全面地完成任务	○	○	○	○	○
㉕我能够在工作环境中经常面对变化（包括正向的和负向的）和多样性	○	○	○	○	○
㉖我有主动自发意识，并积极主动地从事开展某件事情	○	○	○	○	○
㉗我总能在不需要他人帮助的情况下独立完成所承担的工作，解决工作中出现的问题	○	○	○	○	○
㉘在某些工作领域或者工作场合里我会发挥领头羊的作用，常常是个号召者	○	○	○	○	○
㉙我总能专注在自己的工作中不受外界其他因素影响	○	○	○	○	○
㉚我对自己在音乐、舞蹈、视觉艺术、戏剧、雕塑等方面的艺术鉴赏水平和品位很有自信	○	○	○	○	○

（续上表）

问题	完全符合	基本符合	不确定	基本不符	完全不符
㉛我能如实汇报和反馈工作中的情况，认真踏实地完成任务，被同伴信赖	○	○	○	○	○
㉜我总是能合理应对工作上的压力和困难，保证任务完成	○	○	○	○	○
㉝即使工作中时常遭遇障碍且障碍持续存在，我也能坚持不懈地克服障碍达成目标而且耐力十足	○	○	○	○	○
㉞在工作中，我总能合理控制自己的负面情绪不受其影响	○	○	○	○	○
㉟我能从工作中寻求自身的价值和满足感，完成工作能给自己带来巨大的满足感和优越感	○	○	○	○	○

以下内容也请勿遗漏，谢谢！

2. 您的性别：（　　）。

A. 男

B. 女

3. 年龄：_____。

4. 您的工作年限为（　　）。

A. 0～2 年

B. 3～5 年

C. 6～8 年

D. 9～11 年

E. 12 年及以上

5. 您的工作类别为（　　）。

A. 网络编辑

B. 数字出版编辑

C. 电子音像编辑

D. 新媒体运维编辑

E. 其他

6. 您的工作职务为（　　）。

A. 普通编辑

B. 编辑部门负责人

C. 副总编或以上

7. 您的受教育程度为（　　）。

A. 专科

B. 本科

C. 硕士

D. 博士

8. 您的职称为（　　）。

A. 初级

B. 中级

C. 高级

D. 没有职称

9. 您的月平均收入为（　　）。

A. 5 000 元以下

B. 5 000～10 000 元

C. 10 000～15 000 元

D. 15 000 元以上

10. 您是否在工作中曾获得奖项（　　）。

A. 是

B. 否

11. 您近三年年终考评等级为（　　）。

A. 优秀

B. 良好

C. 合格

D. 不合格

12. 您的意见和建议：_____。

附录三　表目次

表 1-1　国外胜任力分布学科基本信息表/11

表 1-2　国外胜任力研究热点信息表/11

表1-3　国内胜任力研究热点基本信息表/15
表1-4　我国近年来编辑胜任力研究发文情况/19
表1-5　我国图书编辑胜任力研究成果/24
表1-6　我国期刊编辑胜任力研究成果/26
表1-7　构建胜任力模型的方法比较/36
表2-1　胜任力定义整理表/38
表2-2　胜任力分类明细表/43
表2-3　冰山模型素质层级表/51
表2-4　洋葱模型的素质分层表/52
表2-5　胜任力辞典/53
表3-1　新媒介素养能力框架/63
表3-2　"editor"职业描述要点/68
表3-3　"film and video editor"职业描述要点/70
表3-4　"desktop publisher"职业描述要点/72
表3-5　基于O*NET工作分析系统获得的胜任特征要素/74
表3-6　国内出版企业新媒体编辑岗位招聘广告示例/75
表3-7　业界高端访谈对象情况表/80
表3-8　新媒体编辑初始胜任力特征要素表/81
表3-9　《新媒体编辑胜任特征要素辞典》内容要点/82
表4-1　专家小组成员情况表/86
表4-2　新媒体编辑胜任力特征及其重要性（专家反馈平均值）/87
表4-3　预试模型结构与胜任特征内容/89
表4-4　预试模型问卷调查的胜任特征具体项目及重要性/91
表4-5　KMO和Bartlett检验结果/93
表4-6　各因子的特征值及方差解释量/94
表4-7　因子负荷及公因子方差/94
表4-8　因素构成表/96
表4-9　各因子特征值及其方差解释量/97
表4-10　公因子方差/98
表4-11　各因子载荷/99
表4-12　新媒体编辑胜任特征因素构成表/100
表4-13　KMO和Bartlett检验结果（正式）/100
表4-14　问卷的克隆巴赫一致性系数/101
表4-15　优秀与一般的新媒体编辑在各维度上的差异分析/101

表 4-16　新媒体编辑胜任力模型/101
表 5-1　数字出版编辑胜任力因子载荷/108
表 5-2　数字出版编辑胜任力模型/108
表 5-3　网络编辑胜任力因子载荷/109
表 5-4　网络编辑胜任力模型/110
表 5-5　不同性别新媒体编辑胜任力特征差异/111
表 5-6　不同性别新媒体编辑人格特质与职业素质的差异/111
表 5-7　不同性别新媒体编辑专业能力的差异/111
表 5-8　不同工作年限新媒体编辑胜任力特征差异/112
表 5-9　不同工作年限新媒体编辑专业能力的差异/112
表 5-10　不同工作类别新媒体编辑胜任力特征差异/113
表 5-11　不同工作类别新媒体编辑新媒介素养的差异/113
表 5-12　不同工作职务新媒体编辑胜任力特征差异/114
表 5-13　不同工作职务新媒体编辑专业能力的差异/114
表 5-14　不同职称新媒体编辑胜任力特征差异/115
表 5-15　不同职称新媒体编辑专业能力的差异/115
表 5-16　不同学历新媒体编辑胜任力特征差异/116
表 6-1　传统人力资源管理与基于胜任力的人力资源管理的对比/119
表 6-2　传统招聘渠道建设与基于胜任力模型的招聘渠道建设的对比/121
表 6-3　传统甄选流程与基于胜任力模型的甄选流程的对比/121
表 6-4　传统甄选方法与基于胜任力模型的甄选方法的对比/122
表 6-5　某出版文化企业的文化、价值观与具体行为描述/123
表 6-6　两种招募信息对比/124
表 6-7　修改前后的数字出版编辑任职资格/124
表 6-8　新媒体编辑"胜任力测评工具矩阵"/125
表 6-9　常用的新媒体编辑招聘与甄选效果后评价指标/128
表 6-10　传统培训与基于胜任力的培训的区别/135
表 6-11　网络初级编辑培训体系框架/140
表 6-12　新媒体编辑任职资格评价方法示例/147
表 6-13　某出版企业数字出版编辑的岗位胜任力/152
表 6-14　新媒体编辑人才类型、特点及发展规划/154

附录四 图目次

图 1-1　2018 年出版传媒行业招聘关键词频统计表/4
图 1-2　国外胜任力研究地区分布图/10
图 1-3　国外胜任力研究机构分布图/11
图 1-4　国内胜任力文献发表时间分布图/15
图 1-5　国内胜任力研究高产作者信息图/15
图 1-6　我国近年来编辑胜任力研究论文数量/19
图 2-1　胜任力冰山模型示意图/50
图 2-2　胜任力洋葱模型示意图/52
图 2-3　胜任力辞典模型/53
图 2-4　本书研究框架/62
图 4-1　预试研究的因素分析碎石图/94
图 4-2　因素分析碎石图/98
图 5-1　问卷样本性别比例图/103
图 5-2　问卷样本工作类别比例图/104
图 5-3　问卷样本工作年限分布图/104
图 5-4　问卷样本工作职务比例图/104
图 5-5　问卷样本学历比例图/105
图 5-6　问卷样本职称比例图/105
图 5-7　问卷样本月平均收入比例图/105
图 6-1　基于胜任力模型的新媒体编辑招聘与甄选体系建设流程/122
图 6-2　基于胜任力模型的新媒体编辑绩效管理体系/132
图 6-3　新媒体编辑绩效执行过程/133
图 6-4　基于胜任力模型的培训需求分析模型/138
图 6-5　某公司网络初级编辑岗位胜任力/138
图 6-6　胜任力水平对比/139
图 6-7　某公司网络初级编辑胜任力重要性和可塑性分析/140
图 6-8　基于胜任力模型的网络编辑分层培训内容与课程/141
图 6-9　柯氏四层培训评估模型/142
图 6-10　基于胜任力模型的新媒体编辑职业生涯管理体系路线/145
图 6-11　某出版企业数字出版编辑职业发展通道/146
图 6-12　基于胜任力模型的新媒体编辑人才盘点路线/150
图 6-13　新媒体编辑人才盘点九宫格/153

参考文献

一、中文文献

1. 专著

[1] 巴格迪基安. 新媒体垄断［M］. 北京：清华大学出版社，2013.

[2] 包季鸣. 人力资源管理：全球化背景下的思考与应用［M］. 上海：复旦大学出版社，2010.

[3] 巢乃鹏. 网络媒体运营与管理［M］. 福州：福建人民出版社，2007.

[4] 车文博. 心理咨询大百科全书［M］. 杭州. 浙江科技出版社，2001.

[5] 陈亮. 出版企业战略与管理发展［M］. 上海：上海古籍出版社，2011.

[6] 陈万思. 知识员工胜任力理论与实践［M］. 上海：上海财经大学出版社，2007.

[7] 辞海编辑委员会. 辞海［M］. 上海：上海辞书出版社，2009.

[8] DVBOIS D D, ROTHWELL W J, STERN D J K, etal. 基于胜任力的人力资源管理［M］. 于广涛，等译. 北京：中国人民大学出版社，2006.

[9] 迪布瓦. 胜任力：组织成功的核心源动力［M］. 杨传华，译. 北京：北京大学出版社，2005.

[10] 段京肃，杜骏飞. 媒介素养导论［M］. 福州：福建人民出版社，2007.

[11] 杜江. 计量经济学及其应用［M］. 北京：机械工业出版社，2015.

[12] 范瑛. 警察胜任力模型构建与培养策略研究［M］. 北京：中国人民公安大学出版社，2016.

[13] 方少华，方泓亮. 胜任力咨询［M］. 北京：机械工业出版社，2007.

[14] 冯明. 人力资源管理［M］. 重庆：重庆大学出版社，2013.

[15] 付亚和. 工作分析 [M]. 上海：复旦大学出版社，2009.

[16] 高艳. 工作分析与职位评价 [M]. 西安：西安交通大学出版社，2006.

[17] 葛玉辉. 人力资源管理 [M]. 北京：清华大学出版社，2012.

[18] 顾琴轩. 职务分析 [M]. 北京：中国人民大学出版社，2006.

[19] 胡八一. 人力资源经理案头工具手册 [M]. 北京：人民邮电出版社，2011.

[20] 胡蓓，张文辉. 职业胜任力测评 [M]. 武汉：华中科技大学出版社，2012.

[21] 胡月星. 中国领导科学前沿丛书：胜任领导 [M]. 北京：国家行政学院出版社，2012.

[22] 黄楚新. 新媒介素养 [M]. 北京：知识产权出版社，2012.

[23] 黄楚新. 新媒体融合与发展 [M]. 北京：人民日报出版社，2016.

[24] 黄勋敬. 赢在胜任力：打造基于胜任力的新型人力资源管理体系 [M]. 北京：北京邮电大学出版社，2007.

[25] 蒋宏，徐剑. 新媒体导论 [M]. 上海：上海交通大学出版社，2006.

[26] 蒋祖华，薛伟. 工作分析与测定 [M]. 北京：机械工业出版社，2012.

[27] 柯克帕特里克. 如何做好培训评估：柯氏四级评估法 [M]. 奚卫华，译. 北京：机械工业出版社，2007.

[28] 匡文波. 网络媒体的经营管理 [M]. 北京：中国传媒大学出版社，2009.

[29] 李军林. 信息时代的媒介素养 [M]. 长沙：湖南人民出版社，2010.

[30] 李月莲，张开，陈家华. 媒介素养的跨学科研究与实践 [M]. 北京：中国传媒大学出版社，2017.

[31] 李中斌. 创意人才胜任力理论与实证研究 [M]. 北京：人民日报出版社，2015.

[32] 李忠民. 知识型人力资本胜任力研究 [M]. 北京：科学出版社，2011.

[33] 凌文辁，方俐洛. 心理与行为测量 [M]. 北京：机械工业出版社，2003.

［34］刘景方. 网上创新外包环境下研发人员胜任力研究［M］. 上海：上海交通大学出版社，2016.

［35］刘维良. 校长胜任力研究与应用［M］. 重庆：重庆大学出版社，2014.

［36］刘晓宁，赵路. 人力资源管理心理学［M］. 北京：对外经贸大学出版社，2015.

［37］刘小华，黄洪. 互联网＋新媒体：全方位解读新媒体运营模式［M］. 北京：中国经济出版社，2016.

［38］刘易斯，露西娅娜. 数字媒体导论［M］. 郭畅，译. 北京：清华大学出版社，2006.

［39］刘永中，金才兵. 英汉人力资源管理核心词汇手册［M］. 广州：广东经济出版社，2005.

［40］刘泽文. 胜任力建模：人才选拔与考核案例分析［M］. 北京：科学出版社，2009.

［41］露西亚. 员工胜任力模型应用手册［M］. 普莱辛格，郭玉广，译. 北京：北京大学出版社，2004.

［42］陆雄文. 管理学大辞典［M］. 上海：上海辞书出版社，2013.

［43］陆晔. 媒介素养理论、认知、参与［M］. 北京：经济科学出版社，2010.

［44］陆中恺. 网络公民的媒介素养教育［M］. 杭州：浙江工商大学出版社，2017.

［45］罗昕. 新闻网站新媒体应用能力评价［M］. 昆明：云南人民出版社，2013.

［46］马欣川. 人才测评：基于胜任力的探索［M］. 北京：北京邮电大学出版社，2008.

［47］牛端. 高校教师胜任特征模型研究［M］. 广州：中山大学出版社，2009.

［48］庞沁文. 现代出版学概论［M］. 北京：中国书籍出版社，2015.

［49］彭剑锋. 职务分析技术与方法［M］. 北京：中国人民大学出版社，2004.

［50］秦州. 网络新闻编辑学［M］. 上海：复旦大学出版社，2012.

［51］冉华. 数字媒介社会［M］. 于小川，译. 武汉：武汉大学出版社，2009.

［52］赛佛林. 传播学的起源、方法和应用［M］. 北京：华夏出版

社，2000．

[53] 邵益文．编辑的心力所向：编辑工作与编辑学探索［M］．贵阳：贵州人民出版社，2004．

[54] 师静，王秋菊．解密网编：网络编辑职业调查与解析［M］．济南：山东大学出版社，2010．

[55] 宋培林．企业员工战略培训与开发：基于胜任力提升的角度［M］．厦门：厦门大学出版社，2011．

[56] 宋艳红．员工招聘与配置［M］．北京：北京理工大学出版社，2014．

[57] 谭云明．新媒体信息编辑［M］．北京：清华大学出版社，2011．

[58] 唐圣平．编辑业务研究与实践［M］．北京：群言出版社，2014．

[59] 田智刚．新媒体 新思维［M］．北京：人民日报出版社，2016．

[60] 屠忠俊．现代传媒经营管理［M］．武汉：华中科技大学出版社，2011．

[61] 王超．中层胜任力：中层管理者的12项修炼［M］．北京：中国法制出版社，2016．

[62] 王重鸣．管理心理学［M］．北京：人民教育出版社，2001．

[63] 王关义，华宇虹．中国出版业绩效评估研究［M］．北京：中国财政经济出版社，2010．

[64] 王磊智．社交媒体与新消费时代［M］．上海：上海交通大学出版社，2012．

[65] 王淑珍，王铜安．现代人力资源培训与开发［M］．北京：清华大学出版社，2010．

[66] 王业康．简明编辑出版词典［M］．北京：中国展望出版社，1988．

[67] 王壮．知识管理：知识经济时代出版企业管理模式探索［M］．北京：中国传媒大学出版社，2009．

[68] 韦康博．新媒体运营与营销秘笈［M］．北京：世界图书出版公司，2016．

[69] 温怀疆，何光威，史惠．融媒体技术［M］．北京：清华大学出版社，2016．

[70] 温亚震．基于胜任力模型的专业技术人员管理指南［M］．北京：中央编译出版社，2011．

[71] 吴凡．传播学概论［M］．杭州：浙江工商大学出版社，2012．

［72］吴明隆．SPSS 统计应用实务［M］．北京：中国铁道出版社，2001．

［73］吴能全，许峰．胜任能力模型设计与应用［M］．广州：广东经济出版社，2009．

［74］吴培华，朱坤泉．现代实用编辑学［M］．北京：中国书籍出版社，2015．

［75］新华社新闻研究所．新媒体发展与现代传播体系构建［M］．北京：新华出版社，2013．

［76］夏德元．数字出版与传播研究［M］．上海：上海人民出版社，2012．

［77］徐联仓．组织行为学［M］．北京：中央广播电视大学出版社，1993．

［78］徐万里．企业高管团队胜任力与效能研究［M］．北京：光明日报出版社，2013．

［79］薛琴．胜任力模型建构与应用研究：以教学型高校教师为例［M］．南京：南京大学出版社，2016．

［80］闫兴亚，刘韬，郑海昊．数字媒体导论［M］．北京：清华大学出版社，2012．

［81］严正，卜安康．胜任素质模型构建与应用［M］．北京：机械工业出版社，2011．

［82］杨嫚．新媒体内容生产与编辑［M］．重庆：西南师范大学出版社，2016．

［83］杨明海．工作分析与岗位评价［M］．北京：电子工业出版社，2010．

［84］杨雪．员工胜任素质模型全案［M］．北京：人民邮电出版社，2012．

［85］易图强．出版学概论［M］．长沙：湖南师范大学出版社，2008．

［86］应中伟．中国出版企业核心能力研究［M］．广州：广东人民出版社，2011．

［87］于春迟．出版管理学［M］．北京：中国人民大学出版社，2011．

［88］苑茜，周冰，沈士仓．现代劳动关系辞典［M］．北京：中国劳动社会保障出版社，2004．

［89］曾秀芹，张楠．新闻传播统计学基础［M］．厦门：厦门大学出版社，2015．

[90] 翟胜涛，宋争. 管理者胜任素质［M］. 北京：机械工业出版社，2007.

[91] 赵晓东，应丽芬. 人力资源管理［M］. 杭州：浙江大学出版社，2013.

[92] 赵云泽. 跨媒体传播基础教程［M］. 北京：中国人民大学出版社，2011.

[93] 詹新惠. 新媒体编辑［M］. 北京：中国人民大学出版社，2013.

[94] 张呈琮. 人力资源管理概论［M］. 杭州：浙江大学出版社，2010.

[95] 张艳秋. 理解媒介素养起源、范式与路径［M］. 北京：人民出版社，2012.

[96] 张燕翔. 新媒体艺术［M］. 北京：科学出版社，2011.

[97] 郑素侠. 网络与新媒体传播实务［M］. 郑州：郑州大学出版社，2013.

[98] 中国新闻出版研究院. 中国互联网与数字出版研究指南2014—2015［M］. 北京：中国书籍出版社，2016.

[99] 周凤珍，彭勇. 信息运维人员胜任力模型研究［M］. 成都：四川大学出版社，2014.

[100] 周艳. 新媒体市场大变局［M］. 北京：中国市场出版社，2012.

[101] 周玉波. 资源建设与出版竞争力［M］. 长沙：湖南师范大学出版社，2005.

[102] 朱瑜，王雁飞. 企业胜任力模型设计与应用研究［M］. 北京：科学出版社，2011.

[103] 朱智贤. 心理学大词典［M］. 北京：北京师范大学出版社，1989.

2. 学位论文

[104] 边俊杰. 基于胜任力模型的T公司专业技术人员培训优化研究［D］. 天津：天津财经大学，2017.

[105] 蔡序. 英大传媒集团图书版块的绩效考核体系研究［D］. 北京：中国人民大学，2010.

[106] 常洪赞. 黄河出版传媒集团有限公司战略人力资源管理研究［D］. 北京：中国石油大学，2013.

[107] 陈万思. 中国企业人力资源管理人员胜任力模型研究［D］. 厦门：厦门大学，2004.

[108] 陈夏蕊. 新传播技术呼唤新"媒介素养"[D]. 合肥：安徽大学，2014.

[109] 楚秀如，中国IT领导者胜任力模型及其对企业绩效的影响[D]. 北京：北京邮电大学，2017.

[110] 邓欢. 基于胜任力模型的工作分析研究与设计[D]. 北京：华北电力大学，2008.

[111] 丁洁. 基于工作流技术的出版单位人力资源管理系统研究[D]. 北京：华北电力大学，2011.

[112] 董秀睿.《财经》杂志员工培训体系的设计与开发[D]. 北京：中国人民大学，2014.

[113] 方圆. W公司基于胜任力模型的知识员工招聘研究[D]. 福州：福建师范大学，2017.

[114] 高杨. 辽宁出版集团人力资源发展战略研究[D]. 长春：吉林大学，2011.

[115] 顾金龙. 知识员工薪酬管理体系优化设计：以Z出版社为例[D]. 北京：中国人民大学，2013.

[116] 顾晓菲. W出版社人力资源管理问题及对策研究[D]. 北京：北京理工大学，2016.

[117] 胡炳东. 通过胜任力模型构建人力资源管理体系[D]. 北京：华北电力大学，2007.

[118] 胡成玲. 我国出版人才队伍建设研究：基于图书出版人才的视角[D]. 长沙：湖南师范大学，2015.

[119] 贾应生. 胜任力模型在员工选拔与培训中的应用研究[D]. 天津：天津大学，2008.

[120] 江岑. 广播电视编辑胜任力模型建构：以XY广播电台为例[D]. 扬州：扬州大学，2011.

[121] 江日辉. 新闻记者胜任力：结构、测量及作用机理研究[D]. 武汉：武汉大学，2010.

[122] 马宽. 互联网企业中层管理者胜任力模型建构与应用研究[D]. 金华：浙江师范大学，2016.

[123] 马义莉. 语言服务业中编译的内涵及胜任力研究[D]. 广州：广东外语外贸大学，2016.

[124] 马玉洁. 我国出版业人才培养与管理研究[D]. 开封：河南大学，2007.

[125] 李彩云. 企业管理人员胜任力模型及开发研究 [D]. 宜昌：三峡大学，2017.

[126] 李静. 基于胜任力模型的中小高科技企业核心人才招聘管理研究 [D]. 北京：首都经济贸易大学，2017.

[127] 李婧慧. DX 出版社绩效考核体系设计 [D]. 郑州：郑州大学，2013.

[128] 李然. A 公司基于胜任力模型的员工招聘管理体系研究 [D]. 大连：大连海事大学，2016.

[129] 李淑敏. 出版社编辑胜任特征模型及其影响因素研究 [D]. 北京：中国科学院研究生院，2009.

[130] 李晓东. 面向知识经济职业经理人胜任力评价模型研究 [D]. 南京：南京理工大学，2006.

[131] 李鑫. 基于胜任力素质模型的陕西人民教育出版社人力资源优化研究 [D]. 西安：陕西师范大学，2016.

[132] 李云翔. 基于企业文化的胜任力模型构建与应用研究 [D]. 北京：北京交通大学，2007.

[133] 刘晶玉. 研究型大学校长胜任力模型研究 [D]. 沈阳：东北大学，2011.

[134] 刘魁. 基于胜任力的出版企业营销经理绩效评估方法研究 [D]. 长沙：湘潭大学，2011.

[135] 刘美琳. 基于胜任力模型的企业创新人才测评体系研究 [D]. 呼和浩特：内蒙古财经大学，2017.

[136] 刘唯丹. 基于胜任力模型的企业人力资源招聘体系研究 [D]. 天津大学，2007.

[137] 刘晓旭. 胜任力模型在人力资源管理中的应用研究 [D]. 北京：北京化工大学，2008.

[138] 刘仲仪. 我国出版业体制改革预期实现的对策研究 [D]. 长春：吉林大学，2010.

[139] 龙玖梅. 民营出版企业的编辑人才培训问题研究 [D]. 北京：中国人民大学，2016.

[140] 陆晓光. 公共管理者胜任特征模型构建与应用研究 [D]. 北京：北京理工大学，2016.

[141] 罗立新. 出版社编辑人员胜任力模型建构研究 [D]. 广州：暨南大学，2007.

［142］孟阳．图书馆采编部负责人胜任力模型研究［D］．济南：山东大学，2016．

［143］潘特春．管理胜任力面试测评的有效性研究［D］．南京：南京师范大学，2012．

［144］佘晓琳．胜任力模型建构研究：以Z电视台编辑为例［D］．广州：中山大学，2005．

［145］沈鸿雁．交通出版社编辑绩效评价体系建立［D］．北京：对外经贸大学，2003．

［146］时磊章．吉林出版集团图书编辑职业生涯规划方案设计［D］．长春：吉林大学，2014．

［147］舒凌云．江西出版集团数字出版人才供需评价及其供需保障措施研究［D］．南昌：南昌大学，2013．

［148］宋扬．河南电子音像出版社编辑人员胜任力研究［D］．西安：西安理工大学，2016．

［149］孙立．安徽出版集团战略人力资源管理［D］．合肥：安徽大学，2011．

［150］唐京．基于胜任力的培训需求分析模式研究［D］．杭州：浙江大学，2001．

［151］唐娟．L公司知识型员工胜任力模型构建与应用研究［D］．苏州：苏州大学，2016．

［152］王蕾．新东方中基层管理者的胜任力模型应用研究［D］．北京：北京交通大学，2014．

［153］王艳妮．企业知识型员工胜任力研究［D］．长沙：湖南大学，2013．

［154］汪英晖．我国大学生创业胜任力研究［D］．北京：北京科技大学，2018．

［155］谢员．企业员工通用胜任力模型的构建与验证［D］．武汉：华中师范大学，2008．

［156］许丹．胜任力模型在SUNNY公司招聘管理中的应用［D］．武汉：华中科技大学，2017．

［157］徐晓佳．转制背景下出版社人力资源管理的问题与对策［D］．北京：中国人民大学，2011．

［158］薛春华．基于胜任力模型的组织生涯管理研究［D］．南京：南京理工大学，2007．

[159] 杨冬梅. 出版单位转企背景下的绩效管理问题研究 [D]. 北京：中国人民大学，2012.

[160] 袁传攀. 基于胜任力模型的企业招聘体系研究 [D]. 青岛：中国海洋大学，2012.

[161] 袁海. A 出版集团转企改制过程中人力资源管理相关问题研究 [D]. 北京：北京航空航天大学，2013.

[162] 曾庆宾. 我国出版产业发展研究 [D]. 广州：暨南大学，2003.

[163] 赵晨阳. 我国数字出版人才培养路径研究 [D]. 成都：四川师范大学，2013.

[164] 赵海君. 数字出版管理人才胜任素质模型构建 [D]. 北京：北京印刷学院，2011.

[165] 赵志凌. 新闻网站网络编辑素质模型研究 [D]. 北京：中国人民大学，2012.

[166] 张海洋. SM 出版社绩效考评系统的研究与设计 [D]. 北京：北京航空航天大学，2006.

[167] 张瑾田. 我国高校出版社人力资源管理中存在的问题与改进研究：以 Q 大学出版社为例 [D]. 北京：中国人民大学，2016.

[168] 张娟. 中国创业者胜任特征案例研究 [D]. 北京：北京邮电大学，2018.

[169] 张培霞. 企业家胜任力模型构建研究 [D]. 呼和浩特：内蒙古财经大学，2015.

[170] 张欣. 图书编辑胜任特征模型构建 [D]. 北京：首都经济贸易大学，2008.

[171] 钟武勇. HN 出版集团战略性人力资源规划研究 [D]. 长沙：中南大学，2010.

[172] 周金阳. 国有农业企业经营者胜任力研究 [D]. 南京：南京航空航天大学，2009.

[173] 朱春青. 胜任力模型在管理者选拔体系中的应用研究 [D]. 福州：福州大学，2006.

[174] 朱颖. 基于学习路径图的出版社策划编辑培训体系设计 [D]. 北京：北京印刷学院，2015.

[175] 朱志敏. 事业单位组织变革情境下人力资源管理体系的构建：以 R 社为例 [D]. 北京：中国人民大学，2010.

[176] 邹咏. JY 出版社人力资源管理优化研究 [D]. 南昌：江西师范

大学，2013.

3. 期刊论文

[177] 白琳. 基于典型工作任务的网络编辑职业能力解析［J］. 市场论坛，2012（6）：65-67.

[178] 白伟伟. 基于胜任力模型的人才招聘研究［J］. 中国管理信息化，2018，21（24）：70-71.

[179] 暴爱国. 新媒体编辑应具备的基本素养初探［J］. 科技传播，2017（11）：1-2.

[180] 蔡厚清，马小强. 胜任力模型溯源［J］. 企业改革与管理，2010（10）：51-52.

[181] 曹联养. 传统出版社内容集成数字出版的产品形态与切入路径［J］. 出版发行研究，2016（4）：44-47.

[182] 曹鹏飞，王尧. 胜任特征模型构建方法综述［J］. 社会心理科学，2012（27）：24-26.

[183] 曹淑杰. 试析新时代网络编辑能力素质的培养［J］. 传播力研究，2017（11）：15-16.

[184] 柴国雄. 媒体从业人员必须 get 的新技能［J］. 传媒评论，2014（10）：20-22.

[185] 陈斌. 科技期刊编辑人员胜任力构成要素研究［J］. 中国科技期刊研究，2009（6）：1160-1163.

[186] 陈冬玲，都向辉. 胜任力模型理论及其构建技术［J］. 东方企业文化，2015（23）：347.

[187] 陈劲新. 大学生新媒介素养调查研究［J］. 南昌教育学院学报，2012（11）.

[188] 陈俊武. 出版社面对数字出版升级的九点思考［J］. 中外企业文化，2016（1）：39-41.

[189] 陈科. 浅析数字出版背景下编辑的应对与转型［J］. 传播与版权，2017（2）：43-45.

[190] 陈力丹. 关于媒介素养与新闻教育的网上对话［J］. 湖南大众传媒职业技术学院学报，2007（2）.

[191] 陈丽霞. 数字环境下出版传播的变迁探讨［J］. 科技传播，2015（10）：44.

[192] 陈蔚峻. 论新时代网络编辑的职业素质［J］. 南昌高专学报，2011（6）：158-159.

[193] 陈小莉. 论新媒体编辑的基本素养 [J]. 科学咨询, 2013 (11): 47-48.

[194] 陈玉萍. 浅谈项目负责制下编辑部主任的素质和能力 [J]. 出版发行研究, 2012 (7): 47-48.

[195] 程良. 基于胜任力模型的员工培训研究 [J]. 集成电路应用, 2017 (10): 72-74.

[196] 戴宇菲. 新媒体时代媒体的角色转型 [J]. 青年记者, 2017 (20): 27-28.

[197] 邓静. 网络媒体编辑必须具备的几种能力 [J]. 科技传播, 2017 (12): 21-22.

[198] 丁丽娜. 出版融合背景下出版人才需求变化与应对策略 [J]. 新媒体研究, 2017 (7): 142-143.

[199] 董晓睿. 层次分析法的运用研究 [J]. 数码世界, 2017 (6): 48-49.

[200] 杜芳, 罗中枢. 国内外胜任力理论研究热点及其演进: 基于1990—2016年文献计量学分析 [J]. 华侨大学学报（哲学社会科学版）, 2016 (6): 44-52.

[201] 杜文峰. 新媒体时代下如何提升期刊编辑的媒介素养 [J]. 新媒体研究, 2017 (4): 114-115.

[202] 杜一飞. 融合发展时代数字出版人才的培养策略 [J]. 现代出版, 2018 (3).

[203] 樊芸. 加强出版企业人力资源管理的路径探析 [J]. 经营管理者, 2012 (19): 149.

[204] 范利芬. 胜任力模型在员工绩效管理中的应用研究 [J]. 现代工贸商业, 2012 (18): 49.

[205] 范文婷, 王留. 传统出版环境与数字出版环境下编辑出版复合型人才培养的差异化研究 [J]. 新闻世界, 2014 (10): 178-180.

[206] 方平. 出版业人力资源的开发与管理谈 [J]. 出版经济, 2001 (3): 18-20.

[207] 冯国雄, 彭三平. 出版社数字出版系统框架与模块 [J]. 科技与出版, 2012 (10): 96-98.

[208] 冯建军. 基于胜任力模型的员工招聘策略探讨 [J]. 商场现代化, 2014 (30): 93.

[209] 冯胜军. 新媒体环境下期刊数字化建设创新研究 [J]. 视听,

2017（5）：317-318.

[210] 付砾乐. 新媒介人视域下的媒介技术技能素养［J］. 新闻研究导刊，2015（8）：7-8.

[211] 傅美芬. 基于胜任力模型的企业绩效机制建设［J］. 商场现代化，2018（10）：87-88.

[212] 高飞. 浅谈数字教育出版及其编辑角色［J］. 中国编辑，2013（5）：60-63.

[213] 高明慧. 新媒体时代如何提升编辑业务技能［J］. 西部广播电视，2015（22）：144-145.

[214] 高平亮. 我国数字出版产业发展现状及策略分析［J］. 财经理论研究，2016（5）：83-89.

[215] 高清艳，王宜. 媒体融合过程中编辑人才培养模式探究［J］. 传播与版权，2017（2）：73-74.

[216] 巩键. 国内外的胜任力研究综述［J］. 新西部，2012（C1）：74.

[217] 顾金亮. 数字出版的商业模式：研究评述与展望［J］. 出版与印刷，2014（1）：2-6.

[218] 韩微微. 谈高素质网络编辑具备的能力分析［J］. 劳动保障世界，2013（12）：90-91.

[219] 郝诗仙. 编辑室主任的素质要求［J］. 出版发行研究，2000（3）：43-44.

[220] 郝婷，张窈. 媒介融合背景下出版人才培养路径选择［J］. 新闻知识，2018（2）：75-77.

[221] 郝振省. 数字出版的双重效应及相关人才培养的双重目标［J］. 现代出版，2016（6）：5-7.

[222] 何迪. 探讨出版人才职业化及培养机制［J］. 现代经济信息，2014（1）：54.

[223] 何霖俐. 胜任特征模型构建方法研究综述［J］. 科教新报，2011（8）：141.

[224] 何力扬. 新媒体编辑素养的要求与提升［J］. 戏剧之家，2016（19）：144.

[225] 何丽云. 出版业人力资源管理问题探析［J］. 大观周刊，2012（4）.

[226] 何文光，刘李杰. 试说新媒体编辑记者的能力要素［J］. 军事记者，2016（12）：43-44.

[227] 何昱. 我国数字出版的盈利模式研究综述［J］. 视听，2016（6）：213－214.

[228] 贺小桐，刘雨萌. 融合发展背景下出版企业人力资源管理的创新对策研究［J］. 出版科学，2017（5）：5－8.

[229] 侯富英，王凯. 出版企业职业化建设的思考［J］. 现代出版，2013（6）：21－23.

[230] 胡国贤，亓可佳. 传统出版社在数字环境下的转型思考［J］. 传播与版权，2016（9）：144－145.

[231] 胡敏. "互联网＋"时代国内外数字出版人才培养比较研究［J］. 传播与版权，2017（3）：160－162.

[232] 胡妍雯. 胜任力模型理论的研究与发展［J］. 纳税，2017（30）：99－100.

[233] 宦成林. 21世纪学习技能：新媒体素养初探［J］. 中国远程教育，2009（10）.

[234] 黄成群，余艳平. 基于数字出版特征的现代出版人才技能探究［J］. 出版参考，2017（8）：40－42.

[235] 黄璜，段小佳. 融合发展时代数字出版人才的培养策略［J］. 现代出版，2018（3）：33－34.

[236] 黄剑，潘壮志. 基于工作分析的胜任力模型［J］. 知识经济，2011（9）：119.

[237] 黄凯. 基于胜任力模型的国有企业人力资源管理创新［J］. 经营者，2018（10）.

[238] 黄倩. 策划编辑胜任力结构维度探索性分析［J］. 出版发行研究，2012（7）：44－46.

[239] 黄先蓉，张窈. 媒介融合背景下出版人才的需求及培养［J］. 新闻前哨，2016（4）：29－31.

[240] 金杨华，陈卫旗，王重鸣. 管理胜任特征与工作绩效关系研究［J］. 心理科学，2004（6）：24－29.

[241] 贾建锋，赵希男，温馨. 胜任特征模型构建的方法研究与设想［J］. 管理评论，2009（11）：66－73.

[242] 江波，罗雯瑶，刘景芝. 高校学报编辑胜任特征模型的初步构建［J］. 中国科技期刊研究，2015（7）：733－738.

[243] 姜军. 出版企业薪酬福利的设计要素［J］. 现代出版，2015（4）：45－47.

[244] 姜文琪,贾宁,刘超. 基于 SSCI 数据库的媒介素养文献综述[J]. 教育传媒研究,2017(1):51-56.

[245] 景东,苏宝华. 新媒体定义新论[J]. 新闻界,2008(3):59.

[246] 匡文波. "新媒体"概念辨析[J]. 国际新闻界,2008(6):66-69.

[247] 匡文波,张蕊,李永凤. 传统媒体人急需提高新媒介素养[J]. 青年记者,2014(5):39-40.

[248] 雷蒙,梁伯枢. 如何培养跨文化融合人才[J]. 国际人才交流,2013(1).

[249] 雷戎. 议出版社人力资源管理[J]. 出版经济,2003(5):9-11.

[250] 黎光明,牛端,向祖强. 教师胜任特征模型的构建:基于 BEI 与 O*NET 的整合[J]. 教育测量与评价,2014(5):8-12.

[251] 黎海英. 出版人力资源管理探究[J]. 广西教育学院学报,2004(2):105-107.

[252] 黎志海. 浅谈编辑室主任必备的几种能力[J]. 新闻传播,2012(6):52.

[253] 李宝玲,丁晓花. 互联网+时代的出版人才培养探究[J]. 北京印刷学院学报,2016(1):24-25.

[254] 李冰. 基于胜任力模型的结构化面试及研究[J]. 中国电力教育,2018(4):76-79.

[255] 李大伟. 如何重构数字时代出版企业的核心竞争力[J]. 出版发行研究,2015(6):38-40.

[256] 李德刚,何玉. 新媒介素养:参与式文化背景下媒介素养教育的转向[J]. 中国广播电视学刊,2007(12):39-40.

[257] 李芳. 试论图书胜任力及其养成[J]. 出版发行研究,2014(11):72-74.

[258] 李戈,郑旭军. 智能媒体特征分析与设计思维重构[J]. 中国出版,2018(2):52-55.

[259] 李冠军. 国外胜任力研究最新成果综述[J]. 人力资源管理,2013(2):166-168.

[260] 李建新,郭立群. 数字出版的思维调适与实战应对[J]. 出版发行研究,2014(10):30-32.

[261] 李建忠. 新形势下高校科技期刊编辑胜任素质研究[J]. 西南民族大学学报(自然科学版),2011(6):995-998.

[262] 李金城. 新媒介素养：概念与能力框架 [J]. 浙江传媒学院学报，2017（4）.

[263] 李军. 期刊编辑胜任力与人力资源研究 [J]. 编辑之友，2007（4）：59-60.

[264] 李凯声. 简析出版企业人力资源管理方案设计 [J]. 出版发行研究，2016（12）：85-87.

[265] 李绿林. 自媒体时代编辑工作思考 [J]. 新闻传播，2013（7）：33.

[266] 李梅容. 新媒体时代新闻采编人才的培养思路 [J]. 决策与信息，2016（18）：229.

[267] 李娜，栾贞增，侯贵芳. 基于胜任力的薪酬模式初探 [J]. 管理观察，2013（25）：81-83.

[268] 李芹燕. 新媒体语境下"编读关系"的变化与重构 [J]. 编辑学刊，2018（4）：98-101.

[269] 李硕. 基于我国人事管理体制下的出版业人力资源改革探讨 [J]. 出版广角，2014（7）：78-79.

[270] 李万胜，姜山. 基于胜任力模型的培训课程改进研究 [J]. 现代商贸工业，2018（25）：63-66.

[271] 李新宇. 信息化时代的数字化出版构想 [J]. 中国编辑，2018（5）：30-34.

[272] 李杨萌，张锦. 青年编辑如何做好职业生涯早期规划 [J]. 黄冈师范学院学报，2011（3）：180-182.

[273] 李奕. 浅谈电子音像编辑出版物编辑的性质及素质 [J]. 商业研究，2009（10）：112.

[274] 李远涛. "以人为本"与现代出版企业的人力资源管理 [J]. 编辑学刊，2008（1）：25-28.

[275] 李媛. 新形势下我国企业人力资源绩效管理体系构建：基于胜任力模型视角 [J]. 中国外资，2013（14）：296.

[276] 李媛媛，唐云. 基于胜任力的薪酬管理研究 [J]. 中小企业管理与科技，2011（12）：60-61.

[277] 李运红. 数字出版时代的"出版选择" [J]. 编辑之友，2011（12）：87-89.

[278] 李芝山. 关键事件法在员工绩效管理中的规范应用 [J]. 中国集体经济，2008（8）.

［279］连丽敏. 新媒体研究漫谈［J］. 中国研究生，2015（12）：26-29.

［280］廖祥忠. 何为新媒体？［J］. 现代传播，2008（5）：121-125.

［281］林利红. 传统出版社数字出版盈利模式初探［J］. 中国编辑，2015（4）：34-37.

［282］林潇. 全媒体融合下的数字出版［J］. 传媒论坛，2018（8）：140-142.

［283］林秀君，安娜. 文化创意产业人才胜任力模型的构建［J］. 莆田学院学报，2017（6）：48-53.

［284］林众，张丽娟，王安琳，等. 教育编辑胜任力模型的构建与验证［J］. 心理与行为研究，2013（4）：529-534.

［285］林忠，王慧. 财政干部胜任力与绩效关系的实证研究［J］. 财政研究，2008（3）.

［286］梁艳珍. 胜任力视角下的学术期刊编辑素质提升策略［J］. 湖北文理学院学报，2013（3）：86-88.

［287］刘灿姣，叶翠. 试论4G时代网络编辑的定制培养［J］. 中国编辑，2013（5）：73-79.

［288］刘超. 新媒体编辑的媒介素养论［J］. 编辑学刊，2017（7）：80-83.

［289］刘德生，俞敏. 新媒体环境中科技期刊编辑人才培养的探索研究［J］. 编辑学报，2018（3）：319-322.

［290］刘迪才. 出版企业创新商业模式下的人力资源管理初探［J］. 出版广角，2010（9）：60-61.

［291］刘福成，黄志明. 国内外关于胜任力模型研究的综述［J］. 赤峰学院学报（自然科学版），2014（10）：94-96.

［292］刘刚. 数字出版企业人才队伍建设的困境与探索［J］. 出版广角，2016（22）：53-54.

［293］刘江花. 知识经济时代工作分析发展趋势综述及思考［J］. 科技与管理，2012（5）.

［294］刘江霞，杨勇. 针对编辑职业倦怠的职业生涯规划［J］. 职业时空，2009（6）：63-64.

［295］刘结玲. 出版企业文化与人力资源管理适应性研究［J］. 出版广角，2013（7）：74-75.

［296］刘隽. 出版社网络编辑应具备的素质与能力［J］. 人力资源管理，2011（11）：197-198.

[297] 刘金荣. 融媒体时代数字出版人才管理模式创新研究［J］. 绥化学院学报，2018（5）：103-105.

[298] 刘绍佳. 出版行业人力资源管理中存在的问题及解决方案［J］. 人力资源管理，2015（10）：37.

[299] 刘晓娟. 胜任力模型的发展及应用［J］. 决策与信息，2013（3）.

[300] 刘晓英. 基于胜任力的企业高层管理人员绩效评价体系研究［J］. 企业经济，2011（1）.

[301] 刘学方，王重鸣，唐宁玉，等. 家族企业接班人胜任力建模：一个实证研究［J］. 管理世界，2006（5）：211-223.

[302] 刘艳花，赵彤彤. 出版创新视域下数字出版存在的问题及发展路径分析［J］. 新媒体研究，2017（20）：53-54.

[303] 刘艳琼. 转型期出版社人力资源管理探究［J］. 出版广角，2013（6）：66-67.

[304] 刘莹. 新时代培训编辑新人的六种方法［J］. 青年记者，2018（15）：21-22.

[305] 刘玉欣. 媒介新生态与媒介素养缺失［J］. 数字传媒研究，2015（3）：7-11.

[306] 刘云章. 传统出版业人力资源管理方面存在的问题及其解决方案［J］. 经济研究导刊，2018（17）：77-78.

[307] 刘智勇. 基于冰山模型的出版行业上市公司董事素质特征研究［J］. 出版发行研究，2016（8）：25-28.

[308] 刘忠波，王丽静. 图书策划编辑胜任力研究［J］. 职业时空，2013（10）：98-100.

[309] 刘中琦. 论新媒体编辑应具备的基本素养［J］. 传播力研究 2018，2（10）：178.

[310] 龙方明，王军. 浅谈大学出版社编辑的基本素质［J］. 新闻研究导刊，2017（6）：247.

[311] 陆高峰. 新媒体编辑职业道德的失范与防范［J］. 中国出版，2011（2）：28-31.

[312] 陆炜颖. 中小出版社人力资源管理存在的问题及优化建议［J］. 人才资源开发，2015（2）：86-88.

[313] 陆璎. 浅谈新业态下编辑的能力与素质［J］. 出版参考，2014（1）：35.

[314] 聂震宁. 关于出版专业人才与继续教育的思考[J]. 中国编辑, 2018（7）：43-47.

[315] 吕建萍. 研究型编辑人才培养探究[J]. 出版广角, 2013（17）：82-83.

[316] 吕金梅. 全媒视域下数字出版人才培养模式研究[J]. 中国管理现代化, 2017（5）：214-216.

[317] 吕小梅. 优化出版企业人力资源管理的对策建立健全人才激励机制[J]. 价值工程, 2012（23）.

[318] 马国青, 王军英. 基于胜任力模型的员工培训[J]. 企业改革与管理, 2015（15）：51-52.

[319] 马红鸽. 新媒体环境下传统出版业的危机与应对[J]. 新媒体研究, 2016（12）：100-101.

[320] 马松. 用归纳法构建胜任力模型[J]. 人力资源, 2017（7）：27-28.

[321] 马喜芳, 钟根元, 颜世富. 基于胜任力的薪酬激励机制设计及激励协同[J]. 系统管理学报, 2017, 26（6）：1015-1021.

[322] 马晓萌. 从市场需求论新媒体编辑应具备的基本素养[J]. 西部广播电视, 2017（11）：161-162.

[323] 马艳茹. 也谈青年编辑的职业生涯规划[J]. 出版发行研究, 2005（6）：19-22.

[324] 明磊. 试论数字时代编辑需要提升的几种能力[J]. 新闻传播, 2016（5）：45-46.

[325] 缪旭华. 新媒体编辑应具备的基本素养探讨[J]. 新闻传播, 2018（14）：41-42.

[326] 农向东. "互联网+"时代传统出版社数字出版的问题与对策[J]. 出版广角, 2017（10）：54-55.

[327] 潘琳. 基于互联网+时代背景下激励机制在出版社人力资源管理中的应用[J]. 人力资源管理, 2018（7）.

[328] 潘娜, 易丽丽. 中国公务员胜任力研究的误区、困境及对策[J]. 首都经济贸易大学学报, 2014（9）.

[329] 庞建华. 浅谈新媒介环境下网络编辑的素养[J]. 科技与创新, 2015（15）：24-25.

[330] 彭兰. "新媒体"概念界定的三条线索[J]. 新闻与传播研究, 2016（3）：125.

[331] 彭孪生. 基于胜任力模型的中小型图书馆员培训 [J]. 产业与科技论坛, 2017 (14): 271-272.

[332] 乔梁. 基于出版企业创新商业模式下人力资源管理 [J]. 消费导刊, 2017 (19).

[333] 任维. 胜任力模型在企业人力资源管理中的应用 [J]. 环渤海经济瞭望, 2018 (6): 85.

[334] 邵庆海. 新媒体定义剖析 [J]. 中国广播, 2011 (3): 66.

[335] 尚立云. 出版业知识型员工人力资源管理探析 [J]. 出版广角, 2013 (8): 74-75.

[336] 沈挺. 人力资本是出版企业发展的源动力: 基于译林出版社人力资源管理实践的思考 [J]. 2017 (16): 16-18.

[337] 施歌. 数字出版质量管理人才培养与体制创新 [J]. 编辑之友, 2018 (5): 78-80.

[338] 师静, 王湘宁. 网络编辑的核心竞争力 [J]. 新闻与写作, 2010 (8): 29-31.

[339] 师瑞. 出版业人力资源的开发和管理 [J]. 人才瞭望, 2003 (7): 25-26.

[340] 舒琳云. 得人才者得天下: 出版单位人力资源管理的观念与机制 [J]. 发展, 2017 (12): 67-68.

[341] 宋嘉庚, 康培培. 媒体融合背景下数字出版人才的未来分工趋势 [J]. 出版广角, 2017 (16): 15-17.

[342] 宋秀全, 郭向晖. 科学构建出版企业培训体系精细管理提升人力资源素质 [J]. 科技与出版, 2013 (5): 107-109.

[343] 苏娜娜. 基于胜任力模型的人力资源绩效管理体系研究 [J]. 商场现代化, 2018 (12): 56-57.

[344] 孙倩, 高鑫. 基于胜任力模型的无领导小组面试研究 [J]. 长春教育学院学报, 2017 (9): 31-34.

[345] 孙庆武. 出版社人力资源规划创新探索 [J]. 广东广播电视大学学报, 2005 (4): 86-88.

[346] 孙晓梅. 出版社经营管理人员培训设计 [J]. 现代企业文化, 2014 (12): 93-95.

[347] 孙晓燕, 赵丽新. 解析台湾数字出版产业 [J]. 海峡科技与产业, 2015 (8): 26-35.

[348] 汤雪梅. 数字出版模式的多元探索 [J]. 编辑之友, 2014

（12）：76－79.

［349］田鹏程. 浅谈网络编辑的"前"意识［J］. 新闻采编，2013（2）：42.

［350］佟盈春. 基于胜任力模型的人力资源开发［J］. 人力资源管理，2015（3）：92－93.

［351］万金锋. 以胜任力模型解绩效管理之难［J］. 人力资源，2017（8）：58－61.

［352］万希. 论基于胜任力的工作分析［J］. 湖南财经高等专科学校学报 2008，24（112）：25－27.

［353］汪用铭. 基于胜任力模型的绩效管理［J］. 人力资源管理，2014（7）：74.

［354］王斌. 出版业人力资源管理的现有问题及对策［J］. 环球市场，2017（35）：41.

［355］王芳. 管理者胜任力模型的建模分析［J］. 人力资源管理，2015（9）：48.

［356］王欢，董晓慧. 数字化时代出版人才的能力与素质［J］. 科技传播，2014（16）：43.

［357］王慧君. 人力资源绩效管理体系构建：胜任力模型视角［J］. 山西农经，2017（3）：102.

［358］王金蕊. 后改制时期出版企业人力资源结构优化研究［J］. 出版广角，2015（9）：34－35.

［359］王劲松. 试论基于胜任力模型的企业培训体系建设［J］. 智富时代，2017（10）：141.

［360］王健东. 科技期刊编辑人才培养开发模式［J］. 中国期刊年鉴，2013.

［361］王建民，杨木春，郑红英. 我国胜任力研究应用的回归与展望（2001—2012）［J］. 商场现代化，2013（23）：193－196.

［362］王丽爱，杨志辉. 期刊数字化与数字化人才［J］. 内蒙古师范大学学报，2016（9）：158－160.

［363］王丽媛. 新媒体时代传统媒体人新媒介素养探析［J］. 新闻世界，2014（8）：433－434.

［364］王薇. 论出版项目经理的素质与能力［J］. 学园，2016（36）：77－79.

［365］王玮. 出版业人力资源管理的现有问题及对策［J］. 新闻战线，

2015（14）：20－21.

[366] 王文锋，张鑫. 后改制时代出版企业人力资源管理系统的构建：基于资源基础观的视角［J］. 出版发行研究，2014（1）：28－31.

[367] 王效云. 出版专业技术人员继续教育培训之我见［J］. 中小企业管理与科技，2018（7）：69－70.

[368] 王艳芳. 教育出版社数字出版路径探索［J］. 中国编辑，2018（6）：47－52.

[369] 王燕飞. 人力资源管理体系构建：胜任力模型视角［J］. 经济师，2017（5）：237.

[370] 王宇倩. 人力资源管理胜任力模型研究［J］. 科技经济导刊，2016（21）：192.

[371] 王臻. 浅谈新媒体编辑的基本素养［J］. 新闻研究导刊，2018，9（3）：145－146.

[372] 王志刚. 媒介融合视域下编辑人才培养反思［J］. 中国编辑，2017（3）：32－36.

[373] 王忠海. 探究基于胜任力模型的人力资源管理研究［J］. 人力资源管理，2018（2）：17－18.

[374] 王重鸣，陈民科. 管理胜任力特征分析：结构方程模型检验［J］. 心理科学，2002（5）：12－23.

[375] 魏建梅. 论新媒体编辑应具备的基本素养［J］. 西部广播电视，2017（24）：171－172.

[376] 吴海凤，杨春发. 构建基于胜任力模型的培养体系［J］. 企业管理，2017（A2）：24－25.

[377] 吴红岩，李文东，谢义忠，等. 图书编辑胜任特征模型的评价研究［J］. 人类工效学，2006（1）：17－19.

[378] 吴晓刚，曹蒙. 出版企业培训需求分析［J］. 新闻传播，2014（4）：181－182.

[379] 吴小玲. 基于胜任力模型的国企人力资源管理［J］. 商场现代化，2018（6）：81－82.

[380] 吴延丽. 新媒体编辑应具备的能力探析［J］. 新闻研究导刊，2018（2）：145.

[381] 邬锦雯，马绍奇，张敏强，等. 图书编辑胜任力素质测评的初步构建［J］. 心理学探新，2011（6）：544－548.

[382] 邢长敏. 论新媒体定义的重构［J］. 新闻爱好者，2009（10）：8.

[383] 熊澄宇. 3G 与新媒体发展 [J]. 新闻前哨, 2009 (9): 15-16.

[384] 熊军, 郑金花, 吴小辉. 基于胜任力的企业员工培训探讨 [J]. 科技创业月刊, 2016, 29 (3): 66-68.

[385] 谢文亮, 张宜军. 数字出版时代编辑须掌握的六种网络素养 [J]. 编辑之友, 2014 (10): 77-79.

[386] 徐芳. 研发团队胜任力模型的构建及其对团队绩效的影响 [J]. 管理现代化, 2003 (4).

[387] 徐景学, 秦玉莲. 数字出版人才培养策略研究 [J]. 出版发行研究, 2012 (11): 56-59.

[388] 徐维东, 陈达凯. 图书编辑职业能力的胜任力评价模型 [J]. 科技与出版, 2008 (11): 67-69.

[389] 徐向荣. 基于价值链的出版企业人力资源管理探微 [J]. 办公室业务, 2013 (20): 36-37.

[390] 徐毅. 胜任力模型在人力资源管理中的应用 [J]. 中国商论, 2017 (27): 95-96.

[391] 许诺. 新媒体环境下"编读关系"的维护和话语选择 [J]. 青年记者, 2017 (8): 37.

[392] 许振洲. 新媒体的勃兴与传统媒体的迷失 [J]. 新闻爱好者, 2011 (6): 42-43.

[393] 宣丽. 浅析媒介融合视域下传统媒体人的新媒介素养 [J]. 试听研究, 2015 (11): 79.

[394] 薛磊, 窦德强. 文化产业人才的胜任力模型及培养路径研究 [J]. 中国包装, 2016 (8): 56-58.

[395] 薛媛. 出版社在转企改制中的人力资源管理问题的探索与研究: 以某部委出版社为例 [J]. 人力资源管理, 2015 (10): 214-215.

[396] 杨光华. 我国数字出版的编辑人才培养研究 [J]. 传播与版权, 2017 (5): 28-30.

[397] 杨化芳. 浅谈网络时代下网络编辑的发展 [J]. 西部广播电视, 2017 (5): 151.

[398] 杨江科杰, 熊志华. 关于新媒体编辑的创新机制研究 [J]. 新闻传播, 2017 (12): 55-56.

[399] 杨杰, 方俐洛. 工作分析的定义、理论和工具探析 [J]. 自然辩证法通讯, 2003 (3): 54.

[400] 杨楷. 数字时代"音像+": 新媒体出版探索 [J]. 新媒体研

究，2017（16）：65-67.

[401] 杨伦增. 出版业人力资源管理的研究 [J]. 福建农林大学学报，2005（4）：94-96.

[402] 杨梦园. 浅析胜任力模型 [J]. 消费导刊，2015（8）：253-254.

[403] 杨明，王欢. 数字出版人才培训课程模块与培训模式构建 [J]. 中国传媒科技，2013（8）：254-256.

[404] 杨文琴. 新媒体编辑创新机制研究 [J]. 中国银川市委党校学报，2014（9）：68-70.

[405] 杨璇，张凌霄. 媒介素养研究之文献综述 [J]. 新闻研究导刊，2015（8）：13-15.

[406] 杨雪莹. 基于胜任力的公务员绩效测评系统研究 [J]. 法制与社会，2009（7）.

[407] 尹广富. 融媒体时代如何培养全媒型人才 [J]. 中国传媒科技，2018（6）：95-96.

[408] 应力志，陈淼胜，郑如玲，等. 台湾图书出版业文字编辑专业职能之研究 [J]. 台湾图书管理季刊，2010（1）.

[409] 余红，李婷. 我国网络与新媒体人才调研与专业培养 [J]. 现代传播，2014（2）：134-138.

[410] 于洪飞. 科技期刊学的编辑能力理论 [J]. 编辑学报，2011（6）：194-197.

[411] 余静宜. 新媒体对出版业的影响 [J]. 新媒体研究，2017（17）：79.

[412] 于晓鹤. 基于胜任力模型的人力资源绩效管理体系的建立 [J]. 现代营销（下旬刊），2016（11）：85.

[413] 袁文蕙. "互联网+" 时代编辑素养提升的再思考 [J]. 新闻研究导刊，2017（24）：32.

[414] 曾少雄. 转制后出版企业领导胜任力的八种要素 [J]. 中国编辑，2011（6）：13-15.

[415] 赵朝峰，陈苗苗. 以"胜任力"模型为基础的原创童书编辑成长模式 [J]. 出版广角，2016（4）：14-16.

[416] 赵利肖. 基于胜任力的工作分析对员工招聘的影响 [J]. 郑州航空工业管理学院学报，2012（5）：96-99.

[417] 赵旻. 浅析现代编辑的胜任力特征结构 [J]. 科技编辑研究，2005（4）.

[418] 赵明红. 如何有效提升出版单位人力资源培训效果 [J]. 人力资源管理, 2018 (5): 585.

[419] 赵宁华. 中层管理人员胜任力模型构建与应用研究 [J]. 人力资源管理, 2017 (9): 67-68.

[420] 赵媛. 基于胜任力模型的绩效管理 [J]. 合作经济与科技, 2014 (6): 64-65.

[421] 赵子忠. 新媒体人才的需求及培养 [J]. 时尚北京, 2014 (11): 42.

[422] 展江, 王锦东. "后圈地时代"的新媒体路标 兼论与风险投资共谋发展 [J]. 广告人, 2008 (3).

[423] 张春晖. 试论编辑人才的选拔与培养 [J]. 黑龙江教育学院学报, 1999 (1): 197-199.

[424] 张丹, 袁婷婷. 胜任力模型在人力资源管理实践中的应用研究 [J]. 山东纺织经济, 2006 (2): 46-49.

[425] 张华. 浅谈出版企业人力资源管理特征及存在问题 [J]. 绿色科技, 2015 (1): 285-287.

[426] 张蕙. 数字出版时代的出版转型探讨 [J]. 科技传播, 2015 (15): 153-154.

[427] 张健. 数字出版与网络文学的发展与人才培养的跟进 [J]. 教育现代化, 2016 (38): 28-29.

[428] 章凯, 肖莹. 胜任特征分析与人力资源管理 [J]. 江淮论坛, 2004 (2): 65-69.

[429] 张力. 企业人力资源管理人员胜任力模型研究 [J]. 新商务周刊, 2018 (6): 175.

[430] 张黎琳. 借助胜任力模型的人力资源现状评估 [J]. 中国科技纵横, 2017 (23).

[431] 张丽娟, 毕海滨, 王安琳. 出版产业化的编辑胜任力 [J]. 出版参考, 2013 (13).

[432] 张敏. 新媒体概念研究辨析 [J]. 安徽科技, 2016 (9): 31-32.

[433] 张睿, 闫其涛, 王晓华. 论青年编辑专业学科背景与编辑工作融合 [J]. 编辑学报, 2012 (24): 77-79.

[434] 张笑. Web 3.0 时代网络编辑的能力构建 [J]. 青年记者, 2014 (12): 85-86.

[435] 张筱峰. 我国出版业人力资源管理现状 [J]. 出版经济, 2001

(9)：13-15.

[436] 张新安，梁罗．实践中的胜任力模型［J］．管理学家（学术版），2010（5）：76-78.

[437] 张星．出版行业人力资源管理存在的问题与对策［J］．科技与出版，2012（2）：24-27.

[438] 张燕．基于岗位胜任力模型的员工培训体系构建［J］．企业改革与管理，2016（6）：95.

[439] 张振勇．出版社人力资源浅析［J］．经营管理者，2012（15）：145.

[440] 甄增荣，张旭．数字出版应用型创新人才培养模式研究［J］．河北经贸大学学报，2015（1）：96-99.

[441] 郑保章，李良玉．数字鸿沟：数字出版无法回避的挑战［J］．编辑之友，2017（8）：67-71.

[442] 郑杨．浅析新媒体时代对编辑业务能力的要求［J］．新闻研究导刊，2015（1）：41.

[443] 仲理峰，时勘．胜任力特征研究的新进展［J］．南开管理评论，2003（2）：4-8.

[444] 仲理峰，时勘．家族企业高层管理胜任特征模型［J］．心理学报，2004（1）：200-210.

[445] 周方．企业人力资源管理中胜任力模型的应用探析［J］．吉林广播电视大学学报，2017（10）：148-150.

[446] 周昊．探析新媒体编辑与传统纸媒编辑的工作差异［J］．新闻研究导刊，2017（11）：189.

[447] 周宏涛．转制后出版社人力资源管理机制设计探讨［J］．中国电力教育，2012（15）：47-48.

[448] 周红云．基于绩效和胜任力的员工价值评估与激励：以K公司为例［J］．中国人力资源开发，2010（10）.

[449] 周恢．信息技术与出版融合发展与出版人才培养的思考［J］．中国培训，2018（5）：66-67.

[450] 周金元，刘兵，唐青．基于文献计量分析的国内外胜任力研究评述［J］．科技管理研究，2013（15）：145-150.

[451] 周立钢，李士峰．略论编辑的胜任力［J］．中国电子商务，2009（7）：60-61.

[452] 周文霞，辛迅，谢宝国，等．职业胜任力研究：综述与展望

[J]．中国人力资源开发，2015（7）：17－25．

［453］周洋．论数字出版项目管理人员的定位及能力［J］．出版广角，2017（14）：34－36．

［454］周永斌，刘军．出版企业人力资源存在问题及应对策略［J］．企业科技与发展，2012（23）：60－62．

4．报纸文章

［455］储宝．新媒体编辑，准备好了吗［N］．中国新闻出版广电报，2015－07－28（8）．

［456］李之美．图书编辑如何应对新媒体时代［N］．中国新闻出版报，2012－05－09（4）．

［457］梁春晓．网络编辑个人能力与网络媒体核心能力［N］．中华新闻报，2008－03－26．

［458］罗平峰．数字时代对编辑业务能力的挑战［N］．中国新闻出版报，2011－04－28（7）．

［459］数字出版人有了"新考场"［N］．中国新闻出版广电报，2016－03－03．

［460］余敬春．数字资源知识服务转型期数字编辑必备的六项能力［N］．中国出版传媒商报，2018－05－18（7）．

［461］余梁．网络编辑应培养8种能力［N］．中华新闻报，2004－08－25．

［462］张长卫．IT运维人才需求提升 新媒体招聘打"有趣"牌［N］．中国出版传媒商报，2018－07－17（18）．

5．电子文献

［463］艾瑞网．2018年中国在线知识付费市场研究报告［EB/OL］．www.http://report.iresearch.cn/report_ pdf.aspx?id=3191．

［464］国家新闻出版广电总局．关于印发《网络文学出版服务单位社会效益评估试行办法》的通知［EB/OL］．［2017－10－23］．http://www.gapp.gov.cn/sapprft/contents/6588/338296.shtml．

［465］互联网实验室．中国新媒体发展研究报告（2006—2007）［EB/OL］．www.chinalabs.com，2006．

［466］搜狐网．2018年传媒业需要什么样的人才？［EB/OL］．http://www.sohu.com/a/224519145_ 375507．

［467］岳颂东．新媒体产业的8个特点［EB/OL］．http://finance.sina.com.cn/hy/20080519/17024884944.shtml．

[468] 郑治. 新媒体是什么[EB/OL]. http://blog.sina.com.cn/s/blog_591eeecd0100085r.html.

二、英文文献

1. 专著

[469] BOYATZIS R E. The competent manager: a model for effective performance [M]. New York: John Wiley&Sons, 1982.

[470] TAYLOR F W. The principles of scientific management and shop management [M]. London: Rotledge/Thoemes Press, 1993.

[471] JENKINS H. Confronting the challenge of participatory culture: media education of 21st Century [M]. MIT Press, 2009.

[472] MCCLELLAND D C, DAILY G. Improving officer selection for the foreign service [M]. Boston: McBer, 1972.

[473] MCCLELLAND D C, DAILY G. Evaluating new methods of measuring the qualities needed in superior foreign service officers [M]. Boston: McBer, 1973.

[474] SPENCER L M, SPENCER S M. Competence at work: models for superior performance [M]. New York: John Wiley&Sons, 1993.

[475] SPENCER L M, SPENCER S M., McClelland D. C. Competency assessment methods: history and state of the art [M]. Boston: McBer, 1994.

2. 期刊论文

[476] MCLAGAN A P. Competency models [J]. Training and Development Journal, 1980 (12): 22–26.

[477] ARVEY R. D, PASSINO E. M., LOUNSBURY J. W. Job analysis results as influenced by incumbent and analyst [J]. Journal of Applied Psychology, 1977, 62 (4): 411–416.

[478] BBDULLAH A H, MUSA R., ALI J. Development of human resource practitioner competency model [J]. International Journal of Business and Management, 2011 (11): 240–255.

[479] CRADY R, SELVARAJAN T T. Competencies: alternative framework for competitive advantage [J]. Business Horizons, 2006 (49): 235–245.

[480] DRAGANIDIS F, MENTZAS G. Competency based management: a review of systems and approach [J]. Information Management & Computer Security, 2006, 14 (1): 51–64.

[481] KOEPPEN K, HARTING J, KLIEME E, etal. Current issues in competence modeling and assessment. [J]. Journal of Psychology, 2016: 61 -73.

[482] LIN T, LI J, DENG F, etal. Understanding new media literacy: an explorative theoretical framework [J]. Journal of Educational Technology&Society, 2013, 16 (4): 160 -170.

[483] CARRIE O, DAVID W, IRIS L. Career models and culture change at microsoft [J]. Organization Development Journal, 2007 (25): 31 -36.

[484] SANCHEZ J I. From documentation to innovation: reshaping job analysis to meet emerging business needs [J]. Human Resource Management Review, 1994, 4 (1): 51 -74.

[485] SANDBERG J. Understanding Human competence at work: an interpretative approach [J]. Academy of Management Journal, 2000 (43): 9.

[486] SCHNEIDER, KONZ A M. Strategic job analysis [J]. Human Resource Management, 1989 (28): 51 -63.

[487] TUTU A, CONSTANTIN T. Understanding job performance through persistence and Job competency [J]. Procedia-Social and Behavioral Sciences, 2012 (33): 612 -616.

后 记

本书是在笔者博士学位论文基础上增修而来的。倏而3年，弹指挥间，中年转型，殊多不易，如今我已在广东财经大学人文与传播学院任教两载有余。离开经营多年的出版社管理岗位投身高校教职，本身就是一场冒险，而笔者对当初的决定无怨无悔。

我依然清晰地记得2017年7月的那晚，由于武广铁路突发事件中断我连夜驱车千里赶回学校参加论文开题。一夜无眠，身边是滚滚的车流，心里想着论文的提纲和写作计划，我时刻提醒自己为了心中的理想必须拿出与时间赛跑的勇气和毅力。随后的一年多里，我全身心地投入论文的写作中。作为一个在出版圈里摸爬滚打20多年的出版人，我目睹太多的同学和朋友离开编辑岗位和出版领域。编辑一方面成就了我们中的大多数，另一方面我们要时刻面对和适应新的变化和要求。编辑的本质是什么，从事新媒体编辑工作需要怎样的素质和能力，我有一点小小的野心，希望通过自己的研究揭示一些其中的秘密，找到一定的答案。写作的过程是艰巨而痛苦的，从目标确定到数据收集，从调查问卷设计到模型结果分析，一道道难关在等待着我。在此我要特别感谢我的导师徐丽芳教授，是她的悉心指导和点拨让我在山穷水复疑无路之时看到柳暗花明。她以扎实的功底和严谨的学风时刻纠正着我的"野路数"和"不讲究"，让我时时保持一颗对学术的敬畏之心。在冲刺阶段，徐老师认真修改评阅我每一稿论文，提出了许多宝贵的意见和建议，使我的论文在结构、范式、逻辑、论证和叙述语言上有了较大提升。"桃李不言，下自成蹊"，我从徐老师身上学习到对待科学严谨的态度、对待真理追求完美的执着和对待学生春风化雨般的温暖，这些都足以让我终身受益！

在不惑之年重回学校深造，无疑是一场历险和赌博。我不想继续活在所谓的舒适区，如温水煮青蛙般渐渐丧失前行的动力和独立思考的能力。和20多年前那段珞珈求学轻飘飘的旧时光不同，这次沉甸甸的旅程让我感到更大的压力。人到中年，在繁忙的工作应酬中、沉重的家庭负担中抽身投入新的学习，要比年轻人付出多一倍的努力。回珈再造，使一些困扰我许久的侵扰和疑虑变得清晰，使今后的道路和方向显得更加明晰。我是幸运的，回珞珈

3年我遇到许多真诚关怀帮助过我的老师和同学。我要感谢吴平老师、方卿老师、黄先蓉老师、张美娟老师、朱静雯老师，他们在我的博士学习和论文写作中给予我许多帮助和指导，20多年后重新做回他们的学生真好！我要感谢师门的志武和晓园，我们在3年间见证彼此的成长和进步，相互扶持互相鼓励共同度过一个个关口！我要感谢晓翠、静波、遹菡……在关键时刻给予我温暖的帮助！

我还要特别感谢我的妻子、孩子和我的父母，是他们在我背后默默的支持和无私的奉献，才能让我心无旁骛地专心投入学业中。特别是我的妻子邓爽，这3年她为家庭付出太多，在我最彷徨无助的时候她坚定地撑起半边天，给予我一往直前的最大信心和勇气！感谢广东高等教育出版社领导和编辑的热心鼓励和支持，这本书也凝结了他们的辛勤努力，在此我要向黄红丽总编、刘鸿滨主任、曹容娟编辑致以崇高的谢意！

归去兮，我是书海浮沉廿载的出版人；归来兮，我仍是珞珈一少年！我会永远保持初心，以谦虚的姿态和开放的心态扎扎实实地走在自己选择的道路上，借此回馈那些帮助过、鼓励过、折磨过的人和事！

周　畅
2021年8月于广州杨箕村